城乡居民大病保险基金风险研究

——基于收支平衡与精准保障的视角

谢明明 著

中国财经出版传媒集团
经济科学出版社
Economic Science Press

图书在版编目（CIP）数据

城乡居民大病保险基金风险研究：基于收支平衡与精准保障的视角/谢明明著．—北京：经济科学出版社，2018.4
ISBN 978－7－5141－9223－0

Ⅰ.①城…　Ⅱ.①谢…　Ⅲ.①医疗保险基金－研究　Ⅳ.①F830.45

中国版本图书馆 CIP 数据核字（2018）第 076792 号

责任编辑：程新月
责任校对：王苗苗
责任印制：李　鹏

城乡居民大病保险基金风险研究
——基于收支平衡与精准保障的视角
谢明明　著

经济科学出版社出版、发行　新华书店经销
社址：北京市海淀区阜成路甲 28 号　邮编：100142
教材分社电话：010－88191309　发行部电话：010－88191522
网址：www.esp.com.cn
电子邮件：esp@esp.com.cn
天猫网店：经济科学出版社旗舰店
网址：http://jjkxcbs.tmall.com
北京密兴印刷有限公司印装
710×1000　16 开　15.25 印张　230000 字
2018 年 7 月第 1 版　2018 年 7 月第 1 次印刷
ISBN 978－7－5141－9223－0　定价：45.00 元
（图书出现印装问题，本社负责调换．电话：010－88191510）
（版权所有　侵权必究　举报电话：010－88191586
电子邮箱：dbts@esp.com.cn）

序

  社会保障制度，关系人民幸福安康，关系国家长治久安，改革开放四十年以来，已逐步从国有企业改革和社会主义市场经济的配套措施，发展成为国家社会经济制度的核心组成部分。党的"十九大"报告中明确提出，要按照兜底线、织密网、建机制的要求，全面建成覆盖全民、城乡统筹、权责清晰、保障适度、可持续的多层次社会保障体系。在组织方式上，要坚持以政府为主体，积极发挥市场作用。具体而言，就是要促进基本医疗保险、大病保险、补充医疗保险、商业健康保险协同发展，推进基本养老保险、企业（职业）年金与个人储蓄性养老保险、商业保险有效衔接，积极构建医疗保险体系和养老保险体系，不断满足人民群众多样化多层次的保障需求。

  本人在三十年的保险专业求学、教学和科研生涯中，深深感悟到两点：保险的研究离不开社会保障的大环境，否则将缺乏更高的视野和格局；而社会保障的研究也需要保险的经济学理念和方法，否则将无法保证其可持续发展。近年来，养老保障和医疗保障越来越成为经济学、管理学和社会学等多个学科交叉研究的热点话题，一大批优秀的青年学者成果斐然。宋占军、于新亮和谢明明三位博士的专著正是其中的代表。

  宋占军博士的《城乡居民大病保险政策评估》以正在实施的大病保险政策为研究对象，遵循政策设计——政策落实——政策效果的思路，以卫生经济学、保险经济学、公共管理与政策为理论基础，综合运用计量经济学、数据包络分析（DEA）、非寿险精算等技术方法，从高额医疗费用保障水平、基金收支平衡和经办管理方式等三个方面对大病保险进行政策评估。评估发现，现有政策下大病保险对高额医疗费用患者和中低收入患者的保障仍然不足，在基金总量有限的背景下，大病保险保障方案需要优先向低收入人群倾斜，以体现政府对弱势群体的托底责任。同时，在现有的筹资基础上，应将专项财政补助、医疗救助基金、个人缴费纳入筹资来源，建立预算化常态投入机制，最终形成待遇和缴费多层次的对应关系。专著对大病保险的运行经验的全面分析，将为我国重特大疾病保障机制的创新发展提供重要的依据。

于新亮博士的《企业年金决策研究：内在动力和外部条件》利用大量数据对企业年金购买的经济后果和影响因素进行了深入探究。其重要发现在于：企业年金不仅是对我国基本养老保险制度的补充，还具有提高企业生产率的现实价值，而连续地提供企业年金计划是充分利用这一效应的关键；企业年金通过"甄别效应"和"激励效应"两个方面促进提高员工的生产效率，企业年金决策受到税收优惠政策和其他激励机制的影响。企业年金未来发展前景广阔，有待不断变革，对完善整个社会的养老保障体系将发挥更大作用。

谢明明博士的《城乡居民大病保险基金风险研究——基于收支平衡与精准保障的视角》从基金收支平衡和精准保障的视角对大病保险的基金风险进行研究，核心是如何提高大病保险支付的精准性，提升大病保险基金使用效率，使有限的大病保险基金发挥最大的保障效果，有效解决因病致贫返贫问题。该研究还探讨了医疗保险促进医疗服务利用的双重效应——道德风险和医疗需求释放，以区分医疗保险促进医疗费用增长的合理部分和不合理部分，分析了合理扩展合规医疗费用的途径，并设计了针对低收入人群大病保障的"基本医保＋大病保险＋大病补充保险＋医疗救助"的综合保障模式。

本人自2003年回国任教以来，深感教书育人的最大收获是那一年又一年绵延不断的师生亲情。宋占军、于新亮和谢明明分别是本人指导的2015届、2016届和2017届博士生，也是本人研究团队的核心成员，我们亦师亦友，至今保持密切联系和合作交流。他们目前已分别就职于北京工商大学、山东财经大学和郑州大学，值得我欣慰的是，无论是求学还是任教，他们在学术研究、项目写作、课堂教学、学生培养等方面始终秉承"不论宏观微观，一定要保持客观；不说空话套话，一切以数据说话""板凳要坐十年冷，文章不写半句空"的态度和理念。相信他们未来在职业生涯中一定会有所建树，大展宏图。也祝愿他们能精进不休，成为未来保险和社会保障领域的一时先进。

朱铭来
2018 年 7 月于南开园

前　言

自 2009 年新一轮医药卫生体制改革以来，我国医疗保障体系逐步完善，城镇职工基本医疗保险、城镇居民基本医疗保险和新农合基本实现了全民参保，保障水平也大幅提升。然而，医疗费用的快速增长导致人民群众的看病就医负担仍然较重，重特大疾病患者的因病致贫因病返贫问题仍然突出。为进一步减轻患者的医疗费用负担，避免城乡居民发生家庭灾难性医疗支出，2012 年 8 月，国务院六部委联合发布《关于开展城乡居民大病保险工作的指导意见》，开始试点城乡居民大病保险，并在 2015 年全面实施。根据原中国保监会统计，截至 2016 年底，保险公司已在全国 31 个省（区、市）开展大病保险业务，覆盖 9.7 亿参保人群，大病保险支付赔款 300.9 亿元，大病患者的报销比例在基本医保基础上提高了 13.85 个百分点，整体报销比例达到 70%，切实减轻了大病患者的医疗费用负担。

根据大病保险政策文件规定，大病保险基金筹资来源是从城乡居民基本医保基金中划出一部分。根据各地大病保险政策文件来看，大多数统筹地区都是从基本医保基金中划出一定额度或者一定比例作为大病保险基金筹资，这意味着大病保险基金在没有其他筹资渠道的情况下，筹资能力完全依赖于基本医保基金的结余情况。然而，我国基本医保基金已经面临着较大的赤字风险，相对应的大病保险基金状况也不容乐观。与此同时，我国城乡居民基本医保的实际保障水平仍然较低，大病保险保障效率不高，如何有效解决重特大疾病患者的医疗费用负担、缓解因病致贫因病返贫问题成为我国医改关注的重点。在目前大病保险的粗放补偿模式下，如果忽视大病保险保障效率而一味普遍提高保障水平，不但会弱化大病保险的保障功能，还会进一步恶化医疗保险基金情况，导致大病保险甚至整个基本医疗保险制度的不可持续。因此，大病保险制度面临着保障水平的提升和基金风险的矛盾，提升大病保险保障效率是应对这一矛盾并完善大病保险制度的关键举措。

在以上背景下，本书从基金收支平衡和精准保障的视角对大病保险的基金风险进行研究，核心是如何提高大病保险支付的精准性，提升大病保险基金使用效率，使有限的大病保险基金发挥最大的保障效果，并探讨低收入人群的大病保障模式，有效解决因病致贫、因病返贫问题，完善我国重特大疾病医疗保障机制。全书主要内容包括：

首先，分析了我国基本医疗保险基金运行状况，实证检验了我国医疗保险的道德风险问题，并对未来15年城乡居民基本医保基金可持续性进行测算。主要结论包括：第一，我国基本医疗保险已由"扩面"向"提质增效"转变，医保制度需要进行内部优化以进一步提高保障水平；第二，我国三项基本医保基金结余都不多，部分统筹地区已出现赤字，医疗费用的快速增长是导致医保基金赤字风险的重要因素之一；第三，医疗保险需方道德风险因素确实存在，但对于低收入人群来说，医疗保险促进医疗费用增长更多的是医疗需求的释放，而高收入人群可能存在着过度利用医疗资源的道德风险；第四，如果按照目前的筹资方式，我国基本医疗保险基金最早将在2020年出现当期结余赤字并在2024年出现累计结余赤字。

其次，梳理总结大病保险制度框架，利用调研数据分析大病保险的基金状况、保障水平、保障效率等运行概况。主要结论包括：第一，目前大病保险基金面临着一定的赤字风险，已有部分地区或者部分经办保险公司处于赤字或者亏损状态；第二，大病保险在一定程度上提高了大病患者的保障水平，但大病保险保障效率较低，大病患者尤其是低收入人群医疗费用负担较重，对大病保险的报销机制进行精细化管理，将基金支付给真正发生灾难性医疗支出的家庭，特别是低收入家庭，能够实现大病保险保障效率的大幅提升。同时，大病保险保障目标的实现应该根据医疗费用开支、筹资水平来合理确定应有的保障水平，保障大病保险金的收支平衡。

再次，通过对各地大病保险政策文件进行梳理发现，多数地区将大病保险合规医疗费用限定在基本医保"三个目录"之内，这虽然可以保障大病保险的基金安全，但却弱化了大病保险保障功效。提高大病保险的保障水平需进一步扩展合规医疗费用，本书测算了不同方案之下扩展合规医疗费用对大病保险基金的冲击。主要结论包括：第一，多数统筹地区将合规医疗费用限定在"三个目录"之内，仅有少数以负面清单为主的部分地区突破了基本医保目录，而实证结果表明，将合规医疗费用的界定限定在基本医保目录之内降低了大病保险对高额医疗费用患者的保障程度；第二，完全放开合规医疗费用范围，将对大病保险乃至基本医疗保险基金冲击过大，医保基金是不可持续的；第三，大病保险合规医疗费用的扩展，可以考虑将那些对重特大疾病患者来说必要且有效的药品和诊疗项目纳入补偿范围，在保障基金安全的同时提高各层次医疗保障项目基金的使用效率。

最后，分析如何实现大病保险的精准保障，包括医疗保险保障效应的收入阶层差异性的理论分析和实证分析、灾难性医疗支出标准界定的实证分析、低收入人群的大病保障模式探索。主要结论如下：第一，医疗保险对不同收入水平阶层人群的保障效应存在差异性，对于不同收入水平的人群医疗保险机制设计应有所区别，有必要对低收入人群政策倾斜；第二，不同收入人群的灾难性医疗支出标准存在差异性，灾难性医疗支出标准采用何种形式的衡量方式将影响医疗保障体系的保障重点和保障效率，将高额医疗费用与具体家庭财务承受能力关联，并适度向低收入人群倾斜，更有利于提升社会总体福利；第三，贫困人群更容易因病致贫因病返贫，针对低收入人群建立大病补充医疗保险，可以在不增加大病患者负担的情况下提高保障水平，实现大病的精准保障。如果实现精准保障并高效衔接大病保险和医疗救助，可在提升保障效率的同时节约医疗保障基金。

在以上研究基础上，本书提出了以下政策建议：第一，完善城乡居民基本医疗保险和大病保险筹资机制；第二，精细化大病保险报销机制；第三，尝试推行大病保险待遇的"申报制"；第四，合理扩展合规医疗费用；第五，发挥医疗救助在低收入人群大病保障中的核心作用。

本书的可能创新之处和贡献主要体现在：第一，通过实证分析，探讨了医疗保险促进医疗服务利用的双重效应，道德风险和医疗需求释放，以观察医疗保险促进医疗费用增长的合理部分和不合理部分；第二，用计量分析方法验证了"大病保险合规医疗费用界定较窄降低了大病保险对高额医疗费用的保障程度"，并提出合理扩展合规医疗费用的途径；第三，通过理论模型分析并建立面板门槛模型证明了医疗保险保障效应的收入阶层差异性；第四，通过实证分析合理界定不同收入人群灾难性医疗支出标准，并提出了低收入人群大病保障的"基本医保＋大病保险＋大病补充保险＋医疗救助"的综合保障模式。

谢明明

2018 年 4 月

目 录

第1章 绪论 ... 1
1.1 研究背景与研究意义 ... 1
1.2 研究思路、方法与研究内容 ... 6
1.3 创新与不足 ... 9

第2章 文献综述 ... 11
2.1 大病保障相关文献 ... 11
2.2 医疗保险基金收支平衡影响因素与可持续相关文献 ... 17
2.3 医疗保障制度保障效率与精准保障相关文献 ... 24

第3章 基本医疗保险基金风险分析 ... 28
3.1 我国基本医疗保险保障水平和基金现状 ... 28
3.2 医疗费用增长与医疗保险道德风险实证分析 ... 36
3.3 城乡居民基本医疗保险基金发展预测 ... 55

第4章 大病保险制度的建立与运行概况 ... 67
4.1 大病保险的试点与全面实施 ... 67
4.2 大病保险基金收支现状 ... 80
4.3 大病保险运行状况分析：基于调研城市数据 ... 87

第 5 章　大病保险基金风险：合规医疗费用界定 ………… 101

5.1　各地合规医疗费用的界定 ……………………………… 102

5.2　合规医疗费用界定对基金影响测算 …………………… 108

5.3　扩展合规医疗费用对基金的影响：以肿瘤靶向药物为例 …………………………………………………… 118

第 6 章　大病保险的精准保障 ………………………………… 124

6.1　医疗保险保障效应的收入阶层差异性分析 …………… 125

6.2　灾难性医疗支出的界定与细分 ………………………… 135

6.3　低收入人群的大病保障模式研究 ……………………… 153

第 7 章　结论启示和政策建议 ………………………………… 167

7.1　结论启示 ………………………………………………… 167

7.2　政策建议 ………………………………………………… 172

附　录 ……………………………………………………………… 178

附录 A　大病保险筹资机制与支付标准 …………………… 178

附录 B　六城市 56 户家庭入户调查基本情况 ……………… 182

附录 C　大病保险合规医疗费用界定 ……………………… 192

附录 D　大病保险重要政策文件汇总 ……………………… 196

参考文献 …………………………………………………………… 219
后　记 ……………………………………………………………… 230

第 1 章

绪　　论

1.1　研究背景与研究意义

1.1.1　研究背景

我国计划经济时期的城镇职工公费医疗、劳保医疗和农村合作医疗制度，为我国城乡居民提供了基本的医疗保障。然而，公费医疗和劳保医疗的免费医疗制度导致医疗资源浪费严重、医疗费用增长过快，而农村合作医疗制度随着 20 世纪 70 年代农村经济体制改革失去了集体经济的基础，原有的医疗保障制度已经不能适应我国经济体制改革和社会主义市场经济的发展。20 世纪 80 年代，一些企业和单位开始尝试进行职工医疗保险的改革，个人需要承担一定的医疗费用，目的是为了减轻企业的医疗费用负担，这为接下来我国城镇职工基本医疗保险制度改革奠定了心理基础和实践基础。1994 年，原国家体改委等四部门印发《关于职工医疗保障制度改革的试点意见》，开始在江西省九江市和江苏省镇江市进行"通道式"的"统账结合"职工医疗保险模式的试点工作。1998 年国务院印发《关于建立城镇职工基本医疗保险制度的决定》（1998）标志着我国城镇职工基本医疗保险制度改革的全面推开。2003 年国务院办公厅转发原卫生部、财政部和农业部《关于建立新型农村合作医疗制度的意见》（2003），

2007年国务院印发《关于开展城镇居民基本医疗保险试点的指导意见》（2007），2009年人力资源和社会保障部印发《关于全面开展城镇居民基本医疗保险工作的通知》（2009），至此，我国建成了覆盖城镇职工、城镇居民和农村居民的全民医保体系，人民群众"病有所医"有了基本保障。

我国在短时间内建成的覆盖全民的基本医疗保障体系虽然为人民群众提供了基本的就医保障，但因病致贫因病返贫问题仍然突出，人民群众对"看病难看病贵"问题反应强烈。2006年12月，中国社会科学院公布的"社会和谐稳定问题全国抽样调查"中，"看病难看病贵"问题排在第一位。2009年4月，中共中央、国务院《关于深化医药卫生体制改革的意见》（2009）正式发布，新医改方案直指"医疗费用上涨过快、个人负担过重"等我国医疗保障体制的核心问题，对我国的公共卫生服务体系建设、医疗服务体系、医疗保障体系、药品供应保障供应体系进行了全面规划。自2009年新医改以来，我国城乡居民基本医疗保险不仅实现了全民参保，同时保障水平和保障范围也有了大幅提升。目前，我国已确立了基本医疗保障制度框架，尤其是随着近几年深化医药卫生体制改革的逐步推进，保障范围不断扩大，保障基金不断增长，保障水平逐渐提高，我国已基本完成了医疗保障制度改革的"扩面"任务，为解决13亿参保人员的基本医疗问题提供了基本保障。截至2015年底，城镇职工基本医疗保险、城镇（城乡）居民基本医疗保险和新农合参保人数共13.36亿人，覆盖率超过95%（见图1.1），2010~2016年城镇职工和城镇（城乡）居民基本医疗保险政策范围内住院费用基金支付比例，分别从79.2%、59%提高到81.7%、65.8%。① 我国初步建成的基本医疗保险制度有效减轻了人民群众的医疗负担，在降低家庭灾难性医疗支出、缓解因病致贫因病返贫问题方面发挥了基础作用。

然而，我国医疗保障制度在逐步提高保障水平的同时，医疗费

---

① 资料来源：人力资源和社会保障部《2016年全国医疗生育保险运行分析报告》。

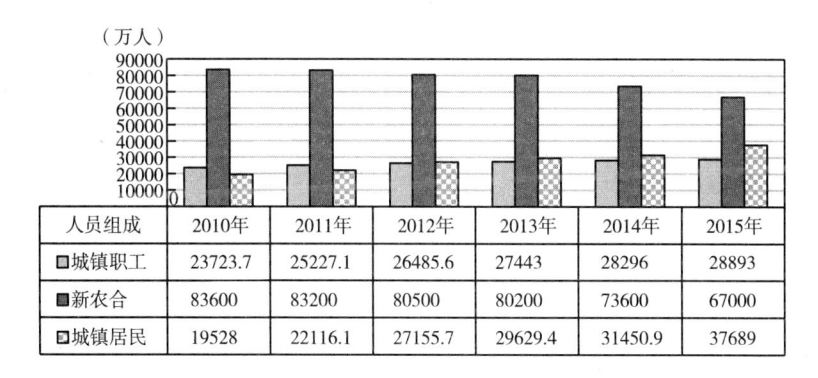

人员组成	2010年	2011年	2012年	2013年	2014年	2015年
城镇职工	23723.7	25227.1	26485.6	27443	28296	28893
新农合	83600	83200	80500	80200	73600	67000
城镇居民	19528	22116.1	27155.7	29629.4	31450.9	37689

图1.1　2010～2015年我国基本医保参保人数

资料来源：2010～2015年"人力资源和社会保障事业发展统计公报"；2010～2015年"我国卫生和计划生育事业发展统计公报"。

用也呈现快速增长趋势。2011～2016年，我国卫生总费用从24345.9亿元增长到46344.9亿元，人均卫生总费用从1807元增长到3351.7元，年均增长率分别为13.74%和13.15%，2011～2016年城镇职工和城镇（城乡）居民医疗保险参保人员医疗费用年均增长率分别达到了15.02%和41.15%。[1] 我国的医疗保障制度因为医疗费用的快速增长被人们所诟病，特别是城镇居民基本医疗保险和新农合的保障水平还处于较低水平，2011年的实际报销比例也只有52.28%和49.2%，[2] 重特大疾病患者的因病致贫因病返贫问题时有出现，2011年我国灾难性医疗支出发生率高达12.9%（Meng et al., 2012），大病患者的高额医疗费用问题受到社会高度关注。因此，在完成基本医疗保险"扩面"的改革任务之后，我国医疗保障制度改革必须要注重"提质增效"，以进一步减轻患者的医疗费用负担。

2012年8月，国务院六部委发布《关于开展城乡居民大病保险工作的指导意见》（2012）（下文简称"六部委《指导意见》"），"城

---

[1] 资料来源：根据人力资源和社会保障部《2016年全国医疗生育保险运行分析》计算。

[2] 中央政府门户网站，全国社会保障资金审计结果（2012年8月2日公告）。

乡居民大病保险，是在基本医疗保障的基础上，对大病患者发生的高额医疗费用给予进一步保障的一项制度性安排，可进一步放大保障效用，是基本医疗保障制度的拓展和延伸，是对基本医疗保障的有益补充"。六部委《指导意见》同时指出，大病保险制度"以力争避免城乡居民发生家庭灾难性医疗支出为目标"，并力图在补偿模式、筹资机制和运行机制等方面予以保证。① 2015年7月，国务院办公厅印发《关于全面实施城乡居民大病保险的意见》（2015）（下文简称"国办《意见》"），要求在全国范围内全面实施大病保险，2015年底前覆盖所有城乡居民基本医保参保人群。② 截至2016年底，大病保险已经实现全国10.5亿城乡居民全覆盖，其中保险公司承办的大病保险业务覆盖9.7亿参保人群，累计支付赔款300.90亿元，大病患者的报销比例在基本医保基础上提高了13.85个百分点，整体报销比例达到70%，③切实减轻了大病患者的医疗费用负担。

　　根据2012年六部委《指导意见》和2015年国办《意见》，大病保险基金筹资来源是从城乡居民基本医保基金中划出一部分，根据各地大病保险政策文件来看，大多数统筹地区都是从基本医保基金中划出一定额度或者一定比例作为大病保险基金筹资来源，这意味着大病保险基金在没有其他筹资渠道的情况下，筹资能力完全依赖于城乡居民基本医保基金的结余情况。然而，我国基本医疗保险基金的可持续性已面临着较大的赤字风险威胁，根据人力资源和社会保障部《2015年全国医疗生育保险运行分析报告》显示，城镇（城乡）居民基本医疗保险有25个省份的61个统筹地区出现当期基金支出大于收入，其中，上海市和西藏自治区出现了全市（省）总计当期基金支出大于收入，而西藏自治区更是出现了医保基金累计结余赤字。

---

　　① 具体政策文件内容详见附录D中"一、六部门关于开展城乡居民大病保险工作的指导意见"。
　　② 具体政策文件内容详见附录D中"二、国务院办公厅关于全面实施城乡居民大病保险的意见"。
　　③ 原中国保险监督管理委员会. 2016年保险业持续快速发展服务大局能力显著提升 [EB/OL].

2016年财政部等三部委《关于加强基金医疗保险基金预算管理发挥医疗保险基金控费作用的意见》(2016)也指出,我国基本医疗保险制度由于医疗费用不合理增长、基金运行压力增大等问题,存在中长期不可持续的风险。因此,基本医保基金作为大病保险的主要筹资渠道,已经承受了较大的赤字风险,在我国已经基本实现全民医保之后,通过"扩面"的方式筹集医保基金的方式已经行不通,而通过额外增加筹资的方式维系大病保险运营,势必会增加参保人的经济负担,长期来看不可持续。未来,随着基本医保城乡统筹相应提高城乡居民基本医疗保险待遇、大病保险全面推开导致城乡居民医疗需求的进一步释放等因素,将导致基本医保基金累计结余逐步减少。同时,随着我国重特大疾病医疗保障机制的完善,逐步放开合规医疗费用范围、提升大病保险的保障水平又是大势所趋,这将对大病保险基金的收支平衡造成进一步冲击。

在医疗保险基金风险增加的同时,大病保险存在着保障效率不高的问题。目前的大病保险政策支付标准多以个人年度累计负担的合规医疗费用超过当地上一年度人均收入为判定标准,没有针对不同收入群体制定不同的支付标准,造成"低收入人群用不上,高收入人群不够用"的低效率保障现状,不同收入人群不能公平地享受大病保险的待遇,也并未实现降低家庭、特别是低收入家庭灾难性医疗支出的政策目标。在目前大病保险的粗放补偿模式下,如果忽视大病保险保障效率而一味普遍提高保障水平,不但会弱化大病保险的保障功能,还会进一步恶化医疗保险基金情况,导致大病保险甚至整个基本医疗保险制度的不可持续。2015年国办《意见》要求要"提高大病保险制度托底保障的精准性",精准保障也被作为重要的内容写进各地大病保险的政策文件中,2015年11月和2016年11月,国务院分别印发《关于打赢脱贫攻坚战的决定》和《"十三五"脱贫攻坚规划》(2016),医疗精准扶贫都被作为一项重要任务写入文件。2016年12月,国务院印发《"十三五"深化医药卫生体制改革规划的通知》(2016),提出"在全面实施城乡居民大病保险基础上,采取降低起付线、提高报销比例、合理确定合规医疗费用范围等措施,提高大病保险对困难群众支付的精准性。"因此,实现大病患者的精准保障,不仅是高效利用医保基金的途径,也是我国医疗精准扶贫国家战略的内在要求。

1.1.2 研究意义

大病保险基金安全是"实现大病保险稳健运行和可持续发展"的关键,大病保险的基金风险并不是最终研究的目的,在保证大病保险基金收支平衡的基础上,如何有效利用有限的大病保险基金、提升大病保险保障效率,并最终提高大病患者保障水平,化解"因病致贫、因病返贫"问题是人们更为关注的重点。本书在我国基本医疗保险基金压力持续增加、基本医疗保障体系"提质增效"以及医疗精准扶贫国家战略的大背景下,对基本医疗保险和大病保险基金可持续性进行预测分析,分析我国大病保险保障效率低下的原因,并对关系到大病保险补偿标准的"灾难性医疗支出"进行合理界定,阐述了如何为不同收入人群尤其是低收入人群大病患者更精准的提供医疗保障,这不仅在理论上具有重要价值,同时对于提升我国大病保险保障效率、发挥大病保险在医疗精准扶贫战略中的功能乃至完善我国的医疗保障制度具有重要的现实意义。

1.2 研究思路、方法与研究内容

本书的研究目标是,如何实现大病保险的精准保障,提高大病保险基金的使用效率。本书的研究思路是,通过分析我国基本医疗保险和大病保险的基金收支平衡情况来说明目前医疗保险基金存在的风险,扩展大病保险合规医疗费用以提高大病保险保障水平会进一步威胁大病保险基金可持续。在此基础上,分析如何有效利用有限的大病保险基金来实现保障效果的最大化，即提高大病保险保障的精准性。

本书以保险经济学、卫生经济学和公共政策分析为理论基础，综合使用文献研究法、对比分析法、实证分析法、定量研究法、调查法等研究方法，重点关注基本医疗保险基金的收支平衡及未来发展状况、大病保险实施以来的基金运行情况和合规医疗费用扩展对大病保险基金的影响，并以精准保障作为提升大病保险基金使用效率的关键措施。本书的主要研究内容包括七个部分：

第1章绪论。本章阐述了研究背景、选题意义，总结归纳论文研究思路和整体的内容框架，并指出本书的创新点和不足之处。

第2章文献综述。本章主要围绕大病保障制度建设、医疗保险基金可持续影响因素以及医疗精准保障相关文献展开。首先阐述了医疗保险理论基础，并重点对大病保障制度建设相关研究文献进行总结，包括灾难性医疗支出界定、国外大病的保障方式以及我国大病保险制度相关研究文献。然后，总结归纳了医疗保险基金可持续影响因素的相关文献，包括医疗费用影响因素、医疗保险道德风险、我国医保基金可持续性测算等相关文献。最后，介绍了我国医疗保障制度的精准保障方面的相关文献。

第3章基本医疗保险基金风险分析。首先，分析了我国基本医保的保障水平，对我国基本医疗保险基金现状进行统计分析，数据显示部分统筹地区医保基金出现赤字，而医疗费用的快速增长是导致医疗保险基金赤字风险的重要因素。其次，对我国医疗保险市场的道德风险问题进行了实证分析，以观察可能存在的医疗费用的不合理增长导致的医保基金的浪费。最后对我国城乡居民基本医保基金的可持续性进行了测算。本章研究发现，基本医疗保险基金面临较大的赤字风险。

第4章大病保险制度的建立与运行概况。首先，阐述了我国大病保险的实施背景，对大病保险的筹资标准、支付标准、经办管理等制度框架进行了梳理总结。其次，对大病保险的基金现状进行分析。最后，利用调研数据建立计量模型分析大病保险目前运行概况。本章研究发现，大病保险面临着保障水平需进一步提升和基金赤字风险的矛盾，需要对大病保险的报销机制进行精细化管理，有效利用大病保险保障基金，提升大病保险保障效率。

第5章大病保险基金风险：合规医疗费用界定。首先，梳理总结了各地区大病保险合规医疗费用的界定情况。其次，设计不同的扩展合规医疗费用的方案，对大病保险筹资和基金需求进行测算。最后，以肿瘤靶向药物为代表进行了部分放开合规医疗费用的基金需求测算。本章研究发现，扩展合规医疗费用范围是提升大病保险保障水平的措施之一也是发展趋势，完全放开合规医疗费用会对大病保险基金造成严重冲击，可以考虑将对重特大疾病患者来说必要且有效的药品和诊疗纳入合规医疗费用补偿范围，以提高各层次医疗保障项目基金的使用效率。

第6章大病保险的精准保障。首先，使用经济学理论证明了医疗保险对不同收入水平参保者的保障效果不同，并建立面板门槛模型验证了医疗保险保障效应的收入阶层差异性，说明了对于不同收入水平的人群医疗保险机制设计应有所区别，有必要对低收入人群政策倾斜。其次，探索灾难性医疗支出发生信号，通过建立实证模型验证不同收入人群的灾难性医疗支出标准。最后，探索低收入人群的大病保障模式。本章研究发现，不同收入阶层的医疗保险保障效应存在差异性。低收入人群的灾难性医疗支出标准更低，发生灾难性医疗支出的概率更高，将高额医疗费用与具体家庭财务承受能力关联，并适度向低收入人群倾斜，更有利于提升社会总体福利。同时，如果实现精准保障，高效衔接大病保险和医疗救助，可以在提升保障效率的同时节约医疗保障基金。

第7章结论启示和政策建议。在前文分析基础上，本章对全书的研究结果进行归纳总结，并提出了相关政策建议。

本书结构框架见图1.2。

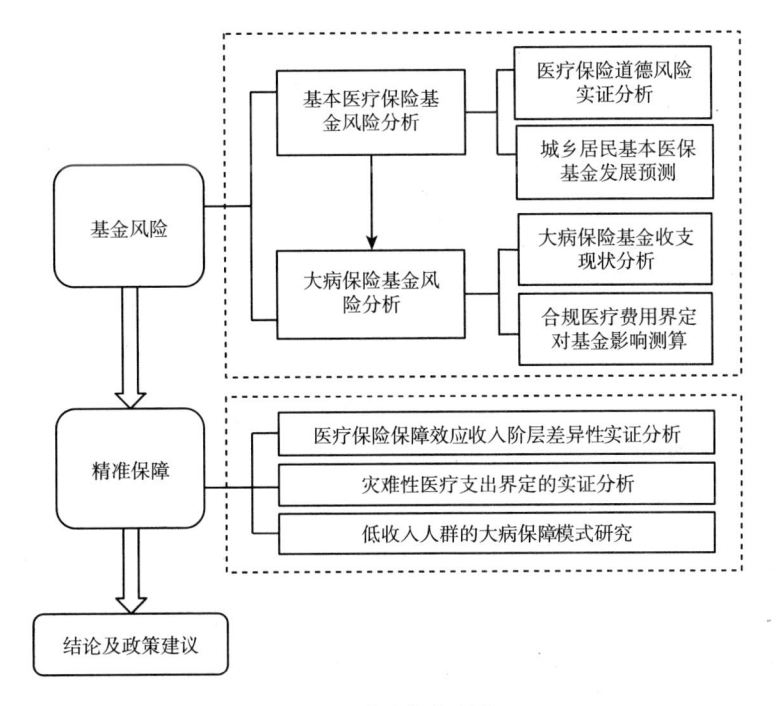

图 1.2 本书框架结构

1.3 创新与不足

本书的可能创新点及贡献之处体现在以下几点：

第一，通过实证分析，探讨了医疗保险促进医疗服务利用的双重效应：道德风险和医疗需求释放，以观察医疗保险促进医疗费用增长的合理部分和不合理部分。在以往的研究中，医疗保险显著促进医疗服务利用的作用有时就被简单认定为道德风险，本书从医疗支出和生活支出之间关系的角度，观察医疗保险显著促进医疗服务利用的作用是合理的医疗需求释放或者是道德风险。研究结果也表明了对于低收入人群来说，医疗保险促进医疗费用增长更多的是医疗需求的释放，而高收入人群可能存在着过度利用医疗资源的道德风险；第二，用计量分析方法验证了"大病保险合规医疗费用界定较窄降低了大病保险对高额医疗费用的保障程度",而以往的研究多以文字表达,缺少相应的实证分析。在此基础上,预测了扩展合规费用对基金的冲击,并提出合理扩展合规医疗费用的途径是纳入以肿瘤靶向药物为代表的对重特大疾病患者来说必要且有效的药品;第三,通过理论模型分析并建立面板门槛模型证明了医疗保险保障效应的收入阶层差异性。本书认为,由于不同参保人的医疗服务偏好和医疗需求收入弹性不同,因此不同收入水平的人群医疗保险保障效果存在差异性;第四,通过实证分析合理界定灾难性医疗支出标准,并对不同收入人群灾难性医疗支出标准进行细分,以期为大病保险的精准支付并实现精准保障提供理论支撑,并提出了低收入人群大病保障的"基本医保+大病保险+大病补充保险+医疗救助"的综合保障模式。

  本书的不足之处在于:首先,由于数据可得性问题,地方卫生部门或者人社部门承办的大病保险基金数据不可获取,对书中基金风险的数据统计分析精确性会有一定影响;其次,防范大病保险基金风险的途径除了通过精准保障来实现基金高效利用,还需要考虑医保基金如何"开源"和"节流",本书缺少这方面的研究,可进一步深入研究;最后,大病保险的精准保障,需要解决的一个问题是如何实现和医疗救助等保障制度的高效衔接,这也是完善我国医疗保障体系实现"提质增效"的重中之重,本书在这方面的研究略显单薄。

第 2 章

文献综述

2.1 大病保障相关文献

2.1.1 医疗保险理论基础综述

Von Neumann 和 Morgenstern（1944）的期望效用理论研究了不确定条件下理性人的决策，该理论认为风险规避的人倾向于平滑一生边际效用。Friedman 等（1948）通过建立健康保险模型证明了风险规避的个人倾向于采取收入转移的方式平滑边际效用，从而可以将健康保险需求看作不确定需求，通过保险是解决风险不确定性的一条途径，因此，人们购买医疗保险是为了规避疾病带来的财务风险，达到期望效用最大化。Grossman（1972）通过人力资本理论解释了人们对卫生和健康的需求，认为医疗保健需求只是派生需求，而健康才是消费者最终需要的，健康可以被认为是一种资本物品。为了达到最大效用，人们必须在工作和闲暇之间做出时间分配，在健康和非健康活动时间分配闲暇时间，同时购买健康和非健康资源并生产健康保健资本，因此，对健康的投入来自于对健康保健的需求。Arrow（1963）最早在研究中阐述了医疗服务的不确定性，指出疾病发生的不确定性和治疗效果的不确定性凸显了医疗服务相对于其他市场的突出特点即为不确定性。医疗保险需求正是和医疗服务需求的不确定性有关，Feldstein

(1973) 也指出，对于消费者来说，医疗保险并不是最终消费品，而是补偿未来医疗费用不确定的一种方式。

医疗保险使需求方的医疗服务价格下降，导致医疗服务需求方有过度利用医疗资源的倾向，由于医疗服务市场的高度专业性，医疗服务需求方和供给方存在着严重信息不对称，导致医疗保险市场失灵问题比一般保险市场更严重。Pauly（1968）就指出，消费者信息缺失是医疗服务与其他产品和服务的最大区别。Arrow（1963）认为解决医疗卫生服务市场不确定性的方法是加强监管。同时，由于医疗服务提供方（医生）的专业性使其掌握更多的信息，医疗服务市场还会出现"供给诱导需求"的问题。Manning 等（1996）指出，医疗保险客观上衍生了道德风险，造成社会福利的损失。一国最优医疗保障水平，应实现风险社会化和道德风险之间的作用平衡。总之，由于医疗保险市场的特殊性，信息不对称导致的道德风险问题普遍存在，加上医疗服务的外部性，医疗服务市场需要政府干预以解决市场失灵问题。Arrow（1963）认为医疗保险也并不能完全解决疾病的不确定性和治愈效果的不确定性，人人都享有健康权，政府需要干预医疗卫生服务来保障公民健康权利，减少消费者的不确定性。降低医疗保险市场道德风险的最重要的制度安排是免赔额和共付比例（Arrow, 1963；Pauly, 1968），个人负担机制会在一定程度上纠正医疗服务价格扭曲问题，提高社会福利（Feldstein, 1973）。

2.1.2 大病保障制度相关文献综述

一般情况下，如果医疗保障制度足够完善、保障水平很高，那么就可以避免患者出现灾难性医疗支出。然而，WHO（2000）提出，医疗保险共付机制的存在，导致低收入人群被排除在医疗服务可及范围，只保留了有能力负担的那部分人，同时各国实际保障水平过低导致灾难性医疗支出问题仍然很严重。因此，需要通过大病保障机制设计来化解灾难性医疗支出风险。

2.1.2.1 灾难性医疗支出相关文献

对于灾难性医疗支出的概念，一般认为是家庭医疗支出超过家庭收入或者非食品支出的一定比例。根据WHO（2003）的定义，当一个家庭的医疗支出超过家庭可支付能力的40%时就被认定为发生灾难性医疗支出。家庭可支付能力是指家庭总消费支出扣除生存支出后的有效收入，Xu等（2007）认为，灾难性医疗支出中的可支付能力应是将家庭生命周期内的借贷能力考虑进去的永久性收入。

虽然灾难性医疗支出普遍被定义为家庭医疗支出等于或超过家庭收入或非食品支出等的一定比例，但对具体阈值的界定却始终没有得到统一（Su et al.，2006；Xu et al.，2003）。1986年的美国收入所得税法案规定，如果一个家庭的个人现金卫生支出超过调整后的总收入的5%，那么就给予税收减免，因此，有学者据此将5%作为灾难性医疗支出标准（Berki，1986）。Russell（1996）通过调查研究部分发展中国家医疗支出数据发现，大多数家庭医疗支出在收入中的占比为2%~5%，因此也支持5%这一标准界定。但是，当时的美国国会对收入所得税法案中的5%并不认同，将个人现金卫生支出税收减免的阈值调整为7.5%。此后，多数研究都将灾难性医疗支出设置为不同的阈值标准进行比较分析，例如，Wagstaff等（2003）选取2.5%、5%、10%、15%、20%、25%、30%、40%分别作为灾难性医疗支出标准进行影响因素分析，阈值范围大体在2.5%~60%，其中40%是众多研究者使用的阈值之一（Su，2006；Doorslaer et al.，2007；Zhou and Gao，2011；Meng et al.，2012；Kronenber and Barros，2013），这和世界卫生组织的标准相一致。我国对灾难性医疗支出的实证分析也采用很多不同的阈值设置研究方法，并重点对40%这一阈值估计出的灾难性医疗支出发生率进行分析（方豪等，2003；封进和李珍珍，2009；吴群红等，2012）。

Doorslaer等（2007）使用2000年14个亚洲国家和地区的数据研究灾难性医疗支出状况，研究结果发现，灾难性医疗支出较高的国家有孟加拉国、中国、印度、尼泊尔、越南,各个国家在不同的衡量标准下灾难性医疗支出发生率差异较大,马来西亚最高仅为6.62%,孟加拉国和中国相对较高,分别达到27.63%和28.37%。由于使用的数据库和阈值的差异性,相关文献对我国灾难性医疗支出发生率的研究结论不尽相同。方豪等(2003)将家庭卫生支出占家庭可支付能力的比重超过40%作为灾难性医疗支出的评价标准,平均发生率为5.19%。Meng等(2012)采用2011年国家卫生服务调查数据,研究表明2011年我国家庭灾难性医疗支出发生率为12.9%。吴群红等(2012)同样使用第四次国家卫生服务调查数据,按照WHO的标准,测算得出我国2008年灾难性医疗支出总体发生率为13%。Zhou等(2011)使用2008年的陕西省卫生服务调查数据进行测算分析,研究发现,陕西省城镇医疗保险参保人群的家庭灾难性医疗支出发生率要高于新农合,分别为16.87%和19.62%。郭娜(2013)使用济南市2012年调查问卷数据,以家庭现金卫生支出占家庭可支付能力的40%作为阈值,测算结果显示济南市灾难性医疗支出高达47.43%。

总之,从灾难性医疗支出目前的研究现状分析,可以看出灾难性医疗支出阈值设定过于主观,难以得出令人信服的结论(Doorslaer et al.,2007),究其原因在于以往研究并没有将灾难性医疗支出的内在产生机理做深入分析,本书将作出改进,使用微观数据和计量模型探索我国灾难性医疗支出的标准并针对不同收入的人群划定不同的灾难性医疗支出标准。

2.1.2.2 国外大病保障及我国大病保险制度相关文献

尽管灾难性医疗支出的阈值标准没有统一,然而医疗保障在避免参保患者灾难性医疗支出风险方面的作用已达成共识,尤其是重特大疾病保障机制被认为是缓解大病患者财务负担、降低灾难性医疗支出的有效工具,各国医疗保障制度也都注重如何防范参保患者出现灾难性医疗支出。

墨西哥针对没有医疗保险的贫困人群,提供民众灾难性医疗支出保险来分担其大病风险（Galárraga et al.，2010）。美国是典型的商业医疗保险主导模式，也是唯一没有实现全民医保的发达国家，其化解大病经济负担的主要方式是个人或者家庭最高支付限额，2013年个人为6250美元，家庭为12500美元（黄国武，2015）。

孙冬悦等（2013）考察了以美国为代表的商业医疗保险主导模式、以英国为代表的国家医疗保险主导模式和以日韩为代表的社会医疗保险主导模式的大病医疗保障制度，认为各国采取的降低大额医疗费用的大病保障措施主要包括：个人自付封顶线、医疗救助、慢病管理项目和老年人医保制度等。孙嘉尉等（2014）对澳大利亚、日本、意大利、德国和瑞士六个国家的大病保障措施进行分析后认为，这六个国家的大病保障模式可以分为两类：超额补偿模式（澳大利亚、日本和意大利）和自付封顶模式（德国、瑞典和瑞士）[①]，但各种模式之间还有差异，例如，澳大利亚和日本是通过降低超额部分的自付比例来进行直接补偿，意大利是通过税收抵免的形式进行间接补偿。

The Commonwealth Fund（2015）通过对澳大利亚等15个国家医疗服务体系综述，发现德国等6个国家设置的有个人自付封顶线，而其他没有设置个人自付封顶线的国家，多通过降低个人自付比例等方法来缓解患者的高额医疗费用负担，尽管各个国家医疗保障模式不尽相同，但多数国家都对特殊群体（例如，老人、儿童、失能、低收入人群、慢性病患者、重大疾病患者）采取降低个人自付或者减免费用等方式来化解此类人群的灾难性医疗支出。从代表性的国家和地区医疗保障模式和大病保障来看，大病保障机制建设应该与本国的经济发展水平和医疗保障模式相适应，通过综合措施来降低大病患者的医疗费用负担（王琬，2014a）。

我国城乡居民大病保险的保障目标同样是避免城乡居民发生家庭灾难性医疗支出。我国城镇职工医保、城镇居民医保和新农合的统筹基金主要用于住院和门诊大病，为了保障基金安全，一般都要设置医

[①] 超额补偿是指当参保患者的个人自付费用达到一定的额度之后，对超过的那一部分进行一定程度的补偿；自付封顶是指个人自付达到封顶线之后将享受全额报销。

保支付的封顶线，如果患者医疗费用超过封顶线，后续治疗将完全依靠个人，最终超出患者可支付能力而放弃治疗（梁鸿等，2007）。丁继红等（2004）指出，由于我国基本医疗保险最高支付限额偏低，加大了高额医疗费用患者的个人负担，无法充分发挥基本医疗保险的风险分散和损失补偿的作用。大病保险政策正是为了降低患者医疗费用负担，对大病患者的高额医疗费用进行保障的制度安排。

对于大病保险的制度定位，众多学者研究认为是基本医疗保险的拓展和延伸（金维刚，2013；朱铭来，2013；董曙辉，2013；王琬，2014b）。同时，金维刚（2013）和董曙辉（2013）指出，大病保险只是基本医疗保险的新发展而不是一项独立的制度安排，仇雨临等（2014）认为我国的大病保险是一项过渡性制度安排而非长期制度，随着我国医疗保障的统筹和发展，大病保障的功能融入基本医保。对于大病保险的保障范围，孙志刚（2012）和徐善长（2013）认为，高额医疗费用即为我国灾难性医疗支出的标准。然而，宋占军（2013）指出，我国的高额医疗费用是以个人为基础衡量的，而世界卫生组织的灾难性医疗支出以家庭为标准，同时我国的标准以社会平均收入水平衡量，而未根据个人细分，可能会将低收入群体排除在大病起付线之外，导致大病保险不能实现避免发生家庭灾难性医疗支出的目标。大病保险的保障水平是"实际支付比例不低于50%"，也就是说在基本医保报销之后的合规医疗费用，超过大病保险起付线的那部分再报销不低于50%的比例，高小莉（2013）认为，大病保险的分段设置报销比例时不应把高费用段支付比例设置过高，以防止出现"穷帮富"以及医院诱导消费的问题。王先进（2014）指出，医疗费用分布右偏的特点会导致低费用段人群较多，而大病保险低费用段报销比例低的设置，结果是高费用段的补偿比例较高，降低了大多数家庭的医疗保障效果。由于合规医疗费用的限制，大病患者的实际报销保障水平进一步缩水。未来，大病保险保障水平的提升可以考虑合规医疗费用的逐步放开，而实际上一些地区已经开始在尝试。

综上分析，多数国家的医疗保险机制设计都会考虑到如何缓解患者的高额医疗费用,避免出现家庭灾难性医疗支出风险。国外医疗保障机制设计通常会设置个人自付最高限额,而我国的基本医保和大病保险政策都未设置个人自付封顶线,一旦出现高额医疗费用,患者必将承受较大的医疗费用负担。

2.2 医疗保险基金收支平衡影响因素与可持续相关文献

2.2.1 医疗费用影响因素研究综述

国内外研究医疗保险基金可持续性的文献主要集中于医疗保险基金支出方面,影响医疗费用增长的因素成为众多学者关注的焦点。从国内外相关研究文献来看,多数学者注意到了人口结构变化、经济增长与收入水平的提升等因素导致了医疗费用增长,从而可能对医疗保险制度的稳定造成冲击。

随着收入水平的提高,人们会增加医疗保健需求从而带来医疗费用的增长,一些学者通过理论和实证分析证明了收入水平和医疗费用增长之间的关系。Grossman(1972)将健康看作和教育一样的人力资本,首次提出了"健康存量"的概念,认为人们为了增加健康存量会主动增加医疗服务需求从而带来医疗费用的增加,通过建立理论模型得出结论:随着年龄的增长,医疗费用会逐步增加,同时,收入水平的提升也会导致消费者对医疗服务需求的增加。Newhouse(1977)通过研究收入水平和医疗费用的关系,发现医疗保健支出收入弹性系数大于1,90%的医疗费用变化可以由收入解释,收入是引起医疗费用增长的最主要因素。Gerdtham 等(1992)使用19个OECD国家数据实证分析了收入、制度和社会人口因素对医疗保健支出的影响,结果发现收入是影响医疗保健支出的重要因素,经济越发达的地区医疗服务利用支出越多。Murthy 等(1994)使用了1960~1987年美国时间序列数据研究对医疗保健支出影响因素进行了研究分析,并进行了单位根检验和协整关系检验,实证结果显示,人均收入、人口年龄结构、锻炼次数和公共卫生融资对医疗保健支出有显著影响,相比于医疗支出的收入弹性系数只有 0.77 的结果,人口老龄化对医疗保健支出的作用更明显,然而由于年龄因素并不是政府可以控制的因素,政府的长期策略应该增加医药领域的教育投入和人力资本建设。Hitiris(1997)通过对 OECD 国家 1960~1991 年的医疗费用数据分析发现,各国医疗费用的差异主要是由 GDP 水平和人口因素引起的。Cagatay(2004)研究认为多数国家医疗费用快速增长除了医疗技术的更新、人口老龄化、疾病谱变化等原因以外,医疗保险制度的第三方付费导致的道德风险因素也是医疗费用增长的一大原因。Fisher(1980)、Holly 等(1998)、Angulo 等(2011)等研究都发现了老龄化对医疗费用增长具有显著影响,Rosett 等(1973)、Dunlop(2000)等研究都发现了收入水平的提升能显著促进医疗费用的增加。同时,Dunlop(2000)、Hjortsberg(2003)研究发现教育水平较高的人群医疗服务利用率也较高。Jochmann 等(2004)使用半参数贝叶斯方法对医疗服务需求进行研究,发现年龄、教育、医疗保险均和医疗服务需求具有显著的正相关关系。Sato(2012)研究发现年龄正向促进传统医疗服务的利用,但是并不增加现代医疗服务需求。Ellis 等(2013)研究了澳大利亚 45 岁以上人群医疗费用,除了发现年龄增加能够显著促进医疗服务的利用之外,还发现男性医疗费用高于女性,高收入、未婚、丧偶和离异人群的医疗费用较高。

国内学者对影响我国医疗费用和医疗服务需求的因素也做了相关研究。丁继红等(2004)从经济学理论的角度剖析了影响医疗费用增长的因素,包括医疗技术革新带来的医疗机构成本的合理上升、医疗服务特殊性导致的医疗价格偏离实际需求水平、医疗保险制度覆盖加速医疗资源的消费。何平平(2006)基于协整分析和误差修正模型研究发现,经济增长和老龄化都会促进医疗费用的增长,而且老龄化因素的作用更为明显。余央央(2011)使用 2002~2008 年中国省级面板数据研究了老龄化对城乡医疗费用的影响，研究发现老龄化显著促进了人均医疗支出，但是作用效果存在城乡差异。刘西国等（2012）使用1998~2013年我国面板数据对医疗费用上涨的诱发因素进行了研究，发现收入因素并没有促进医疗费用的上升，而老龄化在一定程度上推动了医疗费用上升，作用最明显的因素为城镇化。吕美华等（2012）使用三县调研数据对农村医疗服务需求进行分析发现，患者在选择门诊服务和住院服务方面有一定的偏差，患者医疗支出主要是受到疾病因素的影响。王萍等（2013）认为影响我国医疗费用增长的因素包括经济增长、医疗技术进步、人口老龄化等不可控因素和过度医疗、药价虚高等可控因素。甘筱青等（2014）构建三阶段动态博弈模型考察了报销比例、患者行为选择对医疗费用的影响，研究结果发现，上级医疗机构报销比例的上升和上下级医院治疗质量的差距都会促进医疗费用的上涨。封进等（2015）使用1991~2012年CHNS数据考察了老年人医疗支出的年龄效应，发现城市65岁以上老年人医疗费用增长幅度显著高于其他年龄组，而农村并没有差别，同时人口年龄结构和我国城镇化进程带来的医疗费用增长年均增速为2.7%。刘军强等（2015）认为我国医疗费用的快速上涨本质上是体制和制度的问题，医疗保险的全面覆盖导致了医疗服务需求的快速上升，医疗费用的膨胀增长。

总体来看，国外学者对于医疗费用上涨的影响因素研究结果主要包括经济增长带来的收入水平的上升、老龄化进程、教育水平、医疗技术的进步等，由于我国基本医疗保险制度运行时间不长，我国医疗保险市场具有一定的特殊性，区别于国外研究，国内学者除了关注传统的收入、人口老龄化等因素带来的医疗费用的增长，同时关注到了我国医疗保险制度的全覆盖带来的医疗需求释放导致的医疗费用快速增长。

2.2.2 道德风险与医保可持续研究综述

由于医患双方信息不对称，医疗保险市场道德风险问题普遍存在，直接导致医疗资源和医保基金的浪费，国外学者较早的注意到医疗保险道德风险问题。Arrow（1963）通过对健康护理福利经济学研究指出，如果雇主承担了雇员的全部健康护理费用，雇员就可以免费获得健康护理服务，对保险人来说，健康护理就属于免费物品，这会导致保险人对健康护理的过度消费。这是最早将道德风险引入经济学范畴和保险领域。Pauly（1968）认为，由于保险人和投保人信息不对称导致保险人无法了解投保人的行为，保险合同不能有效约束投保人的一些不利行为，增加了保险成本并导致保险市场的低效率。因此，医疗保险制度始终面临着道德风险导致的市场失灵问题，这会导致医疗资源的浪费乃至医疗保险市场的效率低下，国内外学者对医疗保险道德风险问题也进行了大量研究。

多数研究已经验证了医疗保险市场道德风险的存在。1974～1982年美国兰德公司通过著名的"兰德健康保险实验"证明，在不影响健康的条件下，相比于免费试用卫生服务利用的被调查组，95%需要自己支付的被调查组的医疗费用减少了近60%，通过自然实验验证了医疗保险存在的道德风险问题。Manning等（1987）对"兰德健康保险实验"数据进行分析，研究发现健康保险的自付比例每增加10%时医疗费用就会减少1%～2%，验证了道德风险的存在。Zweifel（2000）、Breyer（2000）和Dave等（2009）通过证明人们在购买医疗保险之后会减少对健康的预防和重视，并且做出不利于健康的行为，验证了事前道德风险的存在。Ellis（1998）和Riphahn等（2003）的研究发现了有医疗保险的患者相比于无保险的患者住院概率更高来说明医疗保险事后道德风险的存在。Chiappori等（1998）使用1993年法国改革紧急医疗服务中成本分担比率制度的数据，结果证明了医疗保险共保比例的变化会改变患者的就诊行为，证明了医疗服务需求方道德风险的存在。Wong等（2011）基于2005年香港人口调查数据，采用Logit回归和零截断负二项Poisson回归对自保人群、职工医疗保险和福利医疗保险的道德风险问题进行研究，结果表明职工医疗保险和福利医疗保险患者比自保人群的患者表现出更高的道德风险问题。

国内学者对医疗保险领域道德风险的关注始于20世纪90年代，《中国社会保障》编辑部组织专家对我国医疗体制改革进行了讨论，郑功成、卢昌崇、李珍等学者对我国医疗保险领域道德风险进行了论述。此后，随着我国医疗体制改革的进行，越来越多的学者开始关注道德风险对医疗保险制度可持续运行的影响。早期研究多是以定性研究为主，探讨医疗保险道德风险的成因、特性以及导致的问题，多数研究都说明了医疗保险道德风险会降低医疗服务价格边际成本，导致医疗服务利用的增加和过度利用，从而导致医疗费用的快速增长，对医疗保险基金安全带来不利影响，威胁医疗保险统筹基金安全，破坏医疗保障制度（胡苏云，2000；赵小苏，2001；赵曼，2003；国锋等，2004；吴传俭，2005；王建，2008）。近年来，随着数据库完善和统计技术的发展，越来越多国内学者通过定量分析验证了我国医疗保险市场存在的道德风险问题。任燕燕等（2014）和彭晓博等（2014）分别建立模型验证了老年人和新农合的事前道德风险问题。由于人们一般不会做不利于自己健康的行为，因此对于医疗保险事前道德风险是否存在的验证并不多，多数学者还是集中于探讨验证医疗保险事后道德风险，并说明道德风险问题会导致医疗资源的过度利用，不利于医疗资源的合理配置（王珺等，2010；牟俊霖等，2011；黄枫等，2012；臧文斌等，2012；袁正等，2014；李玲等，2014；胡宏伟等，2015）。

从国内外学者对医疗保险道德风险的分析来看，研究结果基本一致：医疗保险显著促进了医疗服务利用，并且保障水平越高的人群道德风险程度可能越重，道德风险威胁着我国医疗保险基金的安全，不利于我国医疗保险制度的持续发展。因此，对于如何防范医疗保险的道德风险问题也是众多学者研究的焦点。Pauly（1968）分析了个人道德风险对医疗保险的影响程度，认为最优的医疗保险政策应该是一种由病人和国家共同付费以及具有保险起付线的机制。应根据病人可能产生的道德风险程度而让其承担一定的费用，这是控制需方道德风险进而控制医疗费用思想的起源。在此思想之下，多数学者都提出了医疗保险机制应该采用供求双方医疗费用分担来控制医疗保险的道德风险（Manning，1987；Ellis et al.，1993；胡苏云，2000；赵小苏，2001；黄枫等，2012），一些学者认为医疗保险费用如果采用提前支付的方式可以减少医疗费用总支出水平，控制医疗机构的道德风险（Jack et al.，1997；李玮等，2002）。由于我国医疗保险的特殊性，国内一些学者认为除了传统的医疗费用的分担机制之外，更需要通过医疗卫生体制改革和完善，通过改变医疗服务价格形成机制、医药分开、改变医保支付方式等手段来控制我国医疗保险道德风险问题（国锋等，2004；孙秀均，2004；毛瑛等，2005）。因此，医疗保险道德风险的解决除了医疗服务需方成本制约的共付或者起付线之外，同时需要医疗服务提供方的费用控制激励机制设计（胡苏云，2000；郭有德，2011）。

总之，自1963年Arrow首次研究了美国医疗保险市场的有效性和完备性，并发现医疗保险市场的道德风险带来的福利损失以来，国内外大量研究通过定性和定量分析验证了医疗保险道德风险的存在，多数研究都指出了医疗保险道德风险的存在导致了医疗保险市场的无效率，鉴于医疗保险市场的特殊性，供方和需方道德风险的同时存在会造成医疗费用的浪费，冲击医疗保险基金安全，最终导致医疗保险制度的不可持续。因此，在验证医疗保险道德风险存在的同时，以往的研究也都提出了规避和控制道德风险的方法，其中多数以Pauly（1968）提出的共付机制控制需方道德风险作为理论和思想基础，国内学者结合中国的实际情况，认为中国医疗保险市场道德风险的控制除了传统的共付机制，最重要的是深化医疗卫生体制改革，通过医保支付方式改革控制供方道德风险，同时通过社会信用体系建设来规避需方道德风险。

2.2.3 我国医疗保险基金可持续性研究综述

无论是医疗保险的道德风险抑或是医疗费用增长，都会影响到医疗保险基金的可持续性，国内学者对我国城镇职工和城乡居民基本医疗保险基金的可持续性进行了研究。

由于城镇职工医保运行时间更长，学者对其基金可持续性的研究也更多。王晓燕等（2004）假设了城镇职工医疗费用增长率、工资增长率、人口负担比和基金投资率等参数，模拟测算了职工医保基金的收支平衡，通过设置不同的参数，以2000年为基期，2013年可能出现当期基金结余赤字，2019年出现累计结余赤字，只有医疗费用增速下降才可以确保基金安全，延迟退休并不能缓解基金风险。彭俊等（2006）从人口老龄化对医保基金可持续性影响的角度出发，建立精算模型测算了广东省珠海市职工医疗保险基金的收支平衡状况，预测结果显示，受到人口老龄化因素的影响，职工医保统筹基金将在2020~2025年入不敷出。何文炯等（2009）基于Z市医疗保险数据，结合寿险精算和非寿险精算方法建立模型，预测结果显示，在现有的医疗保险制度下，Z市2036~2037年职工医保统筹基金结余将出现赤字，延迟退休政策可以推迟医疗保险基金的赤字时间。宋世斌（2010）建立精算模型测算城镇基本医保基金长期收支状况，结果表明我国现行医保体系存在大规模的隐性债务，医保基金会未来会出现较大规模的赤字，只有控制医疗费用快速增长才能从根本上消除债务风险。陈妍（2011）运用非寿险精算、生命表方法模拟测算了天津市职工医疗保险统筹基金的长期收支平衡，研究结果显示，如果执行现有的医疗保险政策，天津市职工医疗保险统筹基金在2008~2037年不会出现收不抵支，然而，如果考虑老龄化和医疗费用的上升，统筹基金将在2030年出现收不抵支，累计结余将在2037年出现亏空。曾益（2012）构建精算模型对城镇职工医保统筹基金和个人账户累计结余进行预测，研究发现城镇职工医保统筹基金在2026年出现当期收不抵支，2034年出现累计结余赤字。

一些国内学者对城乡居民基本医保和大病保险的基金可持续性进行了研究。朱铭来等（2013）对城乡居民大病保险基金支付能力进行评估，认为按照目前大病保险的筹资模式和支付规模，大病保险基金面临着长期收支平衡的压力。宋占军等（2014）分析了大病保险制度推广对城镇居民医保基金可持续性的影响，研究发现在不同的假设条件下，2015年会有9~15个省市城镇居民基本医保基金出现赤字，累计结余至少出现13.63亿元的赤字。李亚青（2015）基于我国医保制度整合背景，运用保险精算模型，测算了未来36年医疗保险财政补贴的可持续性，研究结果发现即使受到人口老龄化和医疗费用增长的影响，医疗保险财政补贴政策也是可持续的。周绿林等（2016）构建了新农合基金和大病保险基金收支预测模型和累计结余模型，测算结果表明，按照现有的筹资标准和补偿水平，即使没有大病保险政策，新农合基金也面临着超支风险，大病保险政策的推广增加了新农合基金的赤字风险。

因此，国内学者对我国医疗保险基金可持续性的模拟测算，基本上都是基于现有的医疗保险制度，建立精算模型，测算结果基本一致：即现有的医疗保险制度下医疗保险基金赤字风险较大，而且医疗费用是导致医保基金收不抵支的最重要原因，应该完善筹资和补偿机制来应对可能出现的医保基金赤字风险。

2.3 医疗保障制度保障效率与精准保障相关文献

我国医疗保障制度存在的一些问题导致了整体运行效率不高，近年来国内一些学者对我国的医疗保障制度效率问题进行研究，尤其是近几年随着我国医疗精准扶贫战略的推进，部分学者关注到了如何实现精准保障，以提高医疗保险基金的使用效率，提升医疗保险保障效率。

国内学者对于我国基本医保运行效率的研究集中于近几年，同时由于基本医保的社会保险性质，效率评价往往会结合公平性问题的探讨。金彩红（2006）认为我国新农合制度存在设计缺陷，以保大病为主的制度设计会导致"轻预防重治疗"，降低医疗效率。李晓梅等（2008）研究了云南省部分地区的新农合卫生服务利用的公平性，结果发现低收入人群医疗服务利用不足的问题，未来随着医疗费用的上涨会加剧这一问题，新农合补偿对于贫困人群的意义更大。郑伟等（2010）研究了2005～2008年我国新农合的效率影响因素，发现研究期间的新农合效率是逐步提高的，然而发达地区的运行效率受到了规模报酬递减的影响，新农合需要注意改善制度结构以提高效率。朱铭来等（2011）认为，对于基本医疗保障，效率和公平都是不可忽视的，政府主导的基本医保存在着效率弱点，商业健康保险可以有效弥补基本医保效率弱点。郭娜等（2013）建立了新农合基金评价体系，认为要提高新农合基金使用效率，需要根据收入水平制定不同的补偿标准和筹资标准。申曙光等（2014）通过实证分析发现，"多种标准"的补偿模式，即针对不同的人群制订不同的筹资水平和补偿水平，该医疗保险模式能够节约医保基金，制度运行效率更高，更具有可持续性。史新和等（2015）使用Window模型对我国新农合的筹资效率，发现了我国新农合筹资效率有下滑趋势，要通过提高报销比例和分档筹资分档补偿机制来提高基金使用效率。

一些学者对我国大病保险制度的精准保障问题进行了研究。宋占军（2014）认为，大病保险在当前有限的筹资水平下，应以防止因病致贫、因病返贫为政策目标，侧重低收入人群的重特大疾病保障。朱铭来等（2015）认为目前我国的大病保险政策对低收入人群保障不足，其中的原因之一就是大病保险的保障方案不够精准，平均化的大病保障方案导致低收入和城乡苦难人群承受较为沉重的医疗费用负担，因此提出了大病保险应对城乡最低生活保障家庭成员等苦难群众进行重点保障，提高其保障的精准性。朱铭来等（2016）通过对天津市城乡居民基本医疗保险筹资和保障待遇水平进行分析，测算了未来十年基本医保基金运行情况，认为目前医疗保障制度设计对低收入人群的保障能力不足，降低了医保基金使用效率，未来应精细统计不同收入水平人群的医疗费用及补偿程度分布，以提高医保基金使用效率。徐厚彩等（2016）提出大病保险的精准施策要合理界定灾难性医疗支出，把医疗费用"由低到高"的报销办法改为"由高到低"，同时建立个人申报、专家评审和社会公示等制度。徐娜等（2016）认为要解决困难群众的看病问题，应加强医疗救助与大病保险的制度衔接，通过降低困难群众的起付线、提高报销比例和封顶线、扩大合规用药和诊疗目录等具体措施来实施精准支付，降低困难群众获得大病保险的门槛。吴群伟（2017）通过对浙江省义乌市大病保险政策进行研究，发现虽然大病保险整体上提高了报销比例，但高额医疗费用负担人数并未明显下降，"撒胡椒面"式的大病保险政策分散了大病保险资金的功能，因人施策才能提高大病保险成效，化解因病致贫和因病返贫。

  结合精准扶贫的背景，一些国内学者研究了医疗保障制度的精准保障。林闽钢（2016）认为农村地区更容易"因病致贫返贫"，以往"大水漫灌"的医疗保障模式不利于解决贫困人口的"因病致贫范围"问题，应构建多层次医疗保障体系，提升农村精准扶贫的效果。褚福灵（2016）认为要实现医疗保障制度的精准保障，最终实现精准扶贫，研究灾难性医疗支出家庭的认定办法具有重要现实意义。王东进（2016）认为我国目前医疗保障制度的体制性障碍、机制性障碍、政策不衔接、工作不贯通等问题弱化了医疗保障功能，措施之一是应完善现行大病保险制度，改善普惠式的"锦上添花"为帮扶式的"雪中送炭"，高效利用医保资金，突出重点。徐伟（2016）认为医保要实现精准保障和精准扶贫，除了要整合医保制度之外，同时建立以"基本医疗保险为主体，重大疾病保险为延伸，医疗救助为托底"的多层次医疗保障制度体系，以防范家庭灾难性医疗支出风险的发生，另外，还要根据患者应对灾难性医疗支出的能力不同而精准救助，最终实现精准保障。钱文强（2016）认为要切实解决重特大疾病导致的"因病致贫返贫"，必须实现精准保障，集中医保资金保大病，针对大病保险要提高大病保险起付线和封顶线从而分散大额医疗费用风险，而医疗救助资金应提高针对性来解决高额医疗费用或者重特大疾病患者的医疗救助问题。

  从以往的研究来看，多数学者通过医保基金效率问题研究，认为提高基金使用效率的重要途径是采取分档筹资分档补偿的补偿模式，同时，众多学者关注到了对于低收入人群等困难人群的保障问题。然而，本书认为实现医疗保障制度的精准保障、提升运行效率的深层含义，应是如何完善各项医疗保障制度安排，有序衔接各类医保制度，在提高医保基金使用效率的同时，实现各类患者的医疗保障水平的提升，从而形成一套高效运行的医保体系。

第 3 章

基本医疗保险基金风险分析

根据 2012 年六部委《指导意见》和 2015 年国办《意见》，大病保险的筹资来源是从城乡居民基本医保基金当中提取一定额度或一定比例，基本医保基金的收支状况直接关系到大病保险基金的筹资，因此有必要对基本医疗保险的基金风险进行分析。本章首先对我国基本医疗保险的保障水平进行了分析，发现近两年基本医疗保险保障水平的提升进入了瓶颈期，医保制度需要进行内部优化以进一步提高保障水平。同时，分析我国基本医疗保险基金现状，数据显示城镇居民基本医疗保险和新农合基金结余过少，部分统筹地区甚至出现了赤字；而医疗费用的快速增长是导致医疗保险基金赤字风险的重要因素，因此本章接下来对我国医疗保险市场的道德风险问题进行了实证分析，以观察可能存在的医疗费用的不合理增长导致的医保基金的浪费；最后对我国城乡居民基本医保基金的可持续性进行了测算，如果按照目前的筹资方式，我国基本医疗保险基金最早将在 2020 年出现当期结余赤字并在 2024 年出现累计结余赤字。

3.1 我国基本医疗保险保障水平和基金现状

3.1.1 我国基本医疗保险保障水平现状

根据中华人民共和国审计署《全国社会保障审计结果》（2012 年 8

月2日公告）显示，截至2011年，我国基本医疗保险覆盖人群已经超过13亿人，基本实现了全覆盖，城镇职工基本医保、城镇居民基本医保和新农合政策范围内报销比例分别达到了77%、62%和70%。从实际报销比例情况来看，2005~2011年，城镇职工基本医保和城镇居民基本医保分别从58.91%和45%提高到64.1%和52.28%；新农合和城乡居民基本医保分别从24.8%和23.78%提高到49.20%和44.87%（见图3.1）。根据人力资源和社会保障部《2016年全国医疗生育保险运行分析报告》，2016年，城镇职工基本医保和城镇（城乡）居民基本医保政策范围内住院费用基金支付比例分别为81.7%和65.8%，实际住院费用基金支付比例分别为72.2%和56.3%。同时，根据国务院办公厅《关于印发深化医药卫生体制改革2016年重点工作任务的通知》（2016）中提到2015年"城乡居民医保政策范围内住院费用报销比例稳定在75%左右"，证明了2015年我国城乡居民基本医保已基本达到了政策范围内报销比75%的目标。然而，由于起付线、封顶线以及医保目录的限制，多数患者尤其是大病患者的实际报销比例和政策范围内报销比往往有较大的差距，我国基本医疗保障制度在完成"扩面"的任务之后，应向"提质增效"阶段转变。

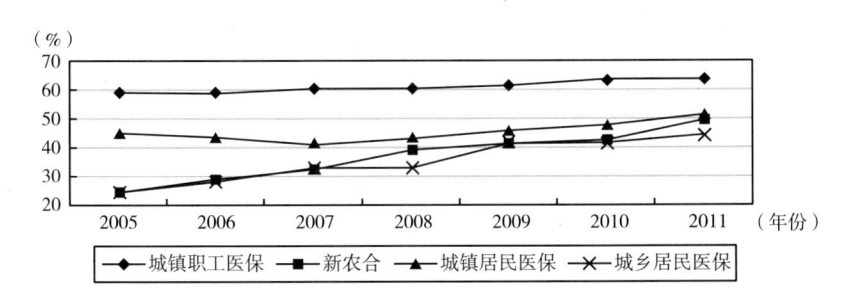

图3.1 2005~2011年我国各项医疗险实际报销比例变化情况

资料来源：中央政府门户网站，全国社会保障资金审计结果（2012年8月2日公告），http://www.gov.cn/zwgk/2012-08/02/content_2196871.htm。

从保障水平提升速度来看，2010~2016年，城镇职工医保政策范围内住院费用基金支付比例从79.2%提高到81.7%，实际住院费用基金支付比例从71.2%提高到72.2%（见图3.2）；城镇（城乡）居民基本医疗保险政策范围内住院费用基金支付比例从59%提高到65.8%，实际住院费用基金支付比例从50.2%提高到56.3%（见图3.3）。城镇职工医保政策范围内住院费用和实际住院费用基金支付比例的年均增长率（分别为0.52%和0.23%）都低于城镇（城乡）居民基本医保（分别为1.83%和1.93%），这是因为城镇职工的保障水平已经比较高，保障水平提升的难度更大。应该注意的是，保障水平连续多年提升之后，2015年职工医保和居民医保同时出现了政策范围内和实际报销比例"双下降"的情况，从表面上看，我国基本医保的发展进入了一个"瓶颈期"。这也给我国基本医保制度发展敲响了警钟：近些年我国基本医保保障水平在提升的同时，医疗费用也呈现快速增长趋势，患者个人医疗费用负担仍然较重，医疗保险保障水平需要进一步提升来降低患者的就医负担，但在已经实现全民医保的情况下，医疗保险基金的增速也将下降，医保制度需要通过内部优化以提高基金的保障效率，最终实现保障水平的提升。

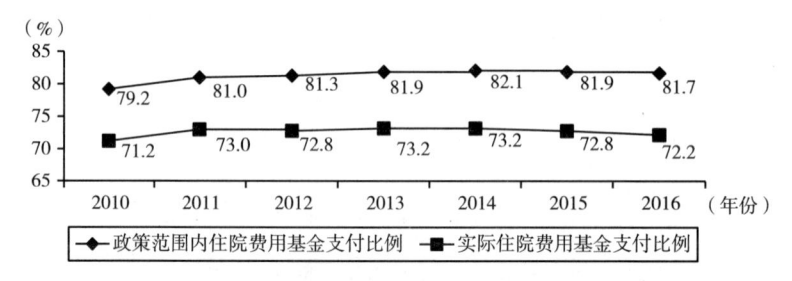

图3.2　2010～2016年职工医保住院费用基金支付比例

资料来源：人力资源和社会保障部《2016年全国医疗生育保险运行分析报告》。

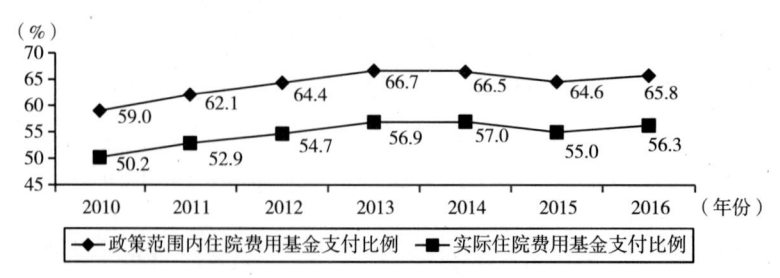

图3.3　2010～2016年城镇（城乡）居民医保住院费用基金支付比例

资料来源：人力资源和社会保障部《2016年全国医疗生育保险运行分析报告》。

3.1.2 我国基本医疗保险基金现状

我国基本医疗保险人均筹资水平逐年提高，2015 年，城镇职工基本医保人均筹资 3246 元，城镇（城乡）居民基本医保人均筹资 515 元，新农合人均筹资 490.3 元。[①] 然而，由于近年来我国医疗费用增长过快、医保支付待遇水平提升等原因，我国基本医保基金出现了收入增长率低于基金支出增长率的情况，导致了我国基金累计结余增长率降低的趋势。

3.1.2.1 城镇职工基本医疗保险基金收支现状

第一，筹资结构。我国城镇职工医保基金的筹资来源包括征缴收入、利息收入、财政补贴和其他收入。其中，征缴收入包括单位缴费和个人缴费，是职工医保基金的主要来源，该部分收入取决于工资和缴费基数，单位缴纳比例约为职工工资总额的 7%～9%，个人缴纳比例为 2%。财政补贴和利息收入占职工医保基金收入的比例非常小。从图 3.4 中可以看出，2010～2015 年职工医保基金单位缴费、个人缴费、

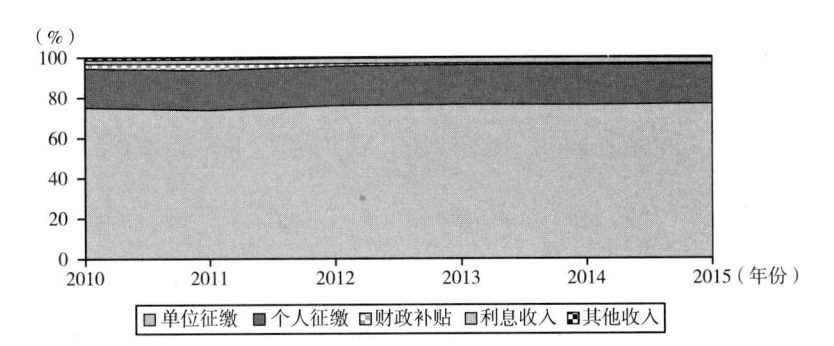

图 3.4　2010～2015 年城镇职工基本医保基金筹资比例情况

资料来源：人力资源和社会保障部《2015 年全国医疗生育保险运行分析报告》。

---

① 城镇职工和城镇（城乡）居民医保数据来源：人力资源和社会保障部《2015 年全国医疗生育保险运行分析报告》；新农合数据来源：原国家卫生和计划生育委员会，2015 年我国卫生和计划生育事业发展统计公报。

财政补贴、利息收入的比例比较稳定，尤其是2013年以后，征缴收入（包括单位和个人）比例基本维持在96%左右。

第二，人均筹资水平。从职工医保的人均筹资情况来看，自2010年以来我国职工医保人均筹资逐年增加，2015年达到人均筹资3246元。然而，自2012年起，职工医保人均筹资增长率却呈下降趋势，由2012年的15.5%降至2014年的9.6%，2015年又回升到12.4%（见图3.5）。人均筹资增长率逐年下降的原因之一可能为职工医保独特的筹资模式下，新常态经济对于工资收入增长率的影响。

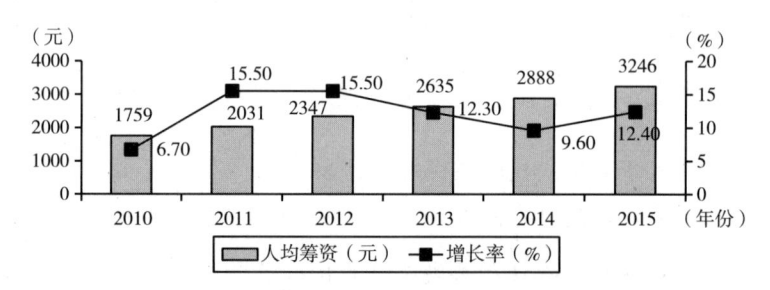

图3.5 2010~2015年职工医保人均筹资和增长率

资料来源：人力资源和社会保障部《2015年全国医疗生育保险运行分析报告》。

第三，基金收支和结存情况。2010~2015年，职工医保基金收入都大于基金支出，2013年基金收入的增长速度略低于基金支出的增长速度，且基金收入和基金支出增速2011~2014年呈现下降趋势，2015年基金收入增速有所回升（见图3.6）。2015年全国职工医保统筹基金

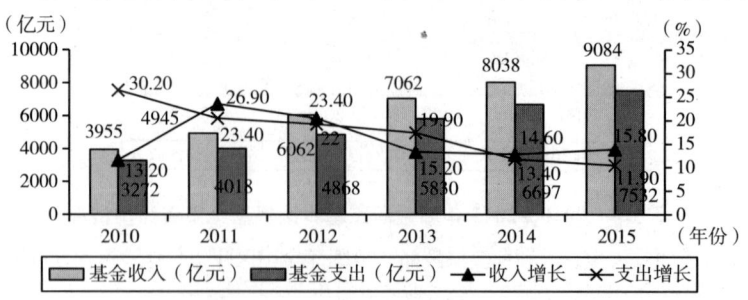

图3.6 2010~2015年职工医保基金收支情况

资料来源：人力资源和社会保障部《2015年全国医疗生育保险运行分析报告》。

存在支大于收的情况涉及24个省份的143个统筹地区。2015年当期统筹基金支大于收的省份为辽宁省，累计结存出现赤字情况涉及10个省份的40个统筹地区，大部分统筹地区基金累计结存较大与少部分统筹地区赤字两种情况并存。

从2015年各省（市、自治区）职工医保人均统筹基金收支及结存情况来看（见图3.7），人均统筹基金收入最高的是北京市的4863元，最低的为河南的1253元；人均统筹基金支出最高的仍为北京，达到4283元，而人均支出最低的为广东的1077元；人均统筹基金结存最高的是西藏的7273元，最低的是天津的345元。整体来看，统筹基金收入高的地区，其支出也相应较高，这和我国基本医保基金的"以收定支"的原则相一致。

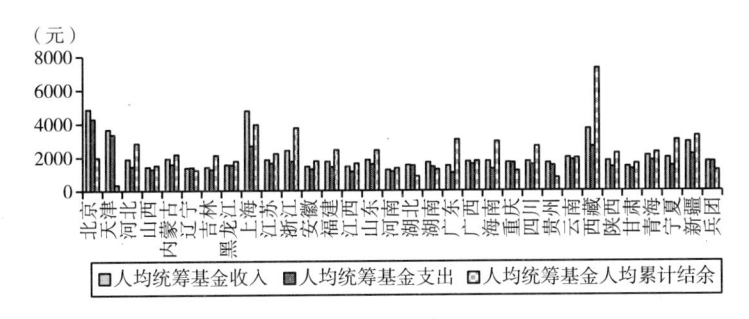

图3.7　2015年各地区职工医保人均统筹基金收支结存情况

资料来源：人力资源和社会保障部《2015年全国医疗生育保险运行分析报告》。

3.1.2.2　城镇居民基本医疗保险基金现状

第一，筹资结构。我国城镇居民医保基金来源不同于城镇职工，其主要来自财政补助和个人缴费两个部分，其中财政补助部分一般占有较大比例。2015年，我国居民医保人均筹资水平为515元，比上年（409元）增长26.1%，比2010年（164元）增长2.1倍。在所有医保基金来源中，财政补助（含财政补贴）总额为1585亿元，比2014年增长25.4%。人均财政补助达到403元，比2014年增长14.5%，占人均筹资的78.3%，比2014年增长1.1%。见表3.1。

表 3.1　　　　　　　2015 年城镇居民医保筹资情况

人员分类	合计（元）	人均筹资水平			
		个人缴费（元）	占人均筹资比例（%）	财政补助（元）	占人均筹资比例（%）
全国平均	515	112	21.75	403	78.25
成年人	562	134	23.84	428	76.16
中小学生儿童	454	83	18.28	371	81.72
大学生	400	57	14.25	343	85.75

资料来源：人力资源和社会保障部《2015 年全国医疗生育保险运行分析报告》。

第二，基金收支和结存情况。2010~2015 年，城镇居民医保基金收入持续增加，这是由于随着我国居民医保的全面推开，覆盖面不断扩大，另一个重要原因是筹资水平的逐步提高。然而由于基金支出增长率的快速提升，造成我国城镇居民医保基金结余率持续下降，在 2015 年略微有所提升（见图 3.8）。2015 年，我国城镇居民医保基金结余呈现总体增加与部分统筹地区支大于收并存的状况，有 25 个省份的 61 个统筹地区当期基金支大于收，当期支大于收的金额总计为 14.3 亿元，比上年增加 17.5 亿元。其中，上海和西藏自治区总计当期基金支大于收，西藏自治区出现了基金累计结余赤字的情况。

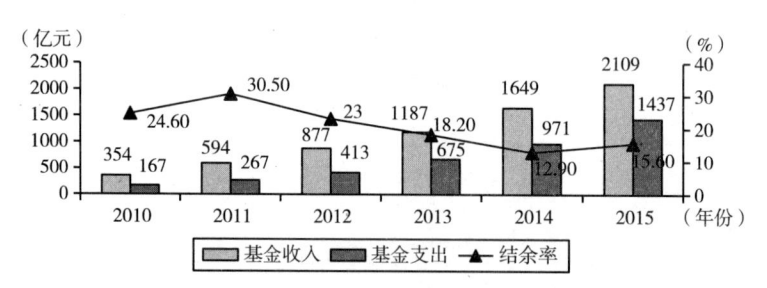

图 3.8　2010~2015 年居民医保收支情况

资料来源：人力资源和社会保障部《2015 年全国医疗生育保险运行分析报告》。

从 2015 年各省（市、自治区）居民医保人均基金收支及结存情况来看（见图 3.9），人均基金收入最高的是北京市的 1414 元，远高于全国 515 元的平均水平，超过全国平均水平的地区还有四川（1212 元）、江苏（906元）、安徽（863元）、河北（818元）、河南（802元）等15个省（市、自治区），最低的为黑龙江的329元；人均基金支出最高的为四川，达到1068元，而人均支出最低的为广西的260元；人均统筹基金结存最高的是天津的1441元，最低的是西藏的-607元。整体来看，人均基金收入高的地区，其支出也相应较高，同样和我国基本医保基金的"以收定支"的原则相一致。

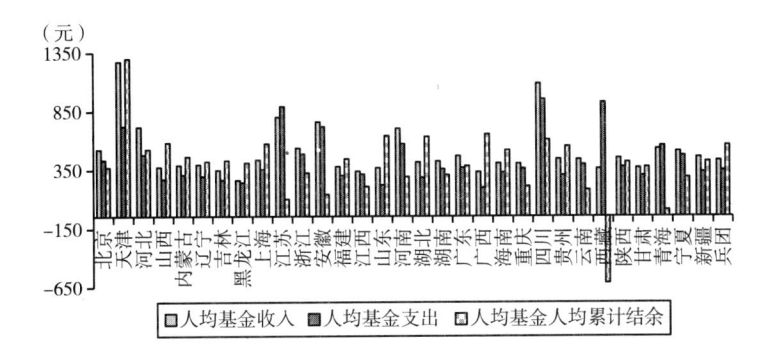

图3.9 2015年各地区居民医保人均统筹基金收支结存情况

资料来源：人力资源和社会保障部《2015年全国医疗生育保险运行分析报告》。

3.1.2.3 新农合基金现状

由于我国基本医保城乡统筹进城的加快，新农合参保人数在2010年达到8.36亿的历史最高峰之后开始逐年减少，在2015年减少到6.7亿人。整体上看，新农合人均筹资水平在逐步提高，从2008年的人均96.3元提高到2015年的人均490.3元（见图3.10），年均增长率为26.18%，略低于原国家卫生计生委《关于做好2015年新型农村合作医疗工作的通知》（2015）文件中要求的500元的筹资标准。

从新农合基金当年筹资总额和基金支出状况来看，2008~2015年当期结余都不多，基本实现了基金的收支平衡（见图3.10）。以2012年为例，有24个省的新农合基金使用率超过了90%，其中16个省的基金使用率超过了95%，10个省的基金使用率超过了100%，包括北京、吉林、上海、浙江、福建等（见图3.11），也就是说，这10个省

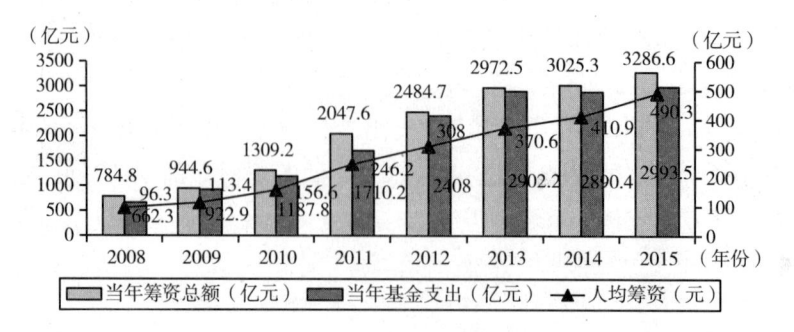

图 3.10　2008～2015 年新农合基金收入支出和人均筹资状况

资料来源：2008～2015 年《中国统计年鉴》；2008～2015 年"我国卫生和计划生育事业发展统计公报"。

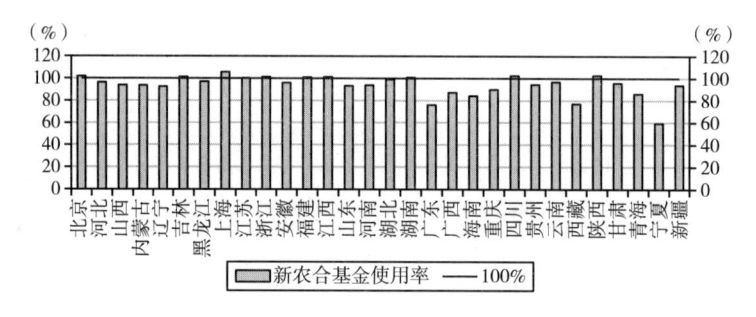

图 3.11　2012 年新农合基金使用率

资料来源：2013 年《中国卫生统计年鉴》。

的新农合基金当年已经出现赤字状况。总之，从新农合基金的使用率情况来看，新农合基金风险较大。

3.2　医疗费用增长与医疗保险道德风险实证分析

根据前面对我国三项基本医疗保险基金现状分析，城镇职工医保结余较多但也有部分地区出现基金结余赤字，而城镇居民医保更是出现了多个统筹地区当年赤字和部分省市累计结余赤字的现象，新农合基金的高使用率也导致基金风险较大。近些年来，医疗费用的快速增长是导致我国医疗保险基金风险的重要因素之一，医疗费用的快速增长除了经济社会发展、人口老龄化、疾病谱的变化、新的医疗技术的应用、患者医疗需求层次提高等因素之外，医疗保险道德风险也是医疗费用快速增长的重要因素。同时也是导致医保制度低效率的原因之一。本节通过建立固定面板模型、IVProbit 和 Treatment 计量模型实证分析我国医疗保险市场的道德风险问题，并探讨了医疗保险促进医疗服务利用的双重效应：道德风险和医疗需求释放，以观察医疗保险促进医疗费用增长的合理部分和不合理部分。

3.2.1 我国医疗费用发展趋势

3.2.1.1 卫生总费用

2011~2015 年，我国卫生总费用从 24345.9 亿元增长到 40587.7 元，人均卫生总费用从 1807 元增长到 2952 元，年均增长率分别为 13.63% 和 13.1%。卫生总费用占 GDP 的比重从 5.15% 增长到 6%，有一定幅度的提升。同时从表 3.2 中可以看出，我国的个人现金卫生支出占比呈下降趋势，2015 年首次低于 30%，一定程度上反映了我国居民医疗卫生负担有所下降。

根据《2014 年中国卫生总费用研究报告》显示，2020 年我国的卫生总费用将达到 63306.26 亿元，占国内生产总值的比例约为 6.84%，按照预测的 14.34 亿人口，届时人均卫生总费用将达到 4414.8 元。

表 3.2   2011~2015 年我国卫生总费用情况

年份	卫生总费用（亿元）				人均卫生总费用（元）	卫生总费用占 GDP 比重（%）
	总额	政府	社会	个人		
2011	24345.9	7464.2（30.7%）	8416.5（4.6%）	8465.3（34.8%）	1807	5.15
2012	28119	8431.98（29.99%）	10030.7（35.67%）	9656.32（34.34%）	2076.67	5.41

续表

年份	卫生总费用（亿元）				人均卫生总费用（元）	卫生总费用占GDP比重（%）
	总额	政府	社会	个人		
2013	31668.95	9545.81 (30.14%)	11393.79 (35.98%)	10729.34 (33.88%)	2327.37	5.57
2014	35378.9	10590.7 (29.9%)	13042.9 (36.9%)	11745.3 (33.2%)	2586.5	5.56
2015	40587.7	12533 (30.88%)	15890.7 (39.15%)	12164 (29.97%)	2952	6

资料来源：2012~2015 年"我国卫生和计划生育事业发展统计公报"；2011~2014 年《中国卫生总费用研究报告》。

3.2.1.2 医院及基层医疗卫生机构医疗费用[①]

1. 二级以上医院医疗费用

第一，次均门诊费用。2011~2015 年，我国医院机构的次均门诊费用从 179.8 元增长到 233.9 元，平均每年增长 13.5 元，年均增长率 6.8%，公立医院的数据基本上和按医院总体水平统计的数据一致，这也从侧面反映了我国二级以上医院机构基本上是以公立医院为主的。相比之下，三级医院机构的次均门诊费用要远高于二级医院，2011 年的差距为 84.2 元，2015 年的差距达到 99.6 元，三级医院和二级医院的次均门诊费用有逐步拉大的趋势。见图 3.12。

第二，人均住院费用。2011~2015 年，我国医院人均住院费用从 6632.2 元上升到 8268.1 元，平均每年增长 409 元，年均增长率为 5.7%，增速低于同期的卫生总费用增速（13.63%），同时也略低于次均门诊费用的增速（6.8%）。公立医院人均住院费用略高于全国二级以上医疗机构的平均水平，2011 年差距为 277.7 元，2015 年的差距达

[①] 医院指我国的二级以上医疗机构；基层医疗机构主要为乡镇卫生院和社区卫生服务中心。

[图表：2011～2015年医院次均门诊费用情况，单位：元]

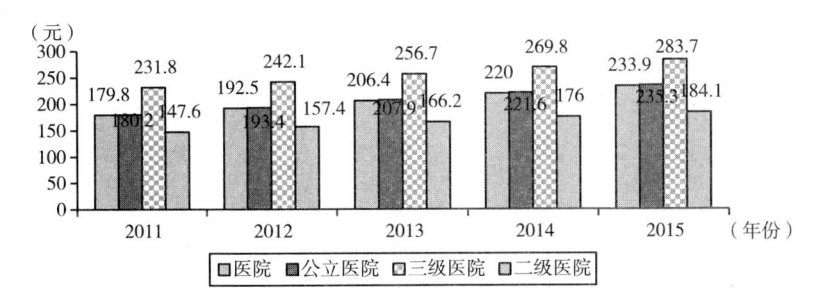

年份	医院	公立医院	三级医院	二级医院
2011	179.8	180.2	231.8	147.6
2012	192.5	193.4	242.1	157.4
2013	206.4	207.9	256.7	166.2
2014	220	221.6	269.8	176
2015	233.9	235.3	283.7	184.1

图 3.12　2011～2015 年医院次均门诊费用情况

资料来源：2011～2015 年"我国卫生和计划生育事业发展统计公报"。

到了 564.9 元，这说明我国医改对公立医院医疗费用的控制作用有限。同时，可以看出三级医院和二级医院之间的人均住院费用差距较大，三级医院人均住院费用是二级医院的 2.4 倍左右，同时二者的绝对差距在逐步拉大，从 2011 年相差 6371.7 元上升到 2015 年的 7241.1 元。这再次提醒人们，未来公立医院改革应控制以公立医院为主的三级医院医疗费用的快速增长，这样才能真正减轻患者的住院医疗费用负担，同时减轻医保基金的压力。见图 3.13。

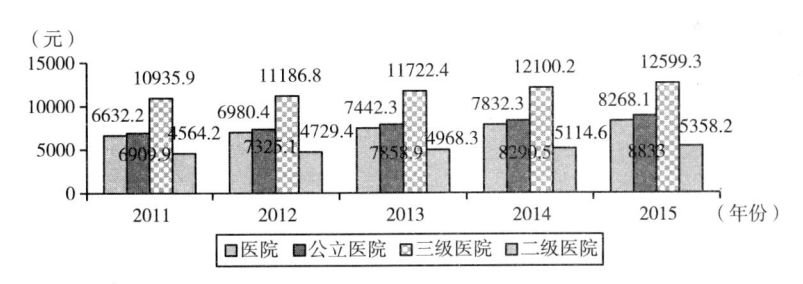

[图表：2011～2015年医院人均住院费用情况，单位：元]

年份	医院	公立医院	三级医院	二级医院
2011	6632.2	6909.9	10935.9	4564.2
2012	6980.4	7325.1	11186.8	4729.4
2013	7442.3	7858.9	11722.4	4968.3
2014	7832.3	8290.5	12100.2	5114.6
2015	8268.1	8833	12599.3	5358.2

图 3.13　2011～2015 年医院人均住院费用情况

资料来源：2011～2015 年"我国卫生和计划生育事业发展统计公报"。

第三，日均住院费用。2011～2015 年，我国二级以上医院的日均住院费用从 643.6 元增加到 861.8 元，平均每年增长 54.55 元，年均增长率为 7.6%，增速高于同期的次均门诊费用（6.8%）和人均住院费用（5.7%）。公立医院的日均住院费用和全国二级以上医院平均水平基本一致，但差距具有逐渐拉大的趋势，从 2011 年的 14.4

元增加到2015年的41.3元，再次说明了我国公立医院医疗费用增速过快的问题。从三级医院和二级医院的日均住院费用的对比来看，三级医院基本上为二级医院日均住院费用的两倍，同时二者的差距在加大，从2011年的423元增加到2015年的599.2元，对患者来讲，三级医院的住院费用负担远大于二级医院。见图3.14。

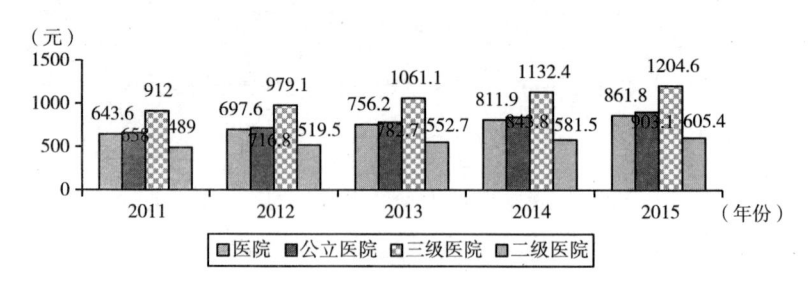

图3.14　2011～2015年医院日均住院费用情况

资料来源：2011～2015年"我国卫生和计划生育事业发展统计公报"。

通过对我国二级以上医院的次均门诊费用、人均住院费用和日均住院费用的分析，可以发现患者的住院费用在不断地攀升，医疗费用在不断上涨，在目前医保以报销住院为主的情况下，我国公立医院的费用控制做得并不好，高于全国平均水平。同时，三级医院次均和日均医疗费用远高于二级医疗机构，未来对公立医院改革中应加强对三级医院费用的控制。

2. 基层医疗卫生机构医疗费用

第一，次均门诊费用。2011～2015年，我国社区卫生服务中心的次均门诊费用从81.5元增加到97.7元，平均每年增加4.05元，年均增长率为4.6%，低于二级以上医院的年均增长率（6.8%）；乡镇卫生院的次均门诊费用从47.5元增加到60.1元，平均每年增加3.15元，低于社区卫生服务中心，年均增长率为6.1%，略高于社区卫生服务中心。从次均门诊费用的绝对值来看，城市基层医疗机构的次均门诊费用要远高于农村的乡镇卫生院，从一定程度上反映了我国城乡基层医疗机构之间的差距。相比于二级以上医疗机构的次均门诊费用，无论是城市还是乡镇的基层医疗机构都远低于二级医院和三级医院，并且绝对差距在加大。见图3.15。

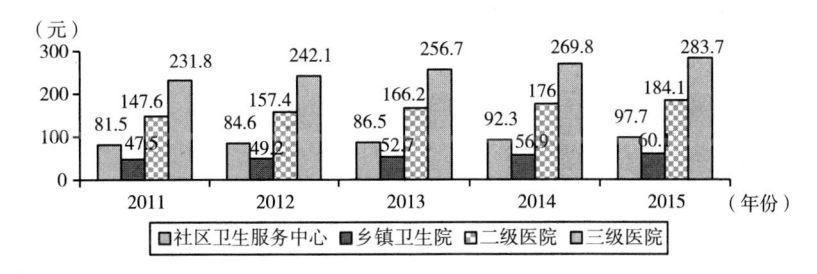

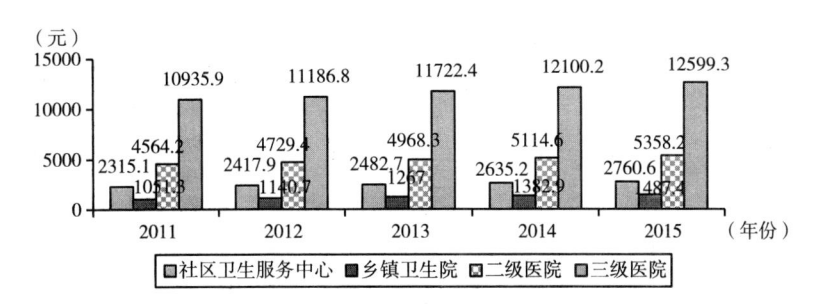

图3.15 2011~2015年基层医疗卫生机构次均门诊费用情况

资料来源：2011~2015年"我国卫生和计划生育事业发展统计公报"。

第二，人均住院费用。2011~2015年，我国社区卫生服务中心的人均住院费用从2315.1元增加到2760.6元，平均每年增加111.4元，远低于二级以上医院的409元，年均增长率为4.5%，低于二级以上医院的年均增长率（5.7%）；乡镇卫生院的人均住院费用从1051.3元增加到1487.4元，平均每年增加109元，低于社区卫生服务中心，年均增长率为9.1%，高于社区卫生服务中心。从人均住院费用的绝对值上来看，城市的社区卫生服务中心基本上是农村的乡镇卫生院的两倍，反映了我国基层卫生机构之间的差距。三级医院和二级医院的人均住院费用远高于基层医疗卫生机构，三级医院是乡镇卫生院的8~10倍。因此，住院费用的控制应主要在二级和三级医疗机构。见图3.16。

图3.16 2011~2015年基层医疗卫生机构次均门诊费用情况

资料来源：2011~2015年"我国卫生和计划生育事业发展统计公报"。

第三，日均住院费用。2011~2015年，我国社区卫生服务中心的日均住院费用从228.1元增加到280.7元，平均每年增加13.15元，远低于二级以上医疗机构的54.55元，年均增长率为5.3%，也低于二级医疗机构的年均增长率（7.6%）；乡镇卫生院从188.3元增加到233.2元，平均每年增加11.2元，略低于社区卫生服务中心，年均增长率为5.5%，略高于社区卫生服务中心。从日均住院费用的绝对值上看，社区卫生服务中心略高于乡镇卫生院，差距远小于人均住院费用。同时我国基层卫生机构的日均住院费用远小于二级医院和三级医院，一定程度上说明了基层医疗卫生机构的看病负担要小于二级以上医疗机构，在基层医疗机构可以满足病情治疗的基础上，需要进一步贯彻落实分级诊疗政策，优化医疗资源的分配和使用。见图3.17。

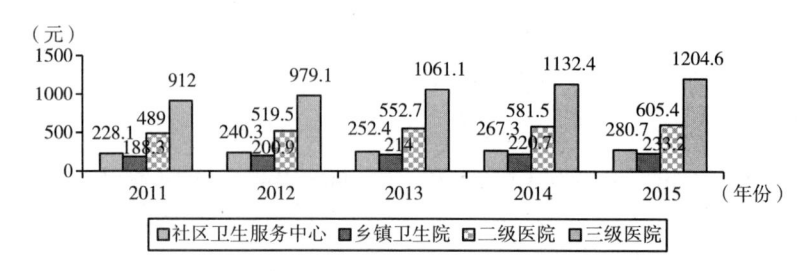

图3.17 2011～2015年基层医疗卫生机构次均门诊费用情况

资料来源：2011～2015年"我国卫生和计划生育事业发展统计公报"。

通过对我国基层医疗卫生机构的次均门诊费用、人均住院费用和日均住院费用的分析，虽然基层医疗卫生机构的这些指标也在不断上升，但上升的水平远低于二级以上医疗机构，因此我国医疗费用的快速攀升仍是以三级医院为主的大型医疗机构带来的，未来控制医疗费用快速上升的关键之一是二级以上公立医院的改革。

3.2.2 模型设定与数据描述

从前文分析可以看出，随着我国基本医疗保险制度的建成和完善，我国医疗费用呈现快速增长趋势，以往研究已经证明了医疗保险的道德风险是导致医疗费用快速增长的因素之一。医疗保险事前道德风险一般是指人们在有医疗保险之后会减少预防动机，例如，增加喝酒、抽烟的概率，减少锻炼等，然而人们一般不会作出不利于自己身体的行为，对于是否存在事前道德风险笔者在本书中也进行了验证，因此本书的研究对象包括医疗保险的事前道德风险和事后道德风险。既有研究中，医疗保险显著促进医疗服务利用的作用有时就被简单认为是道德风险，本书探索医疗保险促进医疗费用增长的双重效应，即道德风险还是医疗需求释放。

3.2.2.1 模型设定

1. 事前道德风险模型选择

和以往研究相一致，事前道德风险的验证通过检验人们参加医疗保险之后是否改变预防动机和作出不利于健康的行为来证明，即拥有医疗保险的人们是否增加饮酒、吸烟或者减少体育锻炼、体检等行为。其中，被解释变量为二值变量，为了克服线性模型导致的异方差问题，使用 Probit 二值选择模型进行估计，Probit 模型基本设定为：

$$P(D_i = 1) = 1/\sqrt{2\pi}\int_{-\infty}^{Y_i} e^{-s^2/2} ds \tag{3.1}$$

$$Y_i = \Phi^{-1}[P(D_i = 1)] = \beta_0 + \beta_1 X_{1i} + \beta_2 X_{2i} \tag{3.2}$$

方程（3.1）是标准正态的累积分布函数，方程（3.2）为样本回归模型。Probit 模型以方程（3.1）进行参数估计，通过方程（3.2）报告估计结果，估计方法为极大似然估计。本书具体设定模型如下：

$$behavior_{it}^* = \alpha_0 + \alpha_1 insurance_{it} + \sum_k \alpha_k Z_{kit} + \lambda_i + \nu_{it} + \varepsilon_{1it} \tag{3.3}$$

$$P(behavior_{it} = 1 \mid insurance, Z, \lambda) = P(behavior_{it}^* > 0 \mid insurance, Z, \lambda)$$
$$= G(\alpha_1 insurance_{it} + \sum_k \alpha_k Z_{kit} + \lambda_i + \nu_{it} + \varepsilon_{1it}) \tag{3.4}$$

$behavior_{it}$ 为个人行为变量，包括个人 i 在 t 年是否吸烟、是否饮酒、是否参加体育锻炼和是否参加年度体检；$G(\cdot)$ 为非线性方程，表示随机项ε_{1it}的概率分布函数，假设ε_{1it}服从标准正态分布；$insurance_{it}$代表个人i在t年是否有医疗保险，是二元变量；Z_{kit}为控制变量组，包括收入、自评健康、慢性病、年龄、性别、家庭规模、是否有残疾等变量。

按照过往研究，需要处理保险的自选择问题，即可能存在的内生性，以克服一般 Probit 模型的估计不一致的问题，通常的做法是找出"医疗保险"变量的工具变量使用 IV Probit 模型进行估计。本书选用"地区参保率"变量作为"医疗保险"变量的工具变量，因为"地区参保率"与个体是否有医疗保险高度相关，而和个人健康行为没有关系。同样，下文在使用 Treatment 处理效应模型时也引入医疗保险的工具变量来处理保险自选择问题。

2. 事后道德风险模型选择

以往研究对医疗保险事后道德风险的验证，基本思路是医疗保险如果显著促进了医疗服务的利用就被简单认定为可能存在道德风险。本书认为，医疗保险促进医疗服务利用可能有两方面的因素，一方面是医疗服务价格下降带来的正常的医疗需求释放，另一方面才是医疗保险可能使人们倾向于多开药、开贵药等道德风险问题。本书不仅仅要验证我国医疗保险市场是否存在道德风险因素，同时也要区分医疗保险带来的医疗费用增长是合理的医疗需求释放还是不合理的医疗资源浪费。

本书利用医疗支出和生活支出之间的关系来判断：如果医疗开支没有对生活支出造成挤出，这意味着医疗支出还是在可承受能力之内的，也就不存在医疗需求的释放问题，此时如果医疗保险显著促进了医疗服务的利用，那么就判定为发生了道德风险。反之，如果医疗支出对生活支出造成挤出，这意味着医疗开支已经超过了其支付能力，不得不靠减少生活支出来维系其医疗费用开支，这种情况之下也就没有富余的支付能力发生道德风险，此时医疗保险显著促进医疗费用的增长是医疗需求的合理释放。因此，需要考虑到支付能力问题，这可以参考"灾难性医疗支出"的概念，通常以家庭医疗支出是否超过家庭收入或非食品支出的一定比例来判定是否发生灾难性医疗支出，根据以往研究（Berki，1986；Pradhan et al.，2002；Meng et al.，2012）对灾难性医疗支出划分标准的经验阈值，本书分析家庭自付医疗支出占家庭收入的10%、20%和40%时，自负医疗支出是否挤出了生活支出，以此来判断医疗保险促进医疗费用增长的作用是医疗需求释放还是道德风险。

第一步，首先需要验证医疗保险是否显著促进医疗费用的增长。由于医疗支出变量是一种最小值为0的混合分布，运用OLS法估计会由于样本选择偏差而产生内生性问题（Heckman，1979）。同时，为了克服样本异质性与解释变量之间的相关性，建立"处理效应模型"（Treatment model），模型具体设定如下：

$$Prob(insurance_i = 1) = \gamma_0 + \gamma_1 coverage_{it} + \sum_k \gamma_k B_{kit} + \lambda_i + \varepsilon_{2it} \quad (3.5)$$

$$y_{it} = \zeta_0 + \zeta_1 insurance_{it} + \sum_k \zeta_k C_{kit} + \lambda_i + \rho \sigma_\varepsilon \tau_i + \varepsilon_{3it} \quad (3.6)$$

其中，$insurance_{it}$是个人i在t年是否有医疗保险；τ_i为方程（3.5）回归结果中的逆米尔斯函数，将其加入模型中以纠正样本选择偏差；根据处理效应模型解释变量的设定要求，至少有一个变量在参与决策模型中但不在数量决策模型中，假设"地区参保率$coverage_i$"影响个人是否有医疗保险但不影响结果变量y_{it}，即可将$coverage_i$视为$insurance_{it}$的工具变量。B_{kit}、C_{kit}为控制变量组，包括自评健康、年龄、性别、户口、家庭规模、收入水平、是否有残疾、是否有慢性病、是否吸烟、是否喝酒、是否参加体育锻炼、年度体检。本书选择极大似然估计方法来估计处理效应模型，以提高模型估计效率。

第二步，通过验证自负医疗支出对生活支出是否造成挤出来判断医保保险促进医疗费用的增长是医疗需求释放还是道德风险。具体模型设定如下：

$$cost_{it} = \eta_0 + \eta_1 medexpense_{it} + \sum_k \eta_k X_{kit} + \lambda_i + \varepsilon_{4it} \quad (3.7)$$

其中，$cost_{it}$表示个人i在t年扣除医疗支出之外的生活支出；$medexpense_{it}$表示个人i在t年自负医疗支出；X_{kit}为控制变量组，包括收入、年龄、户口、性别、家庭规模、慢性病、是否有残疾、是否吸烟、是否喝酒、是否参加体育锻炼和年度体检情况等。根据前文的设定，在实证分析中需要根据家庭自负医疗支出占家庭总收入的10%、20%和40%划分为四个区间进行分组回归。

3.2.2.2 数据来源与变量描述

本部分数据来自中国医疗保险研究会和北京大学光华管理学院联合实施的"国务院城镇居民基本医疗保险试点评估入户调查（URBMI）"，该数据库针对我国城镇居民医疗保险的覆盖和利用情况进行调查。调查问卷包括个人基本情况、个人健康及行为、基本医疗保险参保情况和参保意愿、过去两周内病伤及医疗保险情况、过去一年内住院及医疗保险情况、医疗保险门诊统筹情况、对现行医疗卫生体系及其改革的认知情况、家庭经济情况和访问后观察情况九个部分。2007年开始进行基线调查，2008~2011年为跟踪随访调查，每年平均调查11216个家庭的31401个体。

选取的主要变量包括：家庭收入、医疗支出、扣除医疗支出的生活支出等收入及支出指标；性别、年龄、受教育水平、户口所在地、婚姻状况、家庭规模、慢性病等个人信息指标；吸烟状况、饮酒状况、体育锻炼状况、年度体检状况等健康行为指标，同时还包括个人拥有医疗保险情况、健康情况、医疗可及性等变量。收入和支出相关指标取对数。变量描述性统计见表3.3。

表3.3　　　　　　　　主要变量的描述性统计

变量	定义	平均值	标准差
是否有医保	有=1，没有=0	0.8684	0.3381
总医疗费用	家庭总医疗支出对数	8.4494	1.4765
自评健康	分数越高，健康状况越好	74.9387	25.1186
年龄	—	43.0993	20.4367
性别	男性=0，女性=1	0.5135	0.4999
户口	本地=0，外地=1	0.0453	0.2105

续表

变量	定义	平均值	标准差
家庭规模	—	3.2626	1.2399
收入水平	家庭收入的对数	10.3814	0.7537
是否有残疾	有 = 1，没有 = 0	0.0188	0.1363
是否有慢性病	是 = 1，其他 = 0	0.2277	0.4194
是否吸烟	是 = 1，其他 = 0	0.1862	0.3893
是否喝酒	是 = 1，其他 = 0	0.0494	0.2168
体育锻炼	是 = 1，其他 = 0	0.3229	0.4676
年度体检	—	0.5361	0.7021
婚姻状况	已婚是 1，未婚是 0	0.6906	0.4832
受教育程度	数值越大，教育程度越高	3.3324	1.3448
最近医院距离	代表医院的可及性	1.9544	12.9127

3.2.3 实证分析和结果

3.2.3.1 事前道德风险检验

事前道德风险模型估计结果见表3.4。模型一至模型四的回归结果中，左边回归结果为 IV Probit 回归结果的第一阶段方程，右边为回归结果的结构方程。第一阶段方程不含内生变量，结构方程含内生变量。从检验结果可以看出，对外生性原假设 "$H_0: \rho = 0$" 的沃尔德检验结果，四个模型的 P 值至少在 5% 的水平上认为 "医疗保险" 为内生变量，工具变量 "地区参保率" 都显著，证明了工具变量对内生变量具有较强的解释力。

从四个模型的 "医疗保险" 变量系数中可以看出，人们在有医疗保险之后，吸烟和饮酒的概率显著减少，体育锻炼和年度体检的概率显著增加。这意味着人们在有医疗保险之后并没有做出不利于健康的行为，也没有减少健康预防，反而更加重视健康，增加体育锻炼和年度体检，可能的原因是医疗保险对健康的宣传作用提高了人们对健康的重视

表 3.4　医疗保险对健康行为的影响

	模型一（吸烟）	模型二（饮酒）	模型三（体育锻炼）	模型四（年度体检）
医疗保险	-1.4750*** (-3.70)	-2.7854*** (-12.33)	2.0283*** (4.45)	2.8092*** (6.77)
自评健康	-0.0001 (-1.13)	0.0010*** (-2.69)	-0.0001 (-1.10)	0.0008** (2.09)	-0.0001 (-0.89)	0.0024*** (7.27)	-0.0001 (-0.90)	0.0014*** (3.42)
慢性病	0.0208*** (-6.21)	-0.0608** (-2.45)	0.0207*** (6.18)	-0.0229 (-0.90)	0.0200*** (5.97)	0.0474** (2.08)	0.0208*** (6.22)	0.2150*** (3.87)
年龄	0.0048*** (8.78)	0.0849*** (22.16)	0.0048*** (8.74)	0.0611*** (11.13)	0.0048*** (8.71)	-0.0234*** (-9.87)	0.0048*** (8.79)	-0.0398*** (-9.62)
年龄平方	-0.0000*** (-5.42)	-0.0008*** (-18.90)	-0.0000*** (-5.37)	-0.0005*** (-9.36)	-0.0000*** (-5.35)	0.0003*** (13.07)	-0.0000*** (-5.42)	0.0003*** (7.16)
性别	-0.0053* (-1.79)	-1.6512*** (-21.02)	-0.0052* (-1.76)	-0.8763*** (-9.54)	-0.0053* (-1.80)	-0.0313** (-2.12)	-0.0053* (-1.78)	0.0566*** (3.25)
家庭规模	-0.0162*** (-11.00)	-0.0331*** (-3.09)	-0.0161*** (-10.94)	-0.0427*** (-4.28)	-0.0164*** (-11.04)	-0.0339** (-2.32)	-0.0163*** (-11.02)	-0.0218 (-1.18)
收入水平	0.0475*** (19.13)	-0.0186 (-0.64)	0.0475*** (19.14)	0.1130*** (5.38)	0.0477*** (19.17)	0.0596 (1.62)	0.0476*** (19.13)	0.1138* (1.91)
是否有残疾	0.0196* (1.83)	-0.0565 (-0.95)	0.0195* (1.82)	0.0115 (0.17)	0.0197* (1.83)	-0.2127*** (-4.14)	0.0199* (1.86)	-0.0432 (-0.62)

续表

	模型一（吸烟）		模型二（饮酒）		模型三（体育锻炼）		模型四（年度体检）	
地区参保率	0.5925*** (11.52)	—	0.5932*** (11.53)	—	0.7703*** (6.65)	—	0.6884*** (6.37)	—
地区固定效应	控制	控制	控制	控制	控制	控制	控制	控制
时间固定效应	控制	控制	控制	控制	控制	控制	控制	控制
常数项	-0.2129*** (-4.18)	-0.7584*** (-3.32)	-0.2145*** (-4.20)	-0.9593*** (-3.27)	-0.3709*** (-3.50)	-2.3610*** (-19.26)	-0.2986*** (-3.02)	-2.4087*** (-12.08)
athrho	0.3854*** (2.99)		0.9435*** (6.64)		-0.5407*** (-3.1404)		-0.7954*** (-3.42)	
lnsigma	-1.2911*** (-174.84)		-1.2911*** (-174.75)		-1.2959*** (-173.25)		-1.2912*** (-174.85)	
Prob > chi2	0.0028		0.0000		0.0017		0.0006	
N	35416		35381		35018		35432	

注：***、**、*分别代表1%、5%、10%的显著性水平；括号内为t值。全书同。

程度。这和以往的部分研究结果不同,例如,彭晓博等(2014)、任燕燕等(2014)都验证了医疗保险存在事前道德风险。实际上,人们即使拥有医疗保险也不会故意做出损坏自己身体健康的行为,这和经验相符。

3.2.3.2 事后道德风险检验

第一步,采用 Treatment 处理效应模型验证医疗保险对医疗支出的影响,模型估计结果见表3.5。由于似然比检验结果拒绝了"$H_0: \rho = 0$"的原假设,说明存在内生性,工具变量"地区参保率"显著,说明工具变量对内生变量具有较强的解释力。

表3.5　　　　　　　医疗保险对医疗支出的影响

	第一阶段方程	结构方程
医疗保险	—	0.5984 *** (3.40)
自评健康	0.0008 (0.73)	-0.0052 *** (-6.92)
收入水平	0.2733 *** (8.06)	0.1730 *** (7.1853)
年龄	0.0228 *** (3.21)	0.0177 *** (3.4030)
年龄平方	-0.0001 ** (-2.03)	-0.0001 (-1.1893)
性别	-0.2879 *** (-4.70)	-0.0685 * (-1.8035)
户口	-0.7774 *** (-7.32)	0.0792 (0.7391)
家庭规模	-0.1053 *** (-5.23)	-0.0211 (-1.4185)
是否有残疾	-0.0584 (-0.44)	0.2519 ** (2.5214)
是否有慢性病	0.2144 *** (3.40)	0.2894 *** (6.6083)
是否吸烟	-0.3270 *** (-4.62)	-0.1428 *** (-2.7433)

续表

	第一阶段方程	结构方程
是否喝酒	-0.1617 (-1.42)	-0.4250*** (-4.8844)
是否参加体育锻炼	0.2850*** (5.11)	-0.1702*** (-5.0460)
地区参保率	5.0629*** (6.60)	—
地区固定效应	控制	控制
时间固定效应	控制	控制
常数项	-6.2855*** (-8.64)	5.3847*** (19.9359)
athrho	\multicolumn{2}{c	}{-0.1127* (-1.92)}
lnsigma	\multicolumn{2}{c	}{0.3568*** (39.33)}
Prob > chi2	\multicolumn{2}{c	}{0.0546}
N	\multicolumn{2}{c	}{7969}

从检验结果可以看出,"医疗保险"系数在1%的水平上显著为正,说明在控制其他因素之后,有医疗保险的人们相比于没有医疗保险的人们的医疗支出更多。本书认为,医疗保险降低了参保人医疗服务利用的相对价格,导致参保人增加医疗服务利用,即可能存在道德风险问题。此结论和以往研究基本一致,这为下文检验医疗保险促进医疗服务利用的效应是道德风险还是医疗需求释放提供了必要条件。其他控制变量的符号和显著性和以往研究大体一致,不再做详细解释。

第二步,通过自负医疗支出和生活支出之间的关系来验证医疗保险促进医疗费用的增加是医疗需求的释放还是道德风险引起的。根据划分的10%、20%和40%的比例,分为了四个区间进行分组回归。由于需要结合医疗保险对医疗支出的影响进行分析,在分组后对医疗保险和医疗支出的关系重新进行了回归分析。检验结果见表3.6和表3.7。

表 3.6　　　　　分组回归：医疗保险对医疗支出的影响

比值 项目	10%以下	10%~20%	20%~40%	40%以上
医疗保险	0.4771*** (8.74)	0.0924** (2.18)	0.2225*** (3.53)	0.0695 (0.267)
收入水平	0.5887*** (23.93)	0.8684*** (29.74)	0.7822*** (23.93)	0.5298*** (18.09)
年龄	0.0049* (1.79)	0.0014 (-0.41)	0.0025 (0.62)	0.0127*** (2.89)
年龄平方	0.0001* (1.75)	0.0001 (1.36)	0.0001 (0.45)	-0.0001 (-1.06)
性别	-0.0768** (-2.34)	-0.0241 (-0.59)	-0.0332 (-0.77)	-0.0611 (-1.26)
户口	-0.1250* (-1.89)	-0.0641 (-0.62)	0.1281 (1.20)	0.3166** (2.13)
家庭规模	-0.0307** (-2.43)	-0.0793*** (-4.85)	-0.0939*** (-5.45)	-0.1208*** (-7.02)
是否有残疾	0.2025 (1.60)	0.1944* (1.92)	-0.1152 (-1.23)	0.0863 (0.81)
是否有慢性病	0.0543 (1.49)	0.0039 (0.08)	0.0747 (1.32)	0.2475*** (3.96)
是否吸烟	-0.0476 (-1.03)	-0.0691 (-1.13)	-0.0701 (-1.12)	-0.2400*** (-3.51)
是否喝酒	-0.2164*** (-2.96)	-0.1336 (-1.41)	-0.2397* (-1.89)	-0.0900 (-0.67)
是否体育锻炼	-0.0904*** (-3.12)	-0.0177 (-0.48)	-0.0374 (-0.91)	-0.0762 (-1.64)
年度体检	0.1599*** (8.44)	0.1203*** (5.57)	0.1069*** (5.56)	0.1144*** (6.39)
overall R2	0.1661	0.3267	0.2700	0.1374
Number of obs	6235	2205	2077	4002

表 3.7　　　　　分组回归：自负医疗支出和生活支出关系

比值 项目	10%以下	10%~20%	20%~40%	40%以上
自负医疗支出	-0.0160 (-0.84)	-0.0035 (-0.08)	-0.0494 (-1.34)	-0.0324* (-1.89)
医疗保险	0.2091*** (2.71)	0.3067** (2.47)	0.0840 (0.94)	0.0241 (0.37)

续表

比值 项目	10%以下	10%~20%	20%~40%	40%以上
收入水平	0.5197*** (15.10)	0.5250*** (8.37)	0.5434*** (8.27)	0.4683*** (13.58)
年龄	0.0023 (0.69)	−0.0008 (−0.16)	0.0087 (1.46)	−0.0006 (−0.14)
年龄平方	−0.0001** (−2.36)	−0.0001 (−1.12)	−0.0001** (−2.17)	−0.0001 (−0.72)
性别	−0.0424 (−1.00)	−0.0107 (−0.17)	−0.0543 (−0.86)	−0.0315 (−0.62)
户口	−0.0471 (−0.46)	0.2875*** (2.62)	0.2918* (2.43)*	0.3343*** (3.41)
家庭规模	−0.2720*** (−13.56)	−0.2307*** (−9.44)	−0.2453*** (−8.59)	−0.1760*** (−9.93)
是否有残疾	−0.0611 (−0.58)	−0.2025 (−0.89)	−0.3897* (−1.73)	−0.3465*** (−2.98)
是否有慢性病	−0.0434 (−0.94)	0.0134 (0.17)	−0.0788 (−0.92)	−0.0262 (−0.40)
是否吸烟	0.03829 (0.63)	0.0222 (0.24)	−0.1547 (−1.45)	−0.0706 (−0.97)
是否喝酒	0.0092 (0.09)	−0.1384 (−0.79)	−0.1635 (−0.64)	−0.0327 (−0.24)
是否体育锻炼	0.1109*** (2.88)	0.0987* (1.66)	−0.0808 (−1.16)	−0.0426 (−0.86)
年度体检	−0.0109 (−0.33)	0.0292 (0.62)	0.0830** (2.40)	0.0346** (2.00)
overall R2	0.1014	0.0893	0.0818	0.0807
Number of obs	4714	2134	2020	3952

从回归结果可以看出，当自负医疗支出占收入的比例低于10%时，医疗保险显著促进了医疗费用的增长，同时表3.7中10%以下的回归结果显示医疗支出和生活支出系数不显著，医疗支出对生活支出没有挤出，医疗支出是在可承受能力之内的。根据前文理论分析，如果医疗支出没有对生活支出造成挤出，医疗保险又促进了医疗费用的增长，

那么就应该是出现了道德风险而不是医疗需求释放，因为医疗服务是在其可承受能力之内的，不存在医疗需求的释放。同理，回归结果中10%~20%、20%~40%的区间，医疗保险都对医疗费用有一个明显的促进作用，并且医疗支出对生活支出没有挤出，说明了当自负医疗支出占收入的比例低于40%时，医疗保险促进医疗费用的增长是由道德风险因素引起的，而非医疗需求的释放。

当自负医疗支出占收入的比例高于40%时，医疗保险系数不显著，说明医疗保险对这部分人群的医疗费用没有显著的促进作用，同时表3.7中的回归结果显示自负医疗支出和生活支出系数显著为负，自负医疗支出对生活支出产生了明显的挤出，说明医疗支出已经影响到了这部分人群的生活，此时人们已经没有多余的支付能力去过度利用医疗资源，不存在道德风险问题，如果有医疗费用的增长将更多的是需求的释放。

同时本书发现，当自负医疗支出占家庭收入的比例高于40%时，医疗保险对医疗支出的增加没有显著性，如果把40%看作灾难性医疗支出的一个标准，那么保险对发生灾难性医疗支出的人群已经没有作用，这说明了当时（2007~2011年）医疗保障水平不足，要使保险继续发挥作用就需要有保障水平的进一步提高，从另一个角度也说明大病保险制度的进一步保障很有必要。

3.2.4 结论及启示

以上实证分析发现了我国医疗保险市场并不存在事前道德风险。同时从医疗支出和生活支出之间关系的角度探索医疗保险促进医疗费用增长的双重效用，更好地区分道德风险因素和医疗需求释放对医疗费用增长的不同作用。结论发现，医疗保险确实显著促进了医疗费用的增长，但对于低收入人群来说，医疗保险促进医疗费用增长更多的是医疗需求的释放，而高收入人群可能存在着过度利用医疗资源的道德风险。

这给人们的启示有：第一，在我国医疗保险保障水平较低时，人们的医疗费用负担仍然较重，政策关注点更多的应该是提高保障水平使医疗需求合理释放。随着医疗保障水平的提升,患者自负费用水平逐渐降低,医疗需求逐步释放完毕,需要关注医疗保险可能出现的道德风险问题,从制度设计上要注意规避道德风险,使基本医保资金得到更合理的使用;第二,不同收入阶层患者的医疗费用负担具有差异性,我国的基本医保并未根据家庭收入情况设定不同的支付标准,这导致高收入人群更容易过度利用医疗资源发生道德风险,而低收入人群由于发生灾难性医疗支出而对医疗服务没有支付能力导致保障不足,严重降低了医疗保险基金的使用效率,因此有必要精细统计不同收入水平人群的医疗费用及补偿程度分布,形成待遇和缴费多层次的对应关系,在尽可能提高低收入人群的保障水平的同时,控制高收入人群可能出现的道德风险问题。

3.3 城乡居民基本医疗保险基金发展预测

本节通过建立医疗保险基金收入模块和支出模块的测算模型,预测 2016~2030 年我国城乡居民基本医保基金收支情况,分析我国城乡居民基本医保基金运行的可持续性。[①]

3.3.1 测算方法

测算的基础公式为:

$$AS_t = AS_{t-1} + CI_t - CE_t \quad (3.8)$$

其中,AS_t 为第 t 年医保基金的累计结余;CI_t 为第 t 年医保基金收入[②];CE_t 为第 t 年医保基金支出。因此,测算主要包括基金收入模块和基金支出模块两部分。

---

① 由于本书的分析重点为城乡居民大病保险基金状况,故本节测算的对象为城乡居民基本医疗保险基金状况,对于城镇职工基本医保不再分析。

② 根据"财政部关于 2015 年全国社会保险基金决算的说明"相关数据计算,2015 年居民基本医疗保险基金利息收入占基金收入的不足 1.5%,本部分测算时不再考虑利息因素。

3.3.2 收入模块

对于城乡居民基本医保,医保基金的收入主要和参保人数、人均筹资水平相关,而参保人数要考虑到人口增长率和参保率的因素,人均筹资水平需要考虑到历史数据和政策文件的规定。

收入模块基础公式为:

$$CI_t = COV_t \times PAY_t \tag{3.9}$$

其中,COV_t 为第 t 年我国城乡居民基本医保参保人数,PAY_t 为第 t 年我国城乡居民基本医保的人均筹资标准。

3.3.2.1 城乡居民基本医保参保人数预测

城乡居民基本医保参保人数需要考虑的因素包括我国的人口变化情况和参保率。根据当年总人口预测和参保率假设,可以得到当年基本医保总参保人数,由于职工医保人数占城镇总人口的比例相对稳定,本书采用排除的方法预测城乡居民基本医保参保人数,即预测出职工医保人数之后,用当年基本医保参保人数减去职工医保参保人数,即可得出城乡居民基本医保参保人数。预测公式如下:

$$COV_t = POP_t \times RI_t - CITP_t \times RAT_t \tag{3.10}$$

其中,COV_t 为第 t 年我国城乡居民基本医保参保人数,POP_t 为第 t 年我国总人口,RI_t 为第 t 年基本医保参保比例,$CITP_t$ 为第 t 年我国城镇人口,RAT_t 为第 t 年城镇职工医保占城镇人口的比例。

第一,我国总人口(POP_t)预测。根据联合国《世界人口展望2015》预测,2015~2030 年,中国总人口将从 1376049 万人增长到 2030 年的 1415545 万人,本书假设总人口是线性增长趋势,则年均增长率约为 0.19%。即可得到我国 2016~2030 年历年人口预测值;第二,参保率(RI_t)假设。近些年我国基本医保的参保率都在 95% 以上,2015 年达到了 97.18%,本书假设在 2030 年线性增长到 99%,则年均增长率约为 0.12%。那么就可以得到 2016~2030 年我国基本医保历年参保人数的预测值；第三，城镇人口（$CITP_t$）预测。对于城镇人口的预测，需要预测城镇化率。根据国家卫计委预测，我国常住人口城镇化率在2030年预计达到70%左右[①]。根据联合国人口司对我国未来城镇化水平的预测，我国2015年、2020年、2025年和2030年的城镇化率分别为56.1%、61%、65.4%和68.7%。本书采用联合国的预测数据，并且假设城镇化率从2015年的56.1%线性增长到2020年的61%，从2020年的61%线性增长到2025年的65.4%，从2025年的65.4%线性增长到2030年的68.7%。根据总人口预测数据即可得到2016~2030年我国历年城镇人口的预测值；第四，城镇职工医保人数占城镇人口比例假设。从图3.18中可以看出，近五年来，城镇职工医保参保人口增长率呈直线下降趋势，从2011年的6.3%下降到2015年的2.1%，因此，未来职工医保人数增长速度及绝对增长量有限，而从近五年来职工医保人数占城镇人口的比例来看，稳定在37%左右，以此为依据，本书假设2016~2030年职工医保人数占城镇人口的比例稳定在38%。

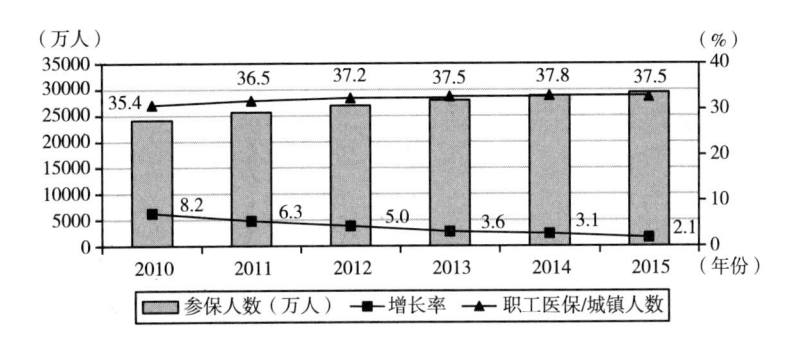

图3.18　2010~2015年城镇职工医保参保人数情况

资料来源：2015年《中国统计年鉴》；人力资源和社会保障部《2015年全国医疗生育保险运行分析报告》。

根据以上假设，2016~2030年我国城乡居民医保参保人数预测结果见表3.8。

[①] 搜狐财经，卫计委：2030年常住人口城镇化率将达70%，http://business.sohu.com/20160706/n457949786.shtml，2016-07-06。

表3.8　2016～2030年我国城乡居民基本医保参保人数预测结果

年份	人口（万）①	参保率（%）②	总参保人数（万）③=①×②	城镇化率（%）④	城镇人口（万）⑤=①×④	职工医保/城镇人口（%）⑥	职工医保人数（万）⑦=⑤×⑥	城乡居民医保人数（万）⑧=③-⑦
2015	137462	97.18	133585.6	56.10	77116.18	37.5	28893.07	104692.5
2016	137721.6	97.30	134003.5	57.05	78566.65	38	29855.33	104148.2
2017	137981.6	97.42	134422.7	58.01	80044.40	38	30416.87	104005.8
2018	138242.2	97.54	134843.2	58.99	81549.94	38	30988.98	103854.3
2019	138503.2	97.66	135265.1	59.99	83083.80	38	31571.85	103693.2
2020	138764.8	97.78	135688.3	61.00	84646.52	38	32165.68	103522.6
2021	139026.8	97.90	136112.7	61.86	85995.95	38	32678.46	103434.3
2022	139289.3	98.03	136538.6	62.72	87366.89	38	33199.42	103339.1
2023	139552.4	98.15	136965.7	63.60	88759.69	38	33728.68	103237
2024	139815.9	98.27	137394.2	64.50	90174.70	38	34266.38	103127.8
2025	140079.9	98.39	137824	65.40	91612.26	38	34812.66	103011.4
2026	140344.4	98.51	138255.2	65.72	92238.20	38	35050.52	103204.7
2027	140609.4	98.63	138687.7	66.05	92868.41	38	35290	103397.7
2028	140875	98.76	139121.6	66.37	93502.94	38	35531.12	103590.5
2029	141141	98.88	139556.8	66.70	94141.79	38	35773.88	103782.9
2030	141407.5	99.00	139993.4	68.70	97146.95	38	36915.84	103077.6

3.3.2.2 城乡居民基本医保人均筹资标准预测

根据历年人力资源社会保障部、财政部和原国家卫生计生委的工作报告，可以得到往年城镇居民医保和新农合筹资情况。从表3.9中可以看出，近年来我国城乡居民基本医保筹资中，财政补助新增额度和个人缴费新增额度基本为2:1，因此，本书假设2017~2020年财政补助和个人缴费新增额度保持以往的筹资增长水平，财政补助每年新增40元，个人缴费每年新增20元，即2017~2020年的筹资标准为每年新增60元。根据《"健康中国"2030规划纲要》要求，未来要"健全基本医疗保险稳定可持续筹资和待遇水平调整机制，实现基金中长期精算平衡"，因此，本书假设2020年以后基本医保的筹资和收入水平挂钩，个人筹资标准为个人收入水平的1%，财政补贴为个人收入水平的2%，即2021~2030年城乡居民基本医保人均筹资标准为个人可支配收入的3%。因此，需要对2021~2030年的城乡居民可支配收入进行预测。

表3.9　2013~2016年城乡居民医保财政补贴和个人缴费标准

年份	财政补贴 额度	财政补贴 新增	个人缴费 额度	个人缴费 新增	财政新增/个人新增
2013	280	40	70	20	2:1
2014	320	40	90	20	2:1
2015	380	60	120	30	2:1
2016	420	40	150	30	4:3

对于城乡居民收入水平预测，通过建立其和GDP之间的计量关系来实现，模型如下：

$$\ln(inc_t) = \alpha_0 + \alpha_1 \ln(gdp_t) + \mu_t \quad (3.11)$$

其中，inc_t代表居民第t年人均可支配收入；gdp_t代表我国第t年国内生产总值。计量结果见表3.10。

表 3.10　　　　　　　城乡居民可支配收入估计结果

	系数	标准差	t 统计值
ln*gdp*	0.9506***	0.0271	35.06
_cons	-2.82***	0.3488	-8.08
R-squared		0.9947	
F - 统计量		1229.37	

根据计量结果，建立城乡居民可支配收入和GDP之间的关系式：

$$\ln(inc_t) = -2.82 + 0.9506\ln(gdp_t) \quad (3.12)$$

接下来需要预测 GDP。经国家统计局核算，2015 年我国国内生产总值为 67.671 万亿元，同比上一年增长率为 6.9%。根据相关宏观经济研究对 GDP 的预测方案，结合我国目前经济发展状况，本书设定 2016~2020 年、2021~2025 年、2026~2030 年间的 GDP 年均增长率依次为 6.5%、6.0%、5.5%，即可得到 2015~2050 年间我国国内生产总值。根据表 3.8 中的人口预测，即可得到 2016~2030 年我国的人均 GDP 预测值（见表 3.11）。将 GDP 预测值代入式（3.12）中，即可得到 2015~2030 年城乡居民可支配收入的预测值，由于只有 2021~2030 年需要将筹资和收入挂钩，因此在表 3.11 中只展示了这 10 年的收入水平预测值。根据前文假设 2015~2020 年的人均筹资水平每年递增 60 元，2021~2030 年的人均筹资水平为收入的 3%，则 2015~2030 年的城乡居民基本医保人均筹资标准预测结果见表 3.11。

表 3.11　　2021~2030 年城乡居民基本医保人均筹资水平预测结果

年份	GDP 增速（%）	GDP（亿元）	人均收入（元）	人均收入的3%（元）	人均筹资水平（元）
2015	6.9	676708.00	—	—	500.00
2016	6.5	720694.02	—	—	570.00
2017	6.5	767539.13	—	—	630.00
2018	6.5	817429.17	—	—	690.00
2019	6.5	870562.07	—	—	750.00

续表

年份	GDP 增速（%）	GDP（亿元）	人均收入（元）	人均收入的3%（元）	人均筹资水平（元）
2020	6.5	927148.61	—	—	810.00
2021	6.0	982777.50	29634.34	889.03	889.03
2022	6.0	1041744.00	31322.15	939.66	939.66
2023	6.0	1104249.00	33106.08	993.18	993.18
2024	6.0	1170504.00	34991.62	1049.75	1049.75
2025	6.0	1240734.00	36984.54	1109.54	1109.54
2026	5.5	1308974.00	38915.67	1167.47	1167.47
2027	5.5	1380968.00	40947.62	1228.43	1228.43
2028	5.5	1456921.00	43085.68	1292.57	1292.57
2029	5.5	1537052.00	45335.37	1360.06	1360.06
2030	5.5	1621590.00	47702.53	1431.08	1431.08

3.3.2.3 城乡居民基本医保基金收入预测结果

根据以上对于我国2010~2030年城乡居民基本医保参保人数和人均筹资水平的相关预测，即可得出2015~2030年我国城乡居民基本医保历年筹资情况预测值。见表3.12。

表3.12　2016~2030年我国城乡居民基本医保筹资情况预测

年份	人均筹资标准（元）	城乡居民人数（万）	筹资总额（万元）
2015	500.00	104692.5	52346251.71
2016	570.00	104148.2	59364449.93
2017	630.00	104005.8	65523675.11
2018	690.00	103854.3	71659438.52
2019	750.00	103693.2	77769929.14
2020	810.00	103522.6	83853286.27
2021	889.03	103434.3	91956180.21
2022	939.66	103339.1	97103658.77
2023	993.18	103237.0	102532953.20
2024	1049.75	103127.8	108258424.50

续表

年份	人均筹资标准（元）	城乡居民人数（万）	筹资总额（万元）
2025	1109.54	103011.4	114295235.6
2026	1167.47	103204.7	120488374.7
2027	1228.43	103397.7	127016868.1
2028	1292.57	103590.5	133897949.5
2029	1360.06	103782.9	141151037.0
2030	1431.08	103077.6	147512265.9

3.3.3 支出模块

首先，预测医疗费用增长率，根据医疗费用增长率确定未来的医疗费用总额。近年来，随着我国基本医疗保险的全覆盖，城乡居民医疗需求得到释放，城乡居民医疗费用快速增长，基本医保基金支出也呈现上升趋势。从图3.19中可以看出，虽然新农合和城镇居民医保医疗费用呈现不同的增长趋势，但是我国医保医疗费用整体上是呈上升趋势的，2010~2015年医保医疗费用的年均增长率达到了20.5%，随着医疗保险需求逐步释放完毕，预期未来的医疗费用增长率会呈现下降趋势。本书假设2016年我国医保医疗费用增长率为15%，逐步降低到2020年的10%，从2020年线性降低到2030年的8%，基本上保持着正常的增长速度。同时，根据国家卫计委《关于尽快确定医疗费用增长幅度的通知》（2016）文件要求，2017年底全国医疗费用力争降低到10%以下，因此，本书设计一个低费用增长率方案，即2016年假设为10%，线性降低到2030年的8%。见表3.13。

其次，假设保障水平。考虑到我国医改的目标以及目前我国城乡居民基本医保的保障水平，本书设计高、低两套保障方案，2016年的保障水平假设为55%，高保障方案假设到2030年我国城乡居民基本医保实际报销比例上升到70%，低保障方案假设到2030年我国城乡居民基本医保实际报销比例上升到65%。见表3.13。

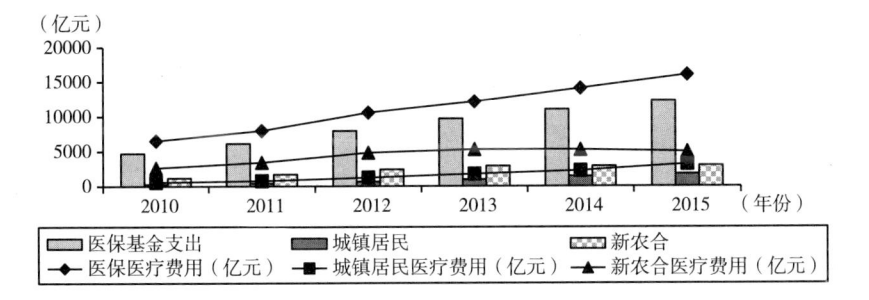

第3章 基本医疗保险基金风险分析

图 3.19　2010～2015 年基本医保医疗费用和基金支出情况

注：城镇居民医疗费用数据来源为《2015 年全国医疗生育保险运行分析报告》，新农合医疗费用为推算所得，公式为：新农合医疗费用＝新农合支出/实际报销比例，2009～2015 年实际报销比例假设分别为 45%、45%、50%、50%、55%、55% 和 60%。

表 3.13　2016～2030 年医疗费用增速和保障水平预测　　　单位：%

年份	医疗费用增速（高）	医疗费用增速（低）	保障水平（高）	保障水平（低）
2016	15.00	10.00	55.00	55.00
2017	13.55	9.84	55.96	55.66
2018	12.25	9.69	56.93	56.33
2019	11.07	9.53	57.92	57.00
2020	10.00	9.38	58.92	57.69
2021	9.78	9.23	59.95	58.38
2022	9.56	9.09	60.99	59.08
2023	9.35	8.94	62.05	59.79
2024	9.15	8.80	63.13	60.51
2025	8.94	8.66	64.22	61.24
2026	8.75	8.53	65.34	61.97
2027	8.55	8.39	66.47	62.71
2028	8.37	8.26	67.63	63.47
2029	8.18	8.13	68.80	64.23
2030	8.00	8.00	70.00	65.00

根据以上假设和测算,可以得出四个测算方案:

方案一:高医疗费用+高保障水平

方案二:高医疗费用+低保障水平

方案三:低医疗费用+高保障水平

方案四:低医疗费用+低保障水平

四个方案具体的医疗费用及基金使用情况见表3.14。

表3.14 不同测算方案下基金支出情况预测 单位:亿元

年份	方案一	方案二	方案三	方案四
2016	5173.96	5173.96	4949.00	4949.00
2017	5977.32	5945.76	5530.53	5501.33
2018	6825.96	6754.08	6171.63	6106.64
2019	7713.11	7591.59	6877.43	6769.08
2020	8631.83	8450.99	7653.40	7493.06
2021	9640.62	9388.80	8505.38	8283.22
2022	10746.12	10410.18	9439.55	9144.46
2023	11955.33	11520.45	10462.54	10081.95
2024	13275.50	12725.06	11581.33	11101.13
2025	14714.19	14029.63	12803.35	12207.69
2026	16279.25	15439.93	14136.48	13407.63
2027	17978.81	16961.84	15589.02	14707.23
2028	19821.27	18601.35	17169.77	16113.04
2029	21815.32	20364.60	18887.99	17631.94
2030	23969.91	22257.78	20753.47	19271.08

3.3.4 城乡居民基本医保基金当期结余及累计结余预测

根据人力资源和社会保障部《2015年全国医疗生育保险运行分析报告》及原国家卫生计生委相关数据,2015年城镇居民基本医保累计结余1546亿元,新农合累计结余1261亿元,结合前文测算的2016～2030年城乡居民基本医保筹资情况,即可预测2016～2030年我国城乡居民基本医保当期结余和累计结余情况。见表 3.15。

表 3.15　　2016~2030 年我国城乡居民基本医保基金结余情况　　单位：亿元

年份	方案一 当期结余	方案一 累计结余	方案二 当期结余	方案二 累计结余	方案三 当期结余	方案三 累计结余	方案四 当期结余	方案四 累计结余
2016	762.49	3569.69	762.49	3569.69	987.44	3794.64	987.44	3794.64
2017	575.05	4144.74	606.61	4176.29	1021.84	4816.48	1051.04	4845.68
2018	339.98	4484.72	411.87	4588.16	994.31	5810.79	1059.31	5904.99
2019	63.89	4548.60	185.41	4773.56	899.56	6710.36	1007.91	6912.90
2020	-246.51	4302.10	-65.66	4707.90	731.93	7442.28	892.27	7805.17
2021	-445.00	3857.10	-193.19	4514.72	690.24	8132.52	912.40	8717.58
2022	-1035.76	2821.34	-699.82	3814.90	270.81	8403.34	565.91	9283.48
2023	-1702.04	1119.30	-1267.15	2547.75	-209.24	8194.10	171.34	9454.83
2024	-2449.66	-1330.36	-1899.21	648.54	-755.48	7438.61	-275.28	9179.54
2025	-3284.67	-4615.02	-2600.11	-1951.57	-1373.83	6064.78	-778.17	8401.37
2026	-4230.41	-8845.44	-3391.09	-5342.67	-2087.64	3977.14	-1358.80	7042.56
2027	-5277.12	-14122.56	-4260.15	-9602.82	-2887.33	1089.81	-2005.54	5037.04
2028	-6431.47	-20554.03	-5211.56	-14814.38	-3779.97	-2690.16	-2723.25	2313.79
2029	-7700.22	-28254.25	-6249.49	-21063.87	-4772.89	-7463.05	-3516.83	-1203.04
2030	-9218.69	-37472.94	-7506.55	-28570.42	-6002.24	-13465.29	-4519.85	-5722.89

从表 3.15 中可以看出，方案一（高的医疗费用增速+高的保障水平）在 2020 年即出现基金的当期赤字，到 2024 年出现基金的累计结余赤字，2030 年累计结余赤字达到 3.75 万亿元；方案二（高的医疗费用增速+低的保障水平），保障水平在方案一基础上略有降低，同样是在 2020 年出现基金的当期结余赤字，在 2025 年出现基金的累计结余赤字，2030 年基金赤字达到 2.86 万亿元；方案三（低的医疗费用增速+高的保障水平），在假设医疗费用增速有所下降之后，2023 年首次出现基金的当期结余赤字，2028 年出现基金的累计结余赤字，2030 年基金的累计结余赤字约为 1.35 万亿元；方案四（低的医疗费用增速+低的保障水平），在 2024 年首次出现基金的当期结余赤字，2029 年出现基金累计结余赤字。

因此，医疗费用的增速对医保基金的结余影响更大，在医疗费用增速下降之后，无论是高的保障水平（方案三）还是低的保障水平（方案四），其当期基金结余和累计基金结余的下降趋势都低于高的医疗费用的情况（见图3.20和图3.21），因此，在医疗费用持续增长的情况下，我国的基本医保基金状况会继续恶化，作为基本医保一部分的大病保险的基金情况必然会受到影响。在我国医疗费用增长趋势无法改变的情况下，无论是对于基本医疗保险，还是大病保险，提高基金的使用效率是提升城乡居民医疗保障水平的一条必经途径。

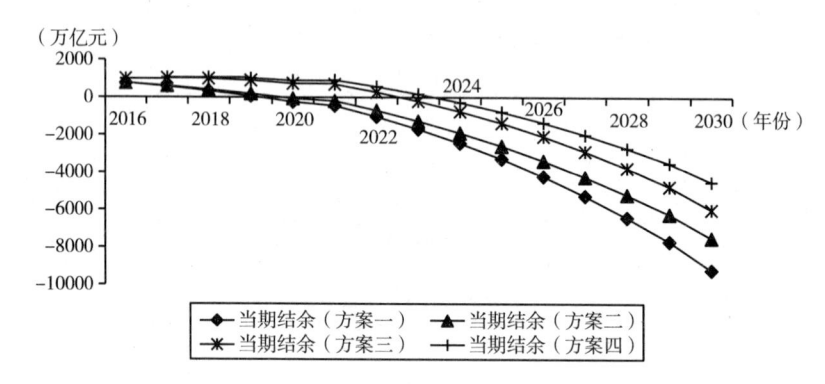

图3.20　2016~2030年当期基金结余趋势

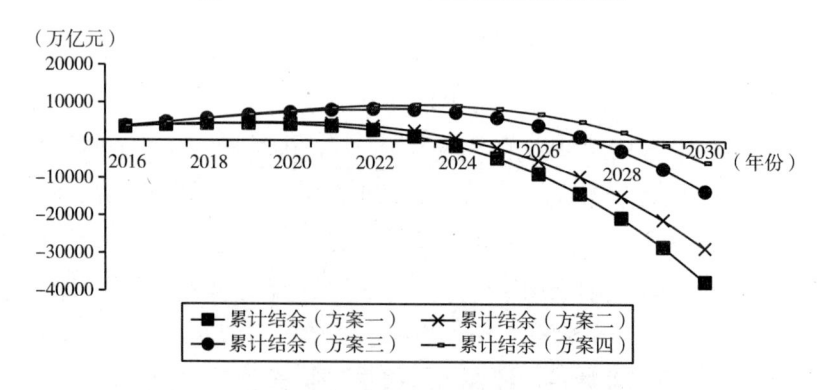

图3.21　2016~2030年累计基金结余趋势

第4章

大病保险制度的建立与运行概况

我国医疗保障水平在不断提升的同时，医疗费用也呈现快速增长趋势，城乡居民基本医保基金面临着严重的赤字风险，在目前大病保险筹资来源为基本医保基金的情况下，一旦基本医保基金消耗殆尽，将无法提供大病保险的基金筹资，大病保险必将面临不可持续的问题。本章首先阐述了我国大病保险的实施背景，对大病保险的筹资标准、支付标准、经办管理等制度框架进行了梳理总结。其次，分析了大病保险的基金现状，无论是以省级还是以经办保险公司为单位统计，已有部分地区或者部分保险公司处于赤字或者亏损状态。最后，利用调研数据建立计量模型分析大病保险目前运行概况，发现大病保险在一定程度上提高了大病患者的保障水平，但大病保险保障效率较低，大病患者尤其是低收入人群医疗费用负担较重，对大病保险的报销机制进行精细化管理，将基金支付给真正发生灾难性医疗支出的家庭，特别是低收入家庭，能够实现大病保险保障效率的大幅提升。同时，大病保险保障目标的实现应该根据医疗费用开支、筹资水平来合理确定应有的保障水平，维持大病保险基金的收支平衡。

4.1 大病保险的试点与全面实施

4.1.1 大病保险的实施背景

自2003~2009年，我国只用了不到七年时间就建成了覆盖城乡居民的基本医保制度，确立了以"广覆盖、保基本"为目标的基本医疗保险体系。然而，我国基本医保的保障水平较低，2011年新农合和城乡居民基本医保的实际保障水平只有49.20%和44.87%，这意味着还有超过50%的医疗费用需要个人负担。因此，我国人民群众的"因病致贫、因病返贫"问题始终存在，2011年我国的灾难性医疗支出高达12.9%（Meng et al.，2012），按照这个比例约有1.73亿人面临着灾难性医疗支出风险。降低大病患者医疗费用负担，提升大病保险保障水平，是完善我国医疗保障体制，增强就医群众"获得感"的必然要求。在以上背景下，部分地区开始探索对大病患者的进一步保障，主要有"湛江模式"和"太仓模式"，代表了大病保险制度的两种模式。

4.1.1.1 湛江模式

1. 湛江市基本医疗保障制度概况

湛江市1999年启动实施城镇职工基本医疗保险，并于2004年和2007年相继实施了新型农村合作医疗和城镇居民基本医疗保险，根据2015年"湛江市国民经济和社会发展统计公报"数据显示，截至2015年底，湛江市参加城镇职工基本医疗保险人数为47.1万（不含农垦系统），参保城乡居民基本医疗保险的人数为67万，参保率稳定在98.8%。根据《关于调整2017年度城乡居民基本医疗保险个人缴费标准的通知》（2016），湛江市2016年度各级财政对居民医保的人均补助标准不低于420元/年，2017年个人缴费标准为每人150元。见表4.1。

表4.1　　　　2009~2015年湛江市基本医保参保情况

年份	2009	2010	2011	2012	2013	2014	2015
GDP（亿元）	1156.17	1402.77	1708.22	1900.64	2060.01	2258.72	2380.02
常住人口数（万人）	699.43	700.38	706.92	710.92	716.71	721.24	724.14
城镇居民人均可支配收入（元）	13665.21	15305.05	17583.62	20227.32	22371.40	15301.80	16631.70
农村居民人均纯收入（元）	5895.00	6909.21	8257.00	9561.00	10689.00	11381.10	12405.40

续表

年份	2009	2010	2011	2012	2013	2014	2015
职工医疗保险参保人数（万）	47.30	49.10	53.91	56.07	58.19	60.21	63.36
城乡居民医疗保险参保人数（万）	546.70	587.50	631.17	644.32	643.99	643.67	665.59
城乡居民医保参保率（%）	97.10	98.00	98.30	98.30	98.80	98.80	98.80

资料来源：2009~2015年"湛江市国民经济和社会发展统计公报"；2010~2015年《湛江统计年鉴》。

2. "湛江模式"的产生

作为经济欠发达地区，湛江市政府财力薄弱，医疗卫生投入有限，2009年湛江市财政一般预算支出约为121.84亿元，其中，医疗卫生支出为11.83亿元，占比为9.7%，湛江市在医保基金的筹资和管理服务等方面存在极大困难。在此背景下，湛江市开始进行医疗保障制度改革，2009年湛江市人民政府印发《湛江市城乡居民基本医疗保险试行办法》（2008），将基本医疗保障管理资源进行整合，在将城镇居民基本医疗保险和新农合整合一体的基础上，同时实现了城镇职工基本医疗保险、新农合和城镇居民基本医疗保险的"三网合一"，在全国范围内率先实现了市级统筹和网络归口管理。湛江市在实现"三网合一"并轨的同时，政府从居民基本医保个人缴费中提取15%的基金，向中国人民健康保险湛江中心支公司购买了城乡居民大额补充医疗保险，并引入商业保险公司参与经办管理，在全国首创"管理+经营"模式，形成了"覆盖城乡、有效结转、资源优化、架构统一、保障适度"的城乡居民医疗保险体系。"湛江模式"引入商业保险机构经办，没有增加政府的成本和群众的负担，实现了参保人群、政府、医疗机构和商业保险机构的共赢。

随着"湛江模式"不断完善，参保患者的补偿比例和最高支付限额也在逐年提高，然而，湛江市"因病致贫"的问题仍然较为严重，大额补充医疗保险的补偿水平有限。为了进一步完善湛江市城乡居民医疗保障制度，提高重特大疾病的保障水平，湛江市借鉴大额补充医疗保险的经验，依然采用政府主导、商业保险机构承办的方式，建立了湛江市大病医疗补助保险，这是我国之后推出的城乡居民大病保险制度的雏形之一。

"湛江模式"可以总结为以下几点：第一，从筹资模式看，城乡居民参保人个人缴纳和财政补助、社会医疗救助基金缴纳的保费，分比例划归家庭门诊账户和统筹基金，统筹基金又分为三部分，包括门诊统筹基金、住院统筹基金、商业保险公司购买大额补充医疗保险和大病补助保险的基金；第二，从经办模式看，城乡居民基本医保的门诊统筹基金和住院统筹基金由社保基金管理局经办，而大额补充医疗保险和大病补助保险基金由商业保险机构经办；第三，从支付模式看，政策范围内的门诊费用由门诊统筹基金按单次门诊费用支付比例支付，同时对每次的门诊支付和每人每年的门诊支付都设置有最高支付限额，剩下的部分由家庭门诊账户和个人自付。政策范围内住院费用根据医疗机构的等级设立不同的起付线，起付线之上至封顶线之间的住院费用，按照住院统筹基金、大额补充医疗保险和大病补助保险的顺序根据相应比例给予补偿，同时，个人的缴费档次不同，住院费用的最高支付限额也不相同。

4.1.1.2 太仓模式

1. 太仓市基本医疗保障制度

区别于湛江市经济欠发达的状况，太仓市是中国经济最为发达的县市之一，2016年列全国百强县（市）第六位，财政实力较强。太仓市于1999年开始城镇职工基本医疗保险改革，于2004年建立城镇职工基本医疗保险制度，2008年太仓市印发《太仓市居民医疗保险管理暂行办法》（2007），建立了覆盖城乡居民的城乡居民医疗保险制度，新农合和医疗救助的经办管理分别从卫生部门和民政部门划归人社部门，城乡居民医保执行统一的筹资标准和政府补贴，享受统一的医疗保险待遇，率先在全国实现了城乡居民医保的全面并轨。2011年，太仓市城乡居民基本医保参保人数为53.8万,覆盖率达到99.1%。自2007~2015年,筹资水平从200元提高到800元,远高于全国500元的标准,其中个人缴纳220元,镇级财政补贴每人260元,市级财政补贴每人230元。见表4.2。

表4.2　2007年、2009年和2016年太仓市城乡居民医保筹资标准和待遇

年份			2007	2009	2016
筹资(元)			260	300	800(2015)
门诊	支付比例(%)	一级医院	40	50	50
		二级及以上	30	40	40
	封顶线(元)		300	400	400
住院	起付线(元)	一级	150	150	400
		二级	500	500	600
		三级以上	1000	1000	1000
	待遇	一级	1万元(含)以下60%;1万~2万元(含)65%;2万~6万(含)70%;6万~10万元(含)75%	1万元(含)以下70%;1万~2万元(含)70%;2万~8万(含)75%;8万~20万元(含)85%	同2009年
		二级及以上	1万元(含)以下50%;1万~2万元(含)55%;2万~6万(含)60%;6万~10万元(含)75%	1万元(含)以下60%;1万~2万元(含)60%;2万~8万(含)65%;8万~10万元(含)85%	同2009年
基本医保封顶线(万元)			10	20	20

注:①表中"三级以上"代表三级以上医院及转诊,"二级及以上"含转诊;②2016年,住院费用基本医保统筹基金的最高支付限额为20万元,超过20万元的部分由大病补充医疗保险基金支付。

近年来,太仓市的基本医保保障水平不断提高,城镇职工医保住院的报销比例超过了90%,城乡居民基本医保住院报销比例整体在70%以上。从1999年太仓市基本医保改革伊始,太仓市医保基金平均每年结余8%左右,累积结余达到了8亿多元。太仓市的基本医保待遇水平已经处于很高水平,大量的累积结余通过提高基本医保的"普惠"

待遇来消化不太合理，同时，太仓市每年有 200~300 人因住院费用超过 15 万元、基本医保报销比例不足 50% 而趋于因病致贫、因病返贫。2011 年 4 月，太仓市人社局出台《关于社会医疗保险大病住院医疗实行再保险的规定（试行）》（2011），并于当年 7 月开始实行，对发生高额医疗费用患者的自负医疗费用，由商业保险机构再次补偿。

2．"太仓模式"的制度设计和运营状况

"太仓模式"，即通过招标引入商业保险经办，使用基本医保统筹基金结余，对参保人员经基本医保报销之后的超过起付线之上的目录外自费部分和目录内自付部分进行再补偿，通常称为"大病再保险"。

2011 年，太仓市大病再保险的补偿标准通过竞标方式确定，超过起付线的部分分段报销，其中，1 万~2 万元（含）报销 53%，2 万~10 万元（含）区间每增加 1 万元，报销比例提高 2.5%，10 万~15 万元（含）报销 75%，20 万~50 万元（含）报销 81%，50 万元以上报 82%，补偿额度上不封顶。同时，建立风险调节金制度来控制基金风险和商业保险机构的经营利润。太仓市大病再保险由中国人民健康保险江苏分公司经办，由 20 人的专业队伍开展医疗过程管控，经办费用从大病再保险资金总额中按比例提取，2011 年的提取比例为 4.5%，总额为 98 万元。见表 4.3。

表 4.3 太仓市城乡居民大病保险政策

年份	筹资（元）	资金来源	起付标准（元）	封顶线
2011	20/人	统筹基金	10000	无
2016	30/人	统筹基金	12000	无

2011 年，太仓市大病再保险按照职工医保和城乡居民医保参保人员每人每年分别 50 元和 20 元的标准进行筹资，2011 年太仓市大病保险筹资 2168 万元，约为医保基金结余总额的 3%，当期太仓市有 2604 名患者享受到大病再保险的补偿，其中有 207 人的住院费用超过 15 万元，实际报销比例由 50% 上升为 80%。2011 年大病保险资金运行良好，筹资总额 2168 万元，补偿总额 1840 万元，商业保险机构提取经办

服务费98万元，结余230万元。

4.1.1.3 "湛江模式"和"太仓模式"的比较

"湛江模式"和"太仓模式"的共同点是打破了传统的医保管理模式，引入商业保险机构参与，实现政府主导和市场机制的有机结合，即"政府主导、专业运作"。一方面，政府通过购买商业保险服务，用更低的成本提供更多的医保服务，提高医疗保障水平，更好地发挥了主导作用；另一方面，商业保险机构充分利用自身的专业优势，在对医保基金开展经营的同时参与医保管理服务，使医保基金使用更加有效、管理服务更加优质，体现了市场机制的作用。

作为我国大病保险制度的先行军，"湛江模式"和"太仓模式"在大病保险开展上取得了一定成效，二者的共同点是实现了城乡医保统筹：湛江市实行了市级统筹，将新农合和城镇居民基本医疗保险两项制度并轨，建立了由社保部门管理的统一的城乡居民医疗保险制度；太仓早在2008年就实现了城乡居民、职工基本医保和医疗救助的统一管理，大病保险基金来源于城镇职工医保和城乡居民医保基金总盘的结余，二者在城乡医保制度的统筹为大病保险建立了基础。

"湛江模式"和"太仓模式"也都是因地制宜有效开展的结果，由于二者在经济发展水平、人口构成、统筹程度等方面存在差异，两地所开展的大病保险在筹资模式和支付模式上各有特色。太仓更适合做经济发达地区开展大病保险的范本，湛江则给经济欠发达地区提供了一个可供借鉴的大病保险模式。此外，"湛江模式"和"太仓模式"的制度建设速度也存在明显的差异："湛江模式"走的是逐步探索、在原有基础上不断上调报销比例和补偿封顶线的谨慎渐进道路，而"太仓模式"则一步到位、异军突起，对于全国其他地区来说无疑是超前的和领先的。

总之，"湛江模式"和"太仓模式"大病保险的有效开展，为我国2012年试点并在2015年推广的大病保险制度提供了经验借鉴，是我国大病保险制度建设的先行军，同时两地区不同的经济发展水平也为各地因地制宜开展大病保险提供了参考。

4.1.2 大病保险的试点与全面实施

2012年8月24日，国务院六部委联合发布《关于开展城乡居民大病保险工作的指导意见》，指出大病保险是"进一步完善城乡居民医保制度，健全我国的多层次医疗保障制度，有效提高重特大疾病保障水平"的举措。同时，六部委《指导意见》对大病保险的概念进行了阐述，指出"城乡居民大病保险，是在基本医疗保障的基础上，对大病患者发生的高额医疗费用给予进一步保障的一项制度性安排，可进一步放大保障效用，是基本医疗保障制度的拓展和延伸，是对基本医疗保障的有益补充"。大病保险的政策目标是"力争避免城乡居民发生家庭灾难性医疗支出"，其保障方案主要是在参保（合）人患大病发生高额医疗费用的情况下，对城镇居民医保、新农合补偿后个人负担的合规医疗费用给予保障，实际支付比例不低于50%。

大病保险有效缓解了大病患者的医疗费用负担，一定程度上降低了发生灾难性医疗支出的程度，然而，大病保险在试点地区取得了明显成效的同时，筹资机制、保障水平、医疗保障制度衔接以及大病保险承办服务规范等方面也出现了新的问题。在此背景下，2015年7月28日，国务院办公厅印发《关于全面实施城乡居民大病保险的意见》，对大病保险制度的核心原则进一步明确，对制度建设的具体措施和方法做了更加细致的规范和指导。国办《意见》要求在全国范围内全面推开大病保险，2015年底前覆盖所有城乡居民基本医保参保人群。

截至2016年底，大病保险已经实现全国10.5亿城乡居民全覆盖，其中保险公司承办的大病保险业务覆盖9.7亿参保人群，累计支付赔款300.90亿元，大病患者的报销比例在基本医保基础上提高了13.85个百分点，整体报销比例达到70%，切实减轻了大病患者的医疗费用负担。在2016年3月第十二届全国人大四次会议上，国务院总理李克强作政府工作报告，两次提到大病保险，在提出2016年重点工作"切实保障改善民生，加强社会建设"中指出，"今年要实现大病保险全覆

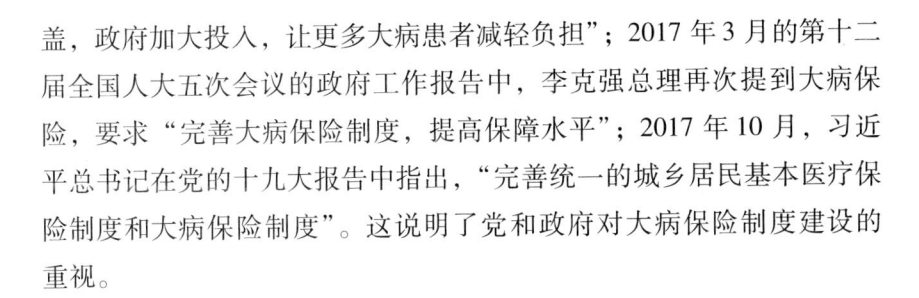

盖，政府加大投入，让更多大病患者减轻负担"；2017年3月的第十二届全国人大五次会议的政府工作报告中，李克强总理再次提到大病保险，要求"完善大病保险制度，提高保障水平"；2017年10月，习近平总书记在党的十九大报告中指出，"完善统一的城乡居民基本医疗保险制度和大病保险制度"。这说明了党和政府对大病保险制度建设的重视。

4.1.2.1 筹资来源和筹资标准

2012年六部委《指导意见》明确指出，"从城镇居民医保基金、新农合基金中划出一定比例或额度作为大病保险资金。城镇居民医保和新农合基金有结余的地区，利用结余筹集大病保险资金；结余不足或没有结余的地区，在城镇居民医保、新农合年度提高筹资时统筹解决资金来源，逐步完善城镇居民医保、新农合多渠道筹资机制"。2015年国办《意见》延续这一政策，指出"从城乡居民基本医保基金中划出一定比例或额度作为大病保险资金。城乡居民基本医保基金有结余的地区，利用结余筹集大病保险资金；结余不足或没有结余的地区，在年度筹集的基金中予以安排。完善城乡居民基本医保的多渠道筹资机制，保证制度的可持续发展。"因此，大病保险的筹资来源依附于城乡居民基本医保基金。以六部委《指导意见》和国办《意见》文件为依据，同时考虑高额医疗费用水平、基本医保基金运行状况、大病保障水平等因素，省级大病保险文件一般对筹资来源和筹资标准加以原则性规定。详见附录A中的表A1。

第一，筹资来源。从各地区大病保险省级文件中可以看出，大病保险基金筹资来源都是从城镇居民医保基金和新农合基金中划出一定比例或额度。因此，基本医疗保险基金的稳定性直接关系到大病保险政策的可持续发展，过度依赖于基本医疗保险基金的大病保险筹资机制容易受到基本医疗保险基金风险的冲击。

第二，筹资标准。从各地区大病保险人均筹资情况来看，年人均筹资多集中在20~40元之间，其中青海省达到了年人均50元，属于较高水平。根据原国家卫生计生委、人力资源和社会保障部相关调查数据，2014年大病保险试点地区年人均筹资为20元左右。随着基本医保水平的上升，大病保险筹资水平有所提升，2015年16家承办大病保险的商业保险公司大病保险基金共258.64亿元，人均大病保险保费为28.11元，比2014年有所提升。一些省市明确规定大病保险的筹资额度，例如青海、安徽、辽宁、浙江等省，而一些省份则规定大病保险的筹资为城乡居民基本医保的一定比例，例如山西、湖北、贵州、湖南等省规定大病保险筹资标准为城乡居民基本医保筹资标准的5%，同时，山西和湖北明确规定筹资上限不能超过城乡居民基本医保筹资标准的10%。

4.1.2.2 支付标准

支付标准主要从起付线、待遇水平、封顶线和支付范围四个方面考虑。详见附录A中的表A1。

第一，起付线。根据2012年六部委《指导意见》和2015年国办《意见》，大病保险对参保（合）人发生的高额医疗费用在基本医保基础上进一步报销。高额医疗费用，可以个人年度累计合规医疗费用超过当地统计部门公布的上一年度城镇居民人均可支配收入或者农村人均纯收入作为判定标准。同时要"根据城乡居民收入变化情况，建立动态调整机制，研究细化大病的科学界定标准"。从各地大病保险文件中可以看出，各地都是以当地上一年度城乡居民人均收入为依据，并结合大病发生率、大病医疗费用等因素设置起付线。各地大病保险起付线差距较大，例如，青海省的起付线只有5000元，而北京市城镇居民大病保险的起付线超过了30000元。比较特殊的辽宁省，对普通居民和农村贫困居民设置了不同的起付线，城镇居民为上年度人均收入的50%，而农村贫困居民为上年度农村收入的60%，并规定"十三五"末期农村居民的大病保险起付线全部调至农民人均纯收入的60%以内。

第二，待遇水平。根据2012年六部委《指导意见》和2015年国办《意见》，大病保险补偿的实际支付比例不低于50%，并且要按照费用分段制定大病保险支付比例,原则上医疗费用越高支付比例越高。同时,2015年国办《意见》中提出,要"鼓励地方探索向困难群体适当倾斜的具体办法,努力提高大病保险制度托底保障的精准性"。从各地的大病保险文件中可以看出,多数在制定大病保险政策时都指出大病保险的实际支付比例不低于50%,并且根据费用段制定报销比例。例如,北京、天津、上海、海南等11个省(市)的最低支付比例都为50%,山西和湖北的大病保险最低支付比例为55%,广西的最低支付比例为53%。一些地区明确规定了对困难群众的倾斜政策,例如,青海省要求"基本医保+大病医疗保险+医疗救助"实际支付比例达到80%,民政救助对象住院费用实际支付比例达到90%。

第三,封顶线。对于封顶线的设置,2012年六部委《指导意见》和2015年国办《意见》都没有明确说明。根据本书统计的19个省(市)的最新大病保险文件来看,明确规定设有封顶线的省份包括山东、河南、吉林、天津、山西、湖北、浙江、湖南、海南,其中山东、河南、吉林、天津的封顶线为30万元,山西的封顶线为40万元,海南的封顶线为22万元,而湖北、浙江、湖南等地区只说明封顶线的最高或者最低标准,并没有明确的数值。明确规定不设封顶线的地区包括青海、辽宁、四川、甘肃和北京。安徽省的政策比较特殊,城镇居民没有封顶线,新农合的封顶线为15万~20万元。

第四,支付范围。支付范围主要考虑合规医疗费用的界定,根据2012年六部委《指导意见》,城乡居民大病保险的合规医疗费用,"指实际发生的、合理的医疗费用(可规定不予支付的事项),具体由地方政府确定",2015年国办《意见》延续了这一解释。根据各地区的文件来看,一般是把统筹地区的基本医疗保险支付范围设定为大病保险的合规医疗费用范围,内蒙古、浙江、山东、四川将恶性肿瘤靶向药物等特殊药品纳入大病医保支付。部分地区在大病保险运行初期采取了负面清单的形式,即规定大病保险不予支付的项目,例如,山西省在2013年的大病保险文件中规定,"合规医疗费用是指城乡居民大病保险资金不予支付费用以外的项目的费用"。吉林省在2012年大病保险文件中规定，"在吉林省城乡居民大病保险管理范畴内，合规医疗费用是指除规定不予支付的事项以外的所有实际发生的医疗费用"。随着制度的运行，一些地区开始调整合规医疗费用范围，从负面清单向正面清单转变，例如，山东省在大病保险运行初期，对合规医疗费用的界定采取的是正面清单和负面清单相结合的模式，在2014年山东省出台大病保险文件时，提出"大病保险合规医疗费用范围，按合并后的城镇基本医疗保险和原新农合药品目录、诊疗项目目录、服务设施目录执行"。山东在大病保险政策运行一年之后缩小了合规医疗费用范围，这可能和当地基金运行情况有关。因此，各个地方在大病保险政策运行初期，对于扩展合规医疗费用范围应该谨慎，以确保大病保险平稳运行。

4.1.2.3 统筹层次

2012年六部委《指导意见》指出，大病保险试点可以市（地）级统筹，也可以全省（区、市）统一政策，统一组织实施。2015年国办《意见》对于大病保险统筹层次的描述改为了"原则上实行市（地）级统筹，鼓励省级统筹或全省（区、市）统一政策、统一组织实施，提高抗风险能力"。目前大病保险的统筹层次较低，2015年商业保险机构承办的517个大病保险项目中，16个为省级统筹，296个为地市级统筹，205个为县区级统筹。

如果从大病保险的保险属性来看，保险经营遵循的基本原则是大数法则，人数越多分散风险的能力越强，因此省级统筹更有利于分担大病保险基金风险。然而，如果考虑区域经济发展不平衡的问题，统筹层次并不是越高越好，目前的大病保险起付线是以当地的人均收入水平作为标准的，省级统筹的情况下，大病保险的起付线即为一个省的人均收入水平，对于该省发展水平滞后的地区，其人均收入水平低于全省，那么一些大病患者的收入水平可能连大病保险的起付线都难以达到，无法享受大病保险的补偿，这也是目前"普惠制"的大病保险存在的"穷帮富"的问题。对于大病保险制度来说，统筹层次上升到国家层面不太现实也不合理，县级统筹的确不利于分散基金风险，而目前还有将近1/3的统筹地区为县级统筹，应将县级统筹提升到地市级统筹，之后根据各地的医疗资源、经济发展等情况，逐步过渡到省级统筹，同时对于经济发展落后的地区给予适当的政策倾斜。

4.1.2.4 经办管理

根据2012年六部委《指导意见》，开展大病保险工作的基本原则之一是"坚持政府主导、专业运作"，"利用商业保险机构的专业优势，支持商业保险机构承办大病保险，发挥市场机制作用，提高大病保险的运行效率、服务水平和质量"，并对经办机构的准入条件和服务水平提出了要求。因此，大病保险采取商业保险机构承办的方式，各统筹地区通过招标的方式确定大病保险的经办机构。2015年国办《意见》对商业保险机构的经办大病保险进一步明确和规范，对商业保险机构经办大病保险的保费收入免征营业税，同时进一步规范了大病保险的招投标与合同管理，要求合同期限应不低于3年，同时为了提高大病保险基金的使用效率，保障大病保险基金安全，要建立大病保险收支结余和政策性亏损的动态调整机制。

商业保险机构经办大病保险，可以转变政府职能，使政府人员从报销、结算等日常业务中解脱出来，充分发挥其管理优势，更多精力投入政策制定、组织协调和监督管理之中，这是政府职能转变和社会治理模式改革的制度性创新。商业保险机构经办大病保险的优势体现在其垂直管理模式、灵活的用人机制以及盈亏激励机制等方面。政府通过购买商业保险机构的经办服务，充分发挥了商业保险机构的技术优势、网络优势和服务优势，通过垂直管理模式和全国范围内的网点优势开展异地就医和结算服务，同时利用商业保险机构的人员优势，通过住院代表、医院巡查等措施开展医疗费用的监督管理，并通过建立医保智能审核系统控制过度医疗、骗保及非合规医疗费用，有效节约了医保基金。

根据2016年10月19日国新办举行的"城乡居民大病保险创新发

展有关情况发布会"，2015年，保险公司承办的大病保险项目审核发现43.67万件问题案件，拒付非合规医疗费用22.67亿元，这有效维护了医保基金安全，并在一定程度上缓解了医疗费用的快速上涨。2015年，保险公司承办大病保险项目中有86.37万人转外就医，涉及异地结算费用73.1亿元。2016年，保险公司承办的517个大病保险项目中的414个项目实现"一站式"结算服务，80个项目实现了异地结算，大病患者看病更加快捷、便利，这很好地改善了大病患者的就医体验。

4.2 大病保险基金收支现状

4.2.1 商保经办大病保险概况

截至2015年末，16家保险公司[①]开办的大病保险业务实现全国省级行政区域全覆盖，项目数为517个，其中，省级统筹项目数16个，包括上海、天津、重庆、河南、吉林、山东、海南、云南、西藏、甘肃、青海、新疆、大连、青岛和厦门[②]，地市级统筹项目数296个，县区级统筹项目数205个。保险公司大病保险业务承保人数为9.2亿，保险公司实现大病保险原保险保费收入252.4亿元，比2014年末增加98.2亿元，同比增长63.5%。保费收入较多的保险公司分别为国寿股份（98.7亿元）、人保股份（82.1亿元）、平安养老（25.7亿元）、人保健康（16.6亿元）和太保人寿（11.7亿元），这五家保险公司占大病保险总保费收入的93%。见图4.1。

2015年末，保险公司大病保险业务赔付支出214亿元，比2014年

[①] 包括人保股份、国寿股份、平安养老、人保健康、太保人寿、中华联合、大地保险、阳光人寿、泰康人寿、太保财险、太平财险、太平人寿、广大永明人寿、国元农业、和谐健康、华夏人寿。

[②] 河南大病保险分为新农合和城镇居民，分别实行省级统筹，在统计项目数时为2个；大连、青岛和厦门为副省级市，并设有保险监管局。

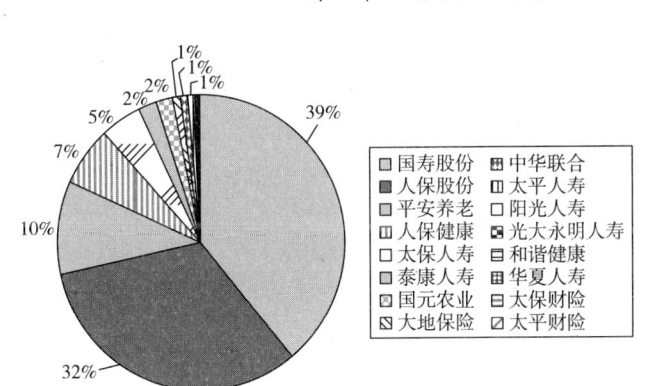

图 4.1　2015 年各保险公司大病保险保费收入

资料来源：中国保险监督管理委员会。

增加 102.9 亿元，同比增长 92.8%；赔付人数①345.6 万人，比 2014 年增加 148.6 万人，同比增长 75.8%。2015 年，保险公司大病保险业务承保亏损 9.1 亿元（见表 4.4），亏损同比减少 1.6 亿元。从各地区的情况看，在 36 个开办地区中，27 个地区承保亏损，亏损面为 75%，亏损面同比上升 0.8 个百分点。

表 4.4　　　　　　　2015 年大病保险业务利润表

项　目	横行序号	本年累计额（万元）
一、已赚保费（=2+3-4-5）	1	2517719.38
原保险保费收入	2	2524348.86
分保费收入	3	—
分出保费	4	2602.04
提取未到期责任准备金	5	4027.44
二、保险业务支出（=7-8+9-10+11+12-13）	6	2606739.56
赔付支出	7	2140351.54
摊回赔付支出	8	2021.26
提取未决赔款准备金	9	358376.23
摊回未决赔款准备金	10	745.35

---

① 指统计期内保险公司累计发生的大病保险已决赔付人数。

续表

项　目	横行序号	本年累计额（万元）
分保费用	11	—
业务及管理费	12	111559.01
摊回分保费用	13	780.61
三、承保利润（=1-6）	14	-90760.82
四、分摊的投资收益	15	16141.53
五、经营利润（=14+15）	16	-74619.30

资料来源：原中国保险监督管理委员会。

4.2.2　各省（市、自治区）大病保险人均筹资状况

各统筹地区的大病保险文件对大病保险筹资水平都有相关规定，本部分利用中国保监会大病保险业务数据，对2014年和2015年大病保险业务的实际筹资水平进行统计分析，以和省级大病保险文件中要求的筹资水平进行对比分析。

从表4.5中可以看出，大部分省份的实际筹资标准和文件规定的相一致，一般都是以文件要求的最低标准筹集大病保险资金，只有吉林省和甘肃省2015年的实际人均筹资水平远高于文件要求的筹资水平，而山东、青海和天津的实际人均筹资和文件规定的筹资水平基本一致，如果去除统计误差因素，这些地区的大病保险基金筹资水平就是以省级文件的要求执行的。需要注意的是，这三个地区都是省级统筹，全省（市）执行统一的大病保险政策，而市级统筹地区虽然有省级文件做了统一部署，但各地区都会根据实际情况规定适合本地区的筹资水平，因此统计出来的实际人均筹资水平和省级文件有一定的出入，这也符合省级文件要求的各统筹地区结合本地情况确定大病保险的筹资水平。

同时，多数地区2015年的大病保险人均筹资水平要高于2014年，除了甘肃、吉林和辽宁增长较多之外，各地区大病保险的人均筹资水平浮动趋势都比较平稳。

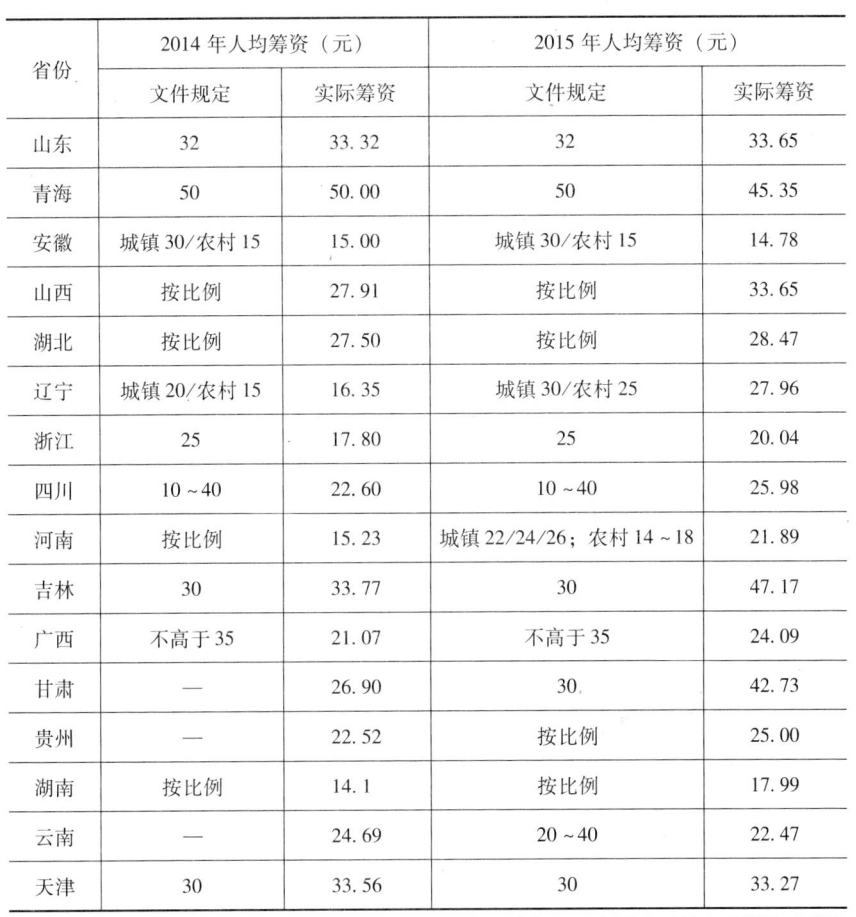

表4.5 部分省（市）大病保险实际人均筹资和文件规定筹资对比

省份	2014年人均筹资（元） 文件规定	2014年人均筹资（元） 实际筹资	2015年人均筹资（元） 文件规定	2015年人均筹资（元） 实际筹资
山东	32	33.32	32	33.65
青海	50	50.00	50	45.35
安徽	城镇30/农村15	15.00	城镇30/农村15	14.78
山西	按比例	27.91	按比例	33.65
湖北	按比例	27.50	按比例	28.47
辽宁	城镇20/农村15	16.35	城镇30/农村25	27.96
浙江	25	17.80	25	20.04
四川	10~40	22.60	10~40	25.98
河南	按比例	15.23	城镇22/24/26；农村14~18	21.89
吉林	30	33.77	30	47.17
广西	不高于35	21.07	不高于35	24.09
甘肃	—	26.90	30	42.73
贵州	—	22.52	按比例	25.00
湖南	按比例	14.1	按比例	17.99
云南	—	24.69	20~40	22.47
天津	30	33.56	30	33.27

注：本表所列示省份和附录A中的表A1相一致，删除2014年没有开展大病保险或者没有进行大病补偿的北京、上海和海南省。

4.2.3 大病保险基金收支状况

考虑到基本医疗保险基金的风险，各地区对于大病保险基金的筹资标准一般从较低水平开始，保障范围也多限制在基本医保"三个目录"之内，保障水平大多按照2015年国办《意见》规定为"大病保险报销比例不低于50%"，以控制大病保险的基金风险。那么大病保险试点期间基金的具体运行情况究竟如何，本书使用原保监会大病保险数据进行一些描述性统计，从整体上观察我国大病保险基金的运行状况。①

4.2.3.1 分省（市、自治区）大病保险基金状况②

2014年，保险公司实现大病保险原保险保费收入154.2亿元，人均保费22元，赔付支出111亿元，人均赔付5651.2元。得益于大病保险覆盖人群的增加，2015年保险公司大病保险保费收入达到了252.4亿元，人均保费为28.2元，比2014年有所提升，赔付支出214亿元，人均赔付支出5284.8元。如果从大病保险保费收入和保费支出来看，无论是2014年还是2015年都有所结余，然而在扣除了保险公司的业务管理费等费用之后，保险公司整体上处于亏损状态，2014年亏损10.7亿元，2015年亏损9.1亿元，因此我国大病保险基金实际上已经处于收不抵支的状态，并未实现收支平衡，基金风险较大。

即使不考虑大病保险业务管理费用③，仅从2015年各地区大病保险基金收支状况来看，已经有多数地区出现了收不抵支现象。从图4.2中次坐标轴可以看出，有超过15个省（市）的基金结余在零值附近，天津、山东、湖北、广东、云南、宁夏等省（市、自治区）的大病保险基金在2015年已经处于当期赤字问题，这在一定程度上反映了我国大病保险的基金风险。需要说明的是，一些省市的大病保险并非省级统筹，如果按照统筹地区统计，大病保险的基金风险可能比按省级统计的数据更为严重。

从人均结余额度来看（见图4.3），不考虑保险公司的业务经

---

① 根据原中国保监会统计，截至2016年底，大病保险已覆盖全国10.5亿城乡居民，商业保险机构承办其中的9.7亿人，约为大病保险覆盖人群的92.4%，仍有0.8亿城乡居民的大病保险业务由当地人社部门或者卫生部门经办，本部分数据为商业保险公司经办的大病保险业务。

② 本部分数据是以保监局为单位进行统计，部分副省级城市（例如宁波、青岛等）单独设有保监局，单独进行统计。由于天津市和重庆市数据存在问题，在分省（市）统计分析时剔除这两个直辖市的数据。

③ 根据2014年度全国基本医疗保险评估报告，商业保险公司经办大病保险的经办费用占大病保险资金的10%左右。

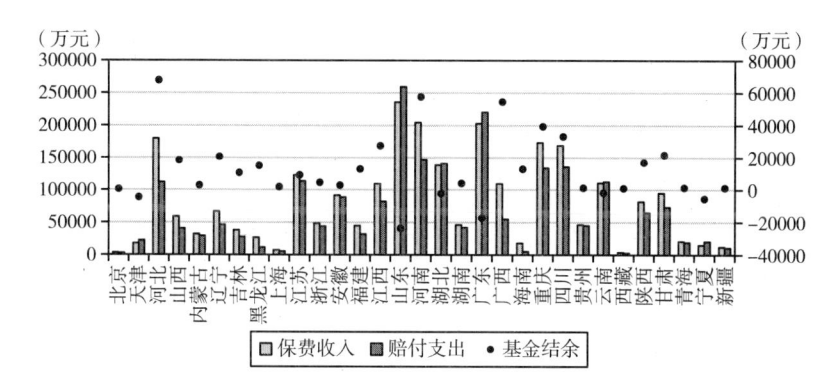

图 4.2　2015 年各省（市、自治区）大病保险基金收支及当期结余状况

资料来源：原中国保险监督管理委员会。

办等费用，2015 年大病保险基金人均结余 4.3 元。按照区域划分，东部地区人均结余 1.8 元，中部地区人均结余 3.7 元，西部地区人均结余 6 元，东北地区人均结余 10.9 元。因此，经济相对发达的东部地区人均结余量最小，而我国的大病保险人均筹资水平相对均衡，这说明东部地区优质的医疗资源可能吸引了更多的大病患者就医，消耗更多的大病保险基金。对高收入人群来说，目前"普惠制"的大病保险制度可能会出现"小病大医"等过度使用医疗资源的问题，未来在完善大病保险制度设计时应有针对性的向低收入人群倾斜。

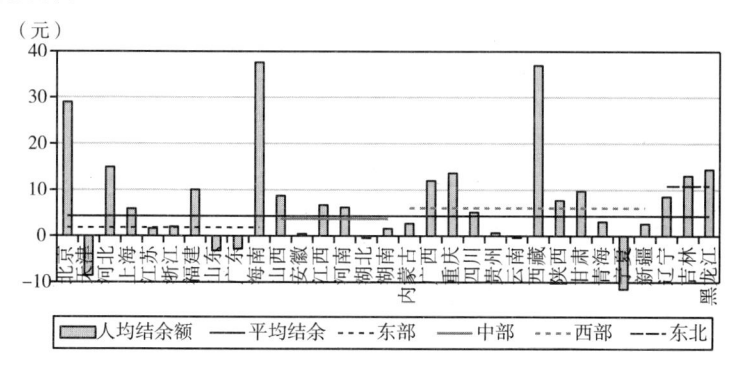

图 4.3　2015 年大病保险基金人均结余

资料来源：原中国保险监督管理委员会。

4.2.3.2 分保险公司大病保险基金收支

2015年，共有16家保险公司参与大病保险经办，分别是大地保险、光大永明、国寿股份、国元农业、和谐健康、华夏人寿、平安养老、人保股份、人保健康、太保财险、太保人寿、太平财险、太平人寿、泰康人寿、阳光人寿、中华联合，比2014年少了阳光财险。大病保险市场集中度较高，2015年排名前五位的国寿股份、人保股份、平安养老、人保健康、太保人寿，保费收入合计234.4亿元，占大病保险保费收入的93%。

在不考虑业务经办等费用的情况下，只观察大病保险保费收入和保费支出情况，从图4.4的次坐标轴可以看出，16家经营大病保险业务的商业保险公司已有4家处于当期亏损状态，分别是光大永明、太保财险、太平财险和中华联合，同时，国元农业、和谐健康等保险公司的结余在零值附近，结余较多的为经办项目较多的大型保险公司，例如国寿股份、人保股份等公司。虽然大病保险的经营原则是"收支平衡、保本微利"，但在目前统筹层次还较低的情况下，大病保险的基金风险非常大，同时经营大病保险业务较少的保险公司在长期亏损状态下可能会退出市场，这不利于大病保险的可持续发展。

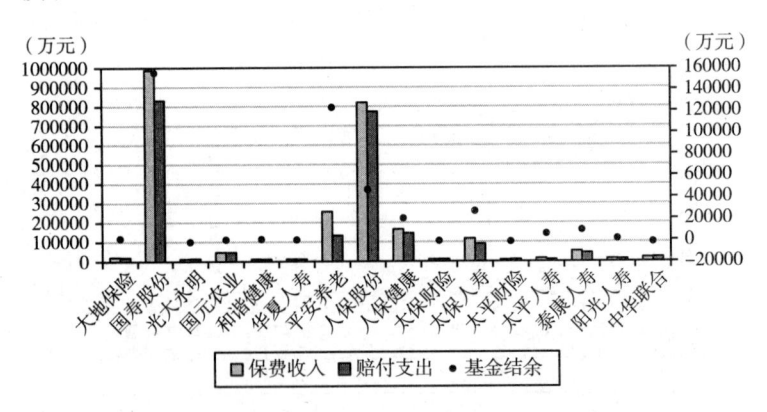

图4.4 2015年商业保险公司经办大病保险基金情况
资料来源：原中国保险监督管理委员会。

如果考虑大病保险的经办业务等费用，即观察保险公司大病保险的经营利润，只有四家保险公司没有亏损，分别是大地保险、平安养老、太保人寿和阳光人寿（见图4.5），而前文的分析只考虑了保费收入和赔付支出情况时，基金结余较多的国寿股份、人保股份、人保健康等大型保险公司，其经营利润反而亏损最多，一方面是由于这些保险公司经办项目较多，其在会计准则处理中需要提取的未到期责任准备金和未决赔款准备金较多，另一方面其业务经办管理费较高，例如，2015年国寿股份大病保险业务经办管理费达到46877.35万元，占保费收入的4.7%，占保费支出的5.6%，因此导致经办项目越多其亏损反而越大的局面。这要求各统筹地区应建立大病保险收支结余的动态调整机制，明确政策性亏损，对于非政策性原因导致的大病保险基金亏损应由商业保险机构承担，降低大病保险基金风险。

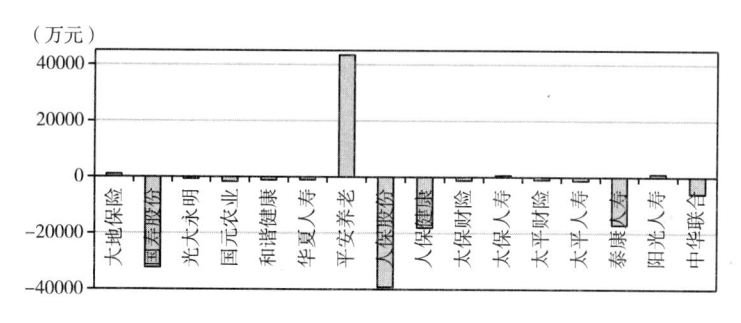

图4.5　2015年商业保险公司大病保险经营利润

资料来源：原中国保险监督管理委员会。

4.3　大病保险运行状况分析：基于调研城市数据

鉴于大病保险缺乏统筹地区的宏观统计数据，本书使用调研数据来分析大病保险目前运行概况，包括大病保险保障水平、大病保险基金收入情况与收入水平适应度、大病保险基金支出情况与医疗费用适应度、大病保险保障程度和基金平衡情况适应度。同时，建立大病保险保障效率指标对目前大病保险的保障效率进行分析。调研数据分为两部分：2014年12月至2015年1月的九省（市）大病保险运行情况调研和2015年3月至6月的六城市大病患者入户调研[①]。其中，大病保险的保障水平、大病保险基金收入与经济收入水平适应情况、大病保险基金支出与医疗费用开支适应情况分析、大病保险保障程度和基金平衡适应情况的分析使用九省（市）调研数据，大病保险保障效率分析使用六城市入户调研数据。

4.3.1 大病保险的保障水平

2015年国办《意见》指出，大病保险制度的目标是使大病患者看病就医负担有效减轻，与医疗救助等制度衔接共同发挥托底保障功能，防止发生家庭灾难性医疗支出，并要求"2015年大病保险支付比例应达到50%以上"。如果城乡居民基本医保政策范围内补偿比例达到75%，那么大病保险按照报销基本医保补偿后的合规医疗费用的50%，还需要补偿总合规费用的12.5%。根据中国保监会统计，2016年大病患者的报销比例在基本医保基础上提高了13.85个百分点，有效降低了大病患者的医疗费用负担。根据调研地区（九省市）情况，大病患者基本医保报销比例区间为23.1%~58.66%，平均为46.62%，大病保险开展使报销比例提高5.17%~30.97%，平均提升11.79%。见表4.6。

调研地区实际个人自付比例区间为27.46%~53.66%，平均在41.15%。实际个人自付费用在1万元以下的人数占总人口数的93.32%，费用占总费用的58.55%；1万~3万元的人数占总人数的5.26%，费用占总费用的23.47%。而个人自负费用在20万元以上的人数占0.081‰，费用占总费用的0.52%（见表4.7）。从调研地区个人自付费用分布可以看出，大病保险起付线设定的高低直接决定了大

[①] 九省（市）分别为吉林、山东、广东、河南、青海、重庆、甘肃、安徽和浙江，由于部分地区数据不完整，分析时剔除；六城市分别为北京、南昌、成都、杭州、厦门和武汉。六城市56户家庭入户调查基本情况详见附录B。

第4章 大病保险制度的建立与运行概况

表4.6 调研地区大病保险保障水平

地区	总医疗费用（万元）	基本医保报销 费用（万元）	基本医保报销 比例（%）	大病保险报销 费用（万元）	大病保险报销 比例（%）	个人支付 费用（万元）	个人支付 比例（%）	起付线比 人均收入
长春城居	42856.77	13164.91	30.72	9565.93	22.32	20124.93	46.96	低
吉林新农合	268308.13	129375.79	48.22	30802.41	11.48	108129.9	40.3	低
山东泰安	71765	39707	55.33	7284	10.15	24773	34.52	低
山东德州	50228.4	27238.04	54.23	6821.72	13.58	16168.63	32.19	低
广东清远	66997.85	27117.89	40.48	10116.55	15.1	29763.41	44.42	低
广东珠海	6117	2670	43.65	843	13.78	2604	42.57	高
河南郑州	66925.41	26062.25	38.94	4951.46	7.4	35911.7	53.66	低
河南洛阳	9116	4348.7	47.7	916.9	10.06	3850.4	42.24	低
青海	7233.4	3762	52.01	1298.88	17.96	2733.7	37.79	高
合肥新农合	63673	31472.4	49.43	5088.7	7.99	27120.6	42.59	低
合肥城居	19806.6	9085.7	45.87	1024.45	5.17	6129.6	30.95	高
甘肃陇西新农合	5852.2	2730.11	46.65	1050.77	17.96	2072.19	35.41	低
甘肃陇西城居	462.5	271.3	58.66	64.2	13.88	127	27.46	高
浙江富阳	1344.5	310.59	23.1	416.44	30.97	617.51	45.93	低
平均（%）			46.62		11.79		41.15	低

病保险的受益人群规模，起付线设定越低，大病保险的报销规模越大。调研地区大病保险起付线大部分低于当地城镇居民人均可支配收入或农民人均纯收入（见表 4.7），一定程度上扩大了大病保障的受益人群。

表 4.7　　　　　分段个人自付人数比例和医疗费用比例

按照个人自付费用分段	人数占比（%）	医疗总费用占比（%）
0～1 万元	93.32	58.55
1 万～3 万元	5.26	23.47
3 万～5 万元	0.94	9.10
5 万～10 万元	0.41	6.43
10 万～20 万元	0.06	1.92
20 万元以上	0.0081	0.52

4.3.2　大病保险保障效率分析

为考察大病保险的实施效果，2015 年 3 月至 6 月，对北京、南昌、成都、厦门、杭州和武汉六个城市进行大病保险入户调查，共调查了 56 户（北京 9 户、南昌 10 户、成都 11 户、厦门 9 户、杭州 9 户、武汉 8 户）大病患者家庭情况，共 211 人，具体包括大病患者及其家庭成员的个人基本信息、患病及诊治费用情况、各项医疗保险参保及保障情况以及家庭年度收入和支出等经济情况。详细调研数据见附录 B。

4.3.2.1　保障效率指标设定

大病保险的根本目的是降低参保者发生灾难性医疗支出的概率，低收入人群发生灾难性医疗支出的概率更高，大病保险更应关注低收入人群发生灾难性医疗支出概率的降低程度。因此，设计三级指标衡量大病保险的保障效率：

1. 一级指标

一级指标为大病保险对参保患者发生总医疗费用实际报销比例的

提高程度。一级指标计算公式较为简单:

$$实际报销比例提高程度 = \frac{大病保险补偿金额}{总医疗费用} \quad (4.1)$$

2. 二级指标

二级指标为大病保险对参保者发生灾难性医疗支出概率的降低程度。由于灾难性医疗支出尚无统一标准的界定,本书使用两种方法来衡量灾难性医疗支出,分别为:

$$灾难性医疗支出1 = \begin{cases} 1, \dfrac{家庭自负医疗费用金额}{家庭总收入} \geq 40\% \\ 0, \dfrac{家庭自负医疗费用金额}{家庭总收入} < 40\% \end{cases} \quad (4.2)$$

$$灾难性医疗支出2 = \begin{cases} 1, 个人自负医疗费用金额 \geq 当地人均收入① \\ 0, 个人自负医疗费用金额 < 当地人均收入 \end{cases}$$
$$(4.3)$$

则二级指标计算公式为:

$$\begin{array}{c}灾难性医疗支出的\\概率的降低程度\end{array} = \frac{大病保险报销前灾难性医疗支出发生数 - 大病保险报销后灾难性医疗支出发生数}{总数(标准1为家庭数,标准2为个人数)}$$
$$(4.4)$$

3. 三级指标

三级指标为大病保险对低收入参保者发生灾难性医疗支出概率的降低程度。三级指标考察的是大病保险对不同收入层级、特别是较低收入家庭发生灾难性医疗支出概率的降低程度,本书需要将所有家庭按照人均收入进行五等分,再根据二级指标计算方式分别计算即可。三级指标是分析大病保险对不同收入水平保障效率差异性的重要指标。

---

① 六城市人均收入水平分别为:北京43910元、南昌29091元、厦门39625元、成都32810元、武汉33270元、杭州44632元。

4.3.2.2 大病保险保障效率评析

第一，以大病患者实际报销比例提升程度作为一级指标。六城市调研的大病患者中，大病患者总体实际报销比例最低的为南昌的 13.73%，最高的为杭州的 94.85%，平均约为 57.42%。大病保险报销比例最低的为北京的 1%，最高的为杭州的 74.55%，平均报销 25.32%。从图 4.6 可以看出，大病保险提高了大病患者的保障水平，减轻了大病患者的医疗费用负担，尤其是对于基本医疗保险报销比例较低的患者，大病保险的保障作用更加明显。

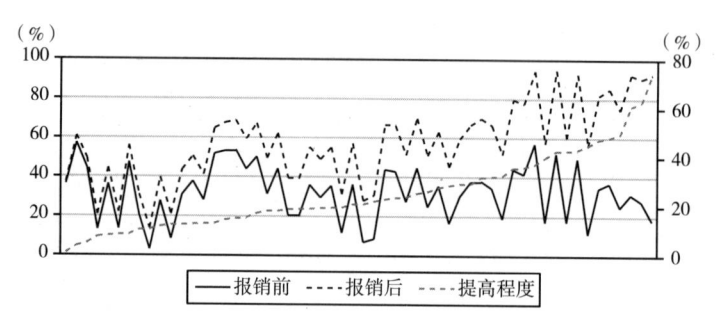

图 4.6 大病保险提升报销比例分布

第二，以大病患者灾难性医疗支出概率降低程度作为二级指标。如果按照前文的"灾难性医疗支出 1"的标准衡量，在大病保险补偿之前，发生灾难性医疗支出的家庭有 52 个，大病保险补偿之后为 46 个，大病保险使发生灾难性医疗支出的概率降低了 10.71%；如果按照前文的"灾难性医疗支出 2"的衡量标准，在大病保险补偿前，发生灾难性医疗支出家庭有 56 个，大病保险补偿之后为 53 个，大病保险使发生灾难性医疗支出的概率降低了 5.36%。然而，本书选取的样本为当地城市医疗费用最高的患者，并不能得出大病保险对全部人群发生灾难性医疗支出概率的确切降低程度，一个合理的推断是，大病保险对降低医疗费用金额较小的大病人群的灾难性医疗支出发生概率的作用更明显。

第三，以大病保险对不同收入水平患者灾难性医疗支出概率降低程度作为三级指标。结果表明，由于不同收入水平家庭的大病患者对大病医疗费用的承受能力不同,高收入人群发生灾难性医疗支出的概率原本就低,调查结果显示,在家庭年收入高于50000元的12个高收入层级大病患者家庭,大病保险报销前发生灾难性医疗支出的概率为75%,而家庭年收入不足50000元的44个中低收入层级大病患者家庭,大病保险报销前发生灾难性医疗支出的概率均为100%。大病保险"一刀切"的保障政策,导致对缓解不同收入水平参保者的医疗费用负担作用也存在明显差异,尤其是对低收入人群保障力度不足,低收入人群发生灾难性医疗支出的概率依然很高,相比之下,大病保险对降低中高收入人群灾难性医疗支出的概率的作用相对明显。调查结果显示,在家庭年收入不足22000元的22个较低收入层级大病患者家庭,大病保险报销后发生灾难性医疗支出的概率依然为100%,而家庭年收入高于22000元且不足50000元的34个中高收入层级大病患者家庭,大病保险报销后发生灾难性医疗支出的概率均有大幅下降。因此,大病保险并没有降低中低收入水平家庭灾难性医疗支出发生概率,而对降低中高收入家庭灾难性医疗支出发生率起到了一定的作用。如表4.8所示。

表4.8　　不同收入水平灾难性医疗支出发生率(按收入五等分)　　单位:%

收入水平	灾难性医疗支出1 报销前	报销后	降低程度	灾难性医疗支出2 报销前	报销后	降低程度
低收入(13000元以下,共11人)	100	100	0	100	100	0
中低收入(13000~22000元,共11人)	100	100	0	100	100	0
中收入(22000~32000元,共11人)	100	81.82	18.18	100	81.82	18.18
中高收入(32000~50000元,共11人)	100	63.64	36.36	100	90.91	9.09
高收入(50000元以上,共12人)	75	75	0	100	100	0

从大病保险保障效率的三个指标中可以看出,虽然大病保险从整体上提高了参保者的保障水平,但却出现了"低收入人群用不上,高收入人群不够用"的效率扭曲。为此,大病保险报销机制需要精细化

管理。经统计，将56户大病患者家庭按年度收入五等分，为使低收入家庭在大病保险报销后发生灾难性医疗支出概率与高收入家庭持平，仅需大病保险基金在原有支付额度基础上额外支付217866元，而大病保险对并未发生灾难性医疗支出高收入家庭支付就高达291587元，这部分基金对降低低收入家庭发生灾难性医疗支出概率绰绰有余。也就是说，对大病保险的报销机制进行精细化管理，将基金支付给真正发生灾难性医疗支出的家庭，特别是低收入家庭，能够实现大病保险保障效率的大幅提升。

4.3.3 大病保险基金收入与经济收入水平适应情况分析

调研地区（九省市）大病保险参保、收支情况及经济发展和医疗费用情况，详见表4.9。

表4.9 调研地区（九省市）大病保险运营情况及经济发展和医疗费用情况

统筹地区	参保人数（人）	大病基金收入（万元）	大病基金支出（万元）	人均可支配收入（元）	总医疗费用（万元）
吉林长春城居	1654491	9926.95	9565.93	25000	100041.57
吉林新农合	13442756	67213.78	30802.41	9000	796320.51
山东泰安新农合	3673242	5509.86	5761.00	10200	233837.49
山东泰安城居	1025686	1387.35	1523.00	26000	52432.72
山东德州新农合	4341610	6512.42	6821.72	10000	251084.00
广东清远	3491921	6116.45	10116.55	20000	196549.91
广东珠海	440813	874.60	843.00	33000	33094.07
河南郑州新农合	4330000	9038.12	4591.46	13000	177841.94
河南洛阳城居	930452	2115.96	916.90	23000	34524.99
安徽合肥城居	1308786	3926.36	1024.45	28082	79852.60
安徽合肥新农合	4214550	12643.65	5088.70	10352	237738.18
甘肃陇西城居	33312	99.94	64.20	14000	7084.30
甘肃陇西新农合	372365	1117.10	1050.77	4000	17735.51
浙江杭州富阳	446339	1115.85	416.44	32739	79531.10

注：各统筹地区大病保险基金收入根据当地大病保险筹资政策估算得出。

大病保险筹资应与地区经济发展水平相适应，在其他因素不变的情况下，经济发展水平越高，大病保险筹资能力越强，大病保险基金收入越高。为此，本书将各地大病保险人均筹资额（用 fund 表示）作为因变量、以人均收入（用 income 表示，城镇居民大病保险为城镇居民可支配收入，新农合大病保险为农村居民纯收入，城乡统筹地区为两者加权平均）为自变量建立以下一元线性回归模型：

$$fund_i = \alpha_0 + \alpha_1 income_i + u_i \quad (4.5)$$

其中，α_1 为大病保险筹资的边际收入系数，即人均收入每增加 1 元，当地的大病保险人均筹资额平均增加 α_1 元。在已知某地区人均收入 $income_i$ 的情况下，就可以估计出当地大病保险人均筹资额的期望数值 $E(fund)_i$ 及其置信区间（95%可能性），即：

$$E(fund)_i = \alpha_0 + \alpha_1 income_i \quad (4.6)$$

$$\widehat{fund_i} \in [E(fund)_i - 1.96 S_i, E(fund)_i + 1.96 S_i]^{①} \quad (4.7)$$

如果当地实际大病保险筹资额 $fund_i$ 在置信区间内，则表明大病保险基金收入与地区经济收入水平相适应；如果当地实际大病保险筹资额 $fund_i$ 不在置信区间内，则表明大病保险基金收入与地区经济收入水平不相适应；其中，如果 $fund_i < E(fund)_i - 1.96 S_i$，则表明大病保险基金收入水平低于当地经济收入水平；如果 $fund_i > E(fund)_i + 1.96 S_i$，则表明大病保险基金收入水平高于当地经济收入水平。

选用吉林省等 14 个统筹地区调研数据进行分析，结果见表 4.10。

---

① 本式来自"总体均值置信区间"计算公式。若总体服从正态分布，则 $\bar{x} \sim N(\mu, \frac{\delta^2}{n})$，$\bar{x}$ 标准化，统计量 $U = \frac{\bar{x} - \mu}{\delta/\sqrt{n}} \sim N(0, 1)$，给定置信度 $1 - \alpha$（本文选取的置信度为 95%），计算可得 μ 的置信区间计算公式为：$[\bar{x} - u_{1-\alpha/2} \frac{\delta}{\sqrt{n}}, \bar{x} + u_{1-\alpha/2} \frac{\delta}{\sqrt{n}}]$，其中，$u_{1-\alpha/2}$ 表示统计量 U 的上置信限，该值可以从"标准正态分布函数表"中查到，本文选取 95% 的置信区间，查表可得为 1.96；S_i 代表 $\frac{\delta}{\sqrt{n}}$，式（4.10）和式（4.13）原理相同。

表 4.10　　各地大病保险筹资水平与经济收入水平适应情况

统筹地区	大病保险实际人均筹资额（元）	大病保险人均筹资额置信区间	评估结果
吉林长春城居	60.00	[17.75，27.44]	偏高
吉林新农合	50.00	[16.75，31.23]	偏高
山东泰安新农合	15.00	[19.54，39.67]	偏低
山东泰安城居	13.53	[17.26，39.36]	偏低
山东德州新农合	15.00	[19.54，39.80]	偏低
广东清远	17.52	[18.85，36.64]	偏低
广东珠海	19.84	[9.83，46.35]	适应
河南郑州新农合	20.87	[18.64，37.80]	适应
河南洛阳城居	22.74	[17.10，37.22]	适应
安徽合肥城居	30.00	[12.43，39.08]	适应
安徽合肥新农合	30.00	[16.26，38.49]	适应
甘肃陇西城居	30.00	[17.81，36.56]	适应
甘肃陇西新农合	30.00	[10.45，44.72]	适应
浙江杭州富阳	25.00	[7.73，45.03]	适应

注：以上结果根据 EVIEWS7.0 计算结果得出。

本书发现，在 14 个统筹地区中，与当地经济水平相适应的有 8 个，占总体的 57.14%，低于当地经济水平的有 4 个，占总体的 28.57%，而高于当地经济水平的有 2 个，占总体的 14.29%。这一结果表明，假设其他统筹地区大病筹资水平和当地经济水平相适应，某一地区大病筹资水平与其经济水平相适应的概率为 57.14%，筹资水平低于经济收入水平的概率为 28.57%，而筹资水平高于经济收入水平的概率为 14.29%。

4.3.4　大病保险基金支出与医疗费用开支适应情况分析

大病保险基金支出也应与地区医疗费用水平相适应，其他因素不变的情况下，医疗费用水平越高，大病保险基金支出越高。为此，本书将各地大病保险人均支出额（用 cost 表示）作为因变量、以人均医疗费用支出（用 expense 表示）建立以下一元线性回归模型：

$$cost_i = \beta_0 + \beta_1 expense_i + \upsilon_i \quad (4.8)$$

其中，β_1 为大病保险基金支出的边际费用系数，即人均医疗费用每增加1元，当地的大病保险人均支出增加 β_1 元。在已知某地区人均医疗费用 $expense_i$ 的情况下，就可以估计出当地大病保险人均支出额的期望数值 $E(cost)_i$ 及其置信区间（95%可能性），即：

$$E(cost)_i = \beta_0 + \beta_1 expense_i \quad (4.9)$$

$$\widehat{cost}_i \in [E(cost)_i - 1.96 S_i, E(cost)_i + 1.96 S_i] \quad (4.10)$$

如果当地实际大病保险支出额 $cost_i$ 在置信区间内，则表明大病保险基金支出与地区医疗费用水平相适应；如果当地实际大病保险支出额 $cost_i$ 不在置信区间内，则表明大病保险基金支出与地区医疗费用水平不相适应；其中，如果 $cost_i < E(cost)_i - 1.96 S_i$，则表明大病保险基金支出水平低于当地医疗费用水平；如果 $cost_i > E(cost)_i - 1.96 S_i$，则表明大病保险基金支出水平高于当地医疗费用水平。

依然选用吉林省等14个统筹地区调研数据进行分析，结果见表4.11。

表4.11　各地大病保险支出水平与医疗费用水平适应情况

统筹地区	大病保险实际人均支出额（元）	大病保险人均支出额置信区间	评估结果
吉林长春城居	57.82	[11.79, 21.47]	偏高
吉林新农合	22.91	[10.18, 29.04]	适应
山东泰安新农合	15.68	[10.96, 29.22]	适应
山东泰安城居	14.85	[10.61, 30.57]	适应
山东德州新农合	15.71	[10.76, 29.79]	适应
广东清远	28.97	[9.71, 28.57]	偏高
广东珠海	19.12	[10.95, 28.02]	适应

续表

统筹地区	大病保险实际人均支出额（元）	大病保险人均支出额置信区间	评估结果
河南郑州新农合	10.60	[10.93, 32.05]	偏低
河南洛阳城居	9.85	[10.99, 32.60]	偏低
安徽合肥城居	7.83	[11.82, 29.84]	偏低
安徽合肥新农合	12.07	[11.14, 30.15]	适应
甘肃陇西城居	19.27	[1.60, 22.98]	适应
甘肃陇西新农合	28.22	[9.26, 29.42]	适应
浙江杭州富阳	9.33	[15.06, 27.23]	偏低

注：以上结果根据 EVIEWS7.0 计算结果得出。

本书发现，在 14 个统筹地区中，与当地医疗费用相适应的有 8 个，占总体的 57.14%，低于当地医疗费用水平的有 4 个，占总体的 28.57%，而高于当地医疗费用水平的有 2 个，占总体的 14.29%。这一结果表明，假设其他统筹地区大病支出水平和当地医疗费用水平相适应，某一地区大病保险支出水平与其医疗费用水平相适应的概率为 57.14%，支出水平低于医疗费用水平的概率为 28.57%，而支出水平高于医疗费用水平的概率为 14.29%。

4.3.5 大病保险保障程度和基金平衡适应情况分析

大病保险基金平衡情况与大病保险保障程度高度相关，其他因素不变的情况下，大病保险保障程度越高，大病保险基金平衡风险越大。为此，本书将各地大病保险人均结余额（用 benefit 表示）作为因变量、以大病保险平均实际报销比例（用 ratio 表示）建立如下一元线性回归模型：

$$benefit_i = \gamma_0 + \gamma_1 ratio_i + \mu_i \tag{4.11}$$

其中，γ_1 为大病保险基金结余的边际报销系数，即平均报销比例每增加 1 个百分点，当地的大病保险基金结余减少 γ_1 元。在已知某地区平均报销比例 $ratio_i$ 的情况下，就可以估计出当地大病保险人均结余额的期望数值$E(benefit)_i$及其置信区间（95%可能性），即：

$$E(benefit)_i = \gamma_0 + \gamma_1 ratio_i \qquad (4.12)$$

$$\widehat{benefit}_i \in [E(benefit)_i - 1.96 S_i, E(benefit)_i + 1.96 S_i] \qquad (4.13)$$

如果当地实际大病保险结余额$benefit_i$在置信区间内，则表明大病保险基金结余与大病保险保障水平相适应；如果当地实际大病保险结余额$benefit_i$在置信区间内，则表明大病保险基金结余与大病保险保障水平不相适应；其中，如果$benefit_i < E(benefit)_i - 1.96 S_i$，则表明大病保险基金结余水平低于大病保险保障水平，基金风险较大；如果$benefit_i > E(benefit)_i - 1.96 S_i$，则表明大病保险基金结余水平高于大病保险保障水平，基金风险较小。

依然选用吉林省等14个统筹地区调研数据进行分析，结果见表4.12。

表 4.12　各地大病保险基金平衡与大病保险保障水平适应情况

统筹地区	大病保险实际人均结余额（元）	大病保险人均结余额置信区间	评估结果
吉林长春城居	2.18	[-42.96, 14.53]	适应
吉林新农合	27.09	[-0.91, 10.48]	偏高
山东泰安新农合	-0.68	[3.83, 15.96]	偏低
山东泰安城居	-1.32	[2.84, 15.17]	偏低
山东德州新农合	-0.71	[3.22, 15.48]	偏低
广东清远	-11.46	[0.42, 12.33]	偏低
广东珠海	0.72	[3.42, 15.77]	偏低
河南郑州新农合	10.27	[2.28, 15.16]	适应
河南洛阳城居	12.89	[1.97, 14.75]	适应
安徽合肥城居	22.17	[3.31, 15.96]	偏高
安徽合肥新农合	17.93	[2.50, 15.18]	偏高
甘肃陇西城居	10.73	[4.21, 19.95]	适应
甘肃陇西新农合	1.78	[-7.48, 13.44]	适应
浙江杭州富阳	15.67	[3.47, 20.37]	适应

注：以上结果根据EVIEWS7.0计算结果得出。

本书发现，在14个统筹地区中，与大病保险保障水平相适应的有6个，占总体的42.86%，低于大病保障水平的有5个，占总体的35.71%，而高于大病保障水平的有3个，占总体的21.43%。这一结果表明，假设其他统筹地区大病保险基金平衡风险和当地大病保险保障水平相适应，某一地区大病保险基金平衡风险与其大病保障水平相适应的概率为42.86%，大病保险基金平衡风险低于其大病保障水平的概率为35.71%，而大病保险基金平衡风险高于其大病保障水平的概率为21.43%。

第 5 章

大病保险基金风险：合规医疗费用界定

    目前我国大病保险的保障水平仍然不高，其中一个重要原因是大病患者使用的目录外药品较多，而多数地区将大病保险合规医疗费用限定在基本医疗保险目录之内，弱化了大病保险的保障功能。随着我国基本医疗保险目录的调整[①]和重特大疾病医疗保障机制的完善，大病保险合规医疗费用必将有所扩展。首先，本章对各地区大病保险合规医疗费用的界定进行梳理总结，发现多数地区将大病保险的合规医疗费用限定在基本医保目录之内，这虽然有利于保障大病保险基金安全，但却降低了大病保险的保障功效。其次，设计不同的扩展合规医疗费用的方案，对大病保险筹资和基金需求进行测算，测算结果表明完全放开合规医疗费用对大病保险基金冲击较大。接下来，以肿瘤靶向药为代表测算了部分放开合规医疗费用的基金需求，结果表明，将肿瘤靶向药纳入合规医疗费用范围对大病保险基金冲击较小，未来大病保险扩展合规医疗费用范围时，可以考虑将以肿瘤靶向药物为代表的对重特大疾病患者来说必要且有效的药品纳入医保支付范围，在提高大病患者保障水平的同时确保大病保险基金安全。

---

    ① 2017 年 2 月 23 日，人力资源和社会保障部发布《关于印发〈国家基本医疗保险、工伤保险和生育保险药品目录（2017 年版）〉的通知》（2017），共收纳药品 2535 个，较 2009 年版增加 339 个，其中化药 1297 个，增加 133 个；中药 1238 个，增加 206 个。

5.1 各地合规医疗费用的界定

5.1.1 合规医疗费用的含义

为了区别于我国基本医保的报销范围，即"三个目录"（基本药品目录、基本诊疗项目目录、基本医疗服务设施目录），大病保险提出了"合规医疗费用"的概念，根据2012年六部委《指导意见》，大病保险是"对城镇居民医保、新农合补偿后需个人负担的合规医疗费用给予保障"，"合规医疗费用，是指实际发生的、合理的医疗费用"。

大病保险把"合规医疗费用"作为保障范围，是因为大病患者使用的多数药品、诊疗项目会超出基本医保的范围，如果还把大病保险的保障范围限定在"三个目录"之内，将弱化大病保险的保障效果。根据中国医疗保险研究会《药品医疗器械诊疗项目利用情况调查报告2014》数据显示，2013年全国参保住院患者目录外药品费用占比为26.8%，目录外药品品种占比为67.2%。以大病代表的肿瘤为例，2013年参保居民住院费用的基金支付比例只有51.23%，参保居民需要支付一半的医疗费用，大病患者的医疗费用负担仍然很重，如果能够将更多的药品、医疗器械和诊疗项目纳入大病保险保障，将会有效提升大病保险的补偿比例，减轻大病患者的医疗费用负担。

5.1.2 各地区合规医疗费用界定

《指导意见》中没有对合规医疗费用明确界定，"具体由地方政府确定"。因此，各地区对大病保险合规医疗费用的界定具有一定差异，一些地区在基本医保目录的基础上有所扩展，多数地区仍将大病保险的合规医疗费限定在基本医保"三个目录"之内。根据统计的32个省（市、自治区，包括新疆建设兵团）大病保险省级文件，将合规医疗费用的界定通过两种划分方式进行分类：一种是从"是否突破基本医保目录"的角度，分为"基本医保目录之内"和"突破基本医保目录"两类；另一种是从"是否是负面清单"的角度，分为"正面清单""负面清单"和"正面负面清单相结合"三类。详见附录 C 中表 C1。

5.1.2.1 是否突破基本医保目录

考虑到基本医保基金风险，多数省份的大病保险合规医疗费用都明确限定在基本医保目录之内，包括北京、天津、内蒙古等 22 个省（市、自治区）都将大病保险支付范围限定在基本医保"三个目录"之内。

虽然 22 个省份要求大病保险报销范围以基本医保目录为准，但包括内蒙古、浙江、福建、新疆等省份和自治区的省级大病保险文件还明确了可以通过谈判的方式将治疗必须且疗效显著的基本医保目录外高值药品纳入大病保险，这考虑到了省份不同统筹地区的情况，同时为了提升重特大疾病患者的保障水平。

大病保险的合规医疗费用界定突破基本医保目录的地区并不多，只有山西、吉林、安徽、广西、贵州、宁夏 6 个省份，而且多为采用负面清单，即规定不予报销的范围。

5.1.2.2 是否采用负面清单

2012 年六部委《指导意见》在对大病保险合规医疗费用界定时，指出"合规医疗费用，指实际发生的、合理的医疗费用（可规定不予支付的事项）"，这就意味着大病保险的合规医疗费用可以采用正面清单，也可采用负面清单的形式。2015 年国办《意见》对合规医疗费用的描述是：合规医疗费用的具体范围由各省（区、市）和新疆生产建设兵团结合实际分别确定。因此，无论是 2012 年还是 2015 年的大病保险文件，并没有明确合规医疗费用采用哪种形式界定。

考虑到负面清单不确定因素较多，大多数地区都是采用正面清单的形式。通常来讲，将大病保险合规医疗费用限定在基本医保"三个目录"之内的政策就是采用了正面清单形式，例如，前文提到的大病保险合规医疗费用限定在基本医保目录的22个省份。但需要指出的是，一些地区在采用正面清单将合规医疗费用限定在基本医保目录的同时，还规定了不予报销的范围，例如，前面提到的22个采取正面清单形式的省份中，江西、河南、甘肃、青海等省份就是这种做法，这些地区采取的是正面清单和负面清单相结合的界定形式。合规医疗费用界定采用负面清单形式的省份一般也是突破基本医保目录的省份，包括山西、吉林、安徽、广西、贵州、宁夏等省份。

实际上，各地在探索大病保险合规医疗费用界定中，会随着大病保险运行情况进行灵活调整。以山东对于合规医疗费用界定为例，2013年1月印发的《20类重大疾病新农合大病保险合规医疗费用（试行）》，明确规定了合规医疗费用范围。对于价格相对较高、费用不易控制、易于诱发逆向选择或有同类国产替代的药品、检查费用，将其产生费用的60%纳入新农合大病保险补偿范围，同时明确规定了大病保险不予报销的项目。因此，山东在大病保险运行初期，对合规医疗费用的界定采取的是正面清单和负面清单相结合的模式。然而，根据《山东省人民政府办公厅关于开展居民大病保险工作的意见》（2014），"大病保险合规医疗费用范围，按合并后的城镇基本医疗保险和原新农合药品目录、诊疗项目目录、服务设施目录执行"。山东在大病保险政策运行一年之后缩小了合规医疗费用范围，这可能和当地基金运行情况有关。因此，各个地方在大病保险政策运行初期，对于放开合规医疗费用应该谨慎，以确保大病保险平稳运行。

5.1.3 合规医疗费用界定合理性：六城市大病患者的分析

根据2012年六部委《指导意见》和各地区大病保险政策的要求，

医疗费用越高，大病的报销比例越高。然而，医疗费用越高的参保患者，其自费费用越高，根据前面分析，多数地区的大病保险政策对合规医疗费用的界定都限定在基本医保目录之内，导致大病患者的保障水平受到限制。为证实这一结论，本书使用中国医疗保险研究会北京、南昌、厦门、成都、南昌和武汉六城市医疗服务利用数据进行分析。

5.1.3.1 六城市大病患者保障水平基本情况

选取的样本为六城市医保基金支付的医疗费用前 100 位的大病患者。从表 5.1 可以看出，各城市基本医保和大病保险实际支付比例、政策范围内支付比例的差异较大。从基本医保实际支付比例来看，支付比例最高的地区为厦门的 46.94%，最低的为南昌的 14.94%，二者相差 32 个百分点；从大病保险实际支付比例来看，最高的为南昌的 42.32%，最低的为厦门的 14.79%，和基本医保正好相反。由于基本医保支付比例越高，大病保险支付比例越低，因此各城市间基本医保和大病保险的整体支付比例相对差距较小，最高的为杭州的 68.87%，其他各城市保持在 60% 左右。政策范围内支付比例具有相似的趋势，不再赘述。

表 5.1　六城市基本医保和大病保险平均报销比例　　单位：%

省份	实际报销比例			政策范围内报销比例		
	基本医保	大病保险	合计	基本医保	大病保险	合计
北京	43.78	16.57	60.35	53.15	23.94	77.08
南昌	14.94	42.32	57.26	20.04	60.38	80.43
厦门	46.94	14.79	61.73	62.18	30.26	92.44
成都	32.99	25.89	58.88	34.73	27.26	61.99
武汉	38.00	22.00	60.00	43.78	28.74	72.52
杭州	34.10	34.78	68.87	37.63	38.38	76.02

5.1.3.2 实证分析过程

本书分别选取六城市年度总医疗费用排名约在前 100 名的患者的医疗费用数据，以自费费用（用 *selfpay* 表示）为被解释变量，以患者总医疗费用（用 *expense* 表示）为解释变量，再以大病保险实际报销比例（医疗总费用中大病报销金额占比，用 *compensaion* 表示）为被解释变量，以患者总医疗费用（用 *expense* 表示）和自费费用（用 *selfpay* 表示）这两个变量为解释变量，建立联立方程回归模型，即：

$$selfpay_i = \alpha_0 + \alpha_1 expense + u_{1i} \tag{5.1}$$

$$compensaion_i = \beta_0 + \beta_1 expense + \beta_2 selfpay + u_i \tag{5.2}$$

如果 $\alpha_1 > 0$，表明医疗费用越高，自费费用越高；$\beta_1 > 0$，表明医疗费用越高，大病保险的保障程度越高；$\beta_2 < 0$，表明自费比例越高，大病保险的保障程度越低。而如果以上三个假设同时成立，则可以证明目前大病保险对合规费用的界定较窄，降低了大病保险对高额医疗费用患者的保障程度。

回归结果见表 5.2。

从联立方程回归结果来看，各方程解释变量系数符号及其显著性均符合预期，证实了"目前大病保险对合规费用的界定较窄，降低了大病保险对高额医疗费用患者的保障程度"的论断。

总之，大多数地区对于大病保险合规医疗费用的界定都限定在基本医保"三个目录"之内，即使采用"负面清单"形式突破基本医保目录，对大病保险不予支付的项目也较为苛刻，例如，宁夏大病保险不予报销的项目的条例就包括了 19 条，这虽然有利于大病保险基金运行安全，但却大大降低了大病保险的保障效果，这直接导致大病保险的保障水平并未达到预期的效果。未来在保障大病保险基金安全的基础上，如何合理拓展合规医疗费用范围，是提升大病保险保障水平，完善我国大病保险制度的工作之一。

第5章 大病保险基金风险：合规医疗费用界定

表5.2 联立方程回归结果

变量	北京 式(5.1)	北京 式(5.2)	南昌 式(5.1)	南昌 式(5.2)	厦门 式(5.1)	厦门 式(5.2)	成都 式(5.1)	成都 式(5.2)	武汉 式(5.1)	武汉 式(5.2)	杭州 式(5.1)	杭州 式(5.2)
expense	0.1483*** (2.59)	5.14e-07*** (12.80)	0.2837*** (25.70)	1.28e-05*** (3.02)	0.3175*** (12.87)	1.61e-06*** (25.19)	0.5520*** (11.13)	9.02e-07*** (10.84)	0.2327*** (5.44)	7.90e-07*** (6.72)	0.0640* (1.76)	-2.70e-06*** (-14.60)
selfpay		-7.88e-07*** (-10.40)		-5.71e-06*** (-4.41)		-2.34e-06*** (-14.72)		-1.54e-06*** (-13.63)		-1.46e-06*** (-6.00)		8.84e-07*** (13.12)
_cons	11695.38 (0.43)	-0.0027 (-0.15)	-2394.238*** (-4.21)	0.6780*** (25.83)	9099.3170 (1.39)	-0.0280*** (-2.69)	-84759.88*** (-4.72)	0.1087*** (4.91)	-8189.407 (-0.86)	0.1125*** (4.86)	14731.1 (1.08)	0.1480*** (5.92)
N	81	81	102	102	100	100	99	99	100	100	99	99
F	6.71	107.20	660.65	14.23	165.58	354.34	123.83	93.34	29.60	27.59	3.09	164.10
R-sq	0.0783	0.7332	0.8685	0.2233	0.6282	0.8796	0.5607	0.6604	0.2320	0.3626	0.0309	0.7737

107

5.2 合规医疗费用界定对基金影响测算

目前，基本医疗保险的保障范围限定在"三个目录"范围内，大病保险虽然提出了"合规医疗费用"的概念，但根据各地区实践情况来看，多数地区仍然把合规医疗费用规定为基本医保的"三个目录"。然而，大病患者的医疗费用负担较重，其中一个重要原因是使用目录外药品较多，如果仍将大病保险的报销范围限定在三个目录之内，必将弱化大病保险的保障功能。因此，合规医疗费用的界定以及完善大病保险的保障范围对于降低大病患者医疗费用负担有重要意义，但同时需要谨防合规医疗费用的扩展对医疗保险基金的冲击，保障医疗保障制度的可持续发展。本节使用调研地区（九省市）数据，设计不同的合规医疗费用界定方案，以分析扩展合规医疗费用所需要的筹资水平以及对大病保险基金的影响，为下一步适度扩展合规医疗费用提供参考。

5.2.1 调研地区基本情况

5.2.1.1 大病发生率

根据2012年六部委《指导意见》，大病保险对城乡居民参保患者的高额医疗费用进行保障，而"高额医疗费用"以个人年度累计的合规医疗费用超过当地上一年度的收入水平作为判断标准，即大病保险的起付线为人均收入。根据调研地区（九省市）数据，从表5.3中可以看出，如果以超过城镇居民人均可支配收入或农民人均纯收入为大病保险的起付线标准，调研地区的大病发生率区间为1.1‰~12.7‰，大病发生率最低的为青海城镇居民和安徽城镇居民，大病发生率最高的为甘肃省陇西县的农村居民（甘肃省大病发生率较高的主要原因是甘肃省的农村居民收入水平较低，因此按照收入计算的大病发生率达

第5章 大病保险基金风险：合规医疗费用界定

表5.3 调研地区大病发生率

省份	地区	城乡	总参保人数	人均可支配收入/人均纯收入（万元）	大病患者人数（超收人）	大病患者发生率（%）	起付线（万元）	超起付线人数	超起付线人数比例（%）
吉林	省级统筹	新农合	13442756	0.9	82054	0.61	0.5	72792	0.54
山东	泰安	城镇居民	1654491	2.5	3191	0.19	0.96	5919	0.36
	德州	城镇居民	1025686	2.6	1364	0.16	1.1	2510	0.30
广东	清远	城镇居民	4341610	1	6199	0.14	0	28110	0.65
	珠海	城乡统筹	3491921	2	8430	0.24	1	16221	0.46
河南	郑州	城乡统筹	440813	3.3	3103	0.70	2	699	0.16
	洛阳	新农合	4330000	1.3	16309	0.38	2	9619	0.22
青海		城镇居民	930452	2.3	1098	0.12	0.6	3215	0.35
		新农合	313692	0.7	2041	0.65	0.5	2471	0.67
安徽	合肥	城镇居民	53408	1.9	57	0.11	1.6	8175	0.19
		新农合	4214550	0.7	22323	0.53	2	2104	0.16
甘肃	陇西	城镇居民	1308786	2.5	1485	0.11	0.5	2048	0.55
		新农合	372365	0.4	4720	1.27	0.5	107	0.32
浙江	富阳	城镇居民	33312	1.4	41	0.12	0	85	0.02
		城乡统筹	446339	17397	—	—	—	—	—
按收入和起付线分别计算的总大病发生率						0.4239			0.4283

109

到了 12.7‰，其他地区最高的才为 7‰），按照收入水平统计的总的大病发生率为 4.2‰，2013 年全国城乡居民医保参保人数为 10.98 亿人，假如城乡居民全部参加大病保险，推算全国约有 462 万大病患者。

观察分析各地按照大病保险实际起付线，从表 5.3 中可以看出，除郑州、合肥、陇西新农合大病保险起付线高于当地农民人均纯收入外，其余地区大病保险起付线均低于当地城镇居民人均可支配收入或农民人均纯收入，山东德州和杭州富阳甚至无起付线，因此按各地区设定的起付线标准计算的大病发生率普遍高于按收入水平计算的大病发生率，区间为 0.2‰～6.7‰，大病发生率最低的地区为浙江富阳市，大病发生率最高的地区为青海，总的大病发生率达 4.3‰，基本和按照收入水平计算的大病发生率一致，只相差了万分之一，如果按照 2013 年全国城乡居民医保参保人数为 10.98 亿人，推算全国约有 473 万大病患者。通过城乡比较发现，农村地区大病发生率明显高于城镇地区。

5.2.1.2　封顶线设置情况

从表 5.5 中可以看出，山东泰安城镇居民医保和新农合、山东德州新农合及河南郑州新农合大病保险最高支付限额为 20 万元，河南洛阳城镇居民大病保险最高支付限额为 25 万元，其他地区未设置封顶线。超过 20 万元的患者人数全年总共有 27 人，涉及的省份有吉林、广东、安徽、甘肃和浙江，其中吉林长春城居最多为 10 人，其他地区未发生当年报销费用超过 20 万元的大病患者。整体来看，居民收入水平越高、统筹层次越高的地区，大病保险封顶线越高，甚至不设封顶线，原因：一是居民医疗和健康需求随收入提高而显著提升；二是经济积累存量和发展增量为大病保险筹资提供稳定渠道；三是统一政策、集中资源有利于控制费用和分散风险。此外，随着各地大病保险相继开展，封顶线提高的趋势明显，以新农合大病保险为例（见表 5.4），尽管无封顶线地区占比有所下降，但封顶线设置为 10 万元及以上的地区占比均明显上升。

表 5.4　　2013 年和 2014 年新农合大病保险封顶线变化情况

封顶线设置	2013 年（%）	2014 年（%）
5 万元	7.45	5.91
10 万元	14.29	23.63
20 万元	21.74	28.27
40 万~100 万元	3.11	3.38
无封顶线	53.42	38.82

资料来源：原卫生部新型农村合作医疗研究中心，农村居民大病保险评估报告，2014 年。

5.2.1.3　合规医疗费用范围情况

除青海、吉林和合肥新农合合规医疗费用范围在基本医保目录基础上进行扩展外，其他地区均将合规医疗费用范围限定在基本医保报销目录范围内。这说明各地区为了保证基本医保基金和大病保险基金的安全，在扩展合规医疗费用范围时都采取了相对谨慎的做法。调研地区合规医疗费用占总医疗费用的比例区间为 54.60%~95.86%，平均水平为 79.85%，其余费用没有纳入合规医疗费用范围，全部由个人自付。经济发展水平最低的甘肃陇西，合规医疗费用比例反而最高，除了政策原因使当地医疗机构对于合规比例加以控制之外，最重要的原因是当地居民较低的收入水平使其没有经济能力使用基本医保目录之外的药品及医疗服务，而高收入人群没有收入限制，即使不予报销也可以使用较多的目录外费用，这反映了不同收入水平人群之间存在的医疗资源利用不均的问题，下一步应对低收入人群给予一定的政策倾斜，提高医疗资源利用的公平性。见表 5.5。

表 5.5　　调研地区大病保险封顶线和合规医疗费用情况

地区	总医疗费用（万元）	合规医疗费用	比例（%）	合规医疗费用界定是否突破目录	是否设置封顶线
长春城居	42856.77	32926.87	76.83	是	否
吉林新农合	268308.13	227831.57	84.91	是	否
山东泰安	71765	63036	87.84	否	20 万元

续表

地区	总医疗费用（万元）	合规医疗费用	比例（%）	合规医疗费用界定是否突破目录	是否设置封顶线
山东德州	50228.4	42406.76	84.43	否	20万元
广东清远	66997.85	58155.62	86.8	否	否
广东珠海	6117	5514	90.14	—	—
河南郑州	66925.41	42782.51	63.93	否	20万元
河南洛阳	9116	7251.9	79.55	否	25万元
青海	7233.4	3949.6	54.6	是	否
合肥新农合	63673	36175	56.81	是	否
合肥城居	19806.6	16239.7	81.99	否	否
甘肃陇西新农合	5852.2	5610.12	95.86	否	否
甘肃陇西城居	462.5	442	95.57	否	否
浙江富阳	1344.5	—	88.67	否	否
平均（%）	—	—	79.85	—	—

5.2.2 合规医疗费用界定对基金风险的影响测算

根据2012年六部委《指导意见》规定，"以力争避免城乡居民发生家庭灾难性医疗支出为目标，合理确定大病保险补偿政策，实际支付比例不低于50%"，即大病保险在基本医保补偿基础上对个人负担费用应至少报销50%。结合目前城乡居民基本医疗保险的保障水平（50%左右），城乡居民大病保险对个人总医疗费用实际报销比例应高于25%。而从各地实践来看，虽然大病保险规定的报销比例均为50%以上，但受到起付线、合规医疗费用与封顶线的设置限制，大病保险对个人负担费用的报销比例远低于50%，大病保险对个人总医疗费用实际报销比例目前仅为13%左右。2016年，随着我国基本药品目录新一轮药品目录调整，大病保险合规医疗费用范围也将有所拓展，本部分依然使用调研地区（九省市）的医疗费用数据，考虑放开合规医疗费用，并设计不同的扩展方案，测算筹资水平及对大病保险基金的影响,分析合规医疗费用界定带来的大病保险基金风险。

5.2.2.1 测算方法

测算的步骤如下:第一,计算出各调研地区大病患者总医疗费用扣除基本医保之后个人承担的医疗费用;第二,个人承担的医疗费用乘上不同方案的合规比例。根据调研地区平均合规比例约为80%,本书设计了三个合规医疗费用比例,分别为实际合规比、90%合规比和100%合规比;第三,在第二步基础上,再乘上不同方案的报销比例,最后除以参保人数,即可计算出不同方案下大病保险的筹资水平。假设大病保险对合规医疗费用的报销比例分别为50%和80%,50%为《指导意见》中提出的大病保险保障目标,实际上由于起付线等因素目前各地区并未达到该比例,同时测算了如果提高大病保险保障水平达到80%的基金情况。

用公式表示测算过程:

方案一:新增筹资=(大病患者总医疗费用-基本医保报销费用)×现有合规医疗费用比例×报销比例(50%和80%)

方案二:新增筹资=(大病患者总医疗费用-基本医保报销费用)×90%合规目录×报销比例(50%和80%)

方案三:新增筹资=(大病患者总医疗费用-基本医保报销费用)×100%合规目录×报销比例(50%和80%)

5.2.2.2 测算结果

方案一:按照实际合规医疗费用范围,将大病保险对个人自负费用部分分别报销50%和80%,则人均筹资分别为30.58元、48.93元(见表5.6)。按全国城乡居民大病保险参保人数10.5亿人计算,全国大病保险筹资总额约为321.09亿元、513.77亿元。按2013年大病保险人均筹资为20.5元左右的标准,则需新增筹资分别为10.08元和28.43元。实际上,2015年大病保险人均筹资水平已经达到28元左右,这保证了大病保险在提高保障效果的同时维持可持续运行。

方案二：按实际医疗费用的90%界定合规医疗费用范围，将大病保险对个人自负费用部分分别报销50%、80%，则人均筹资分别为34.76元、55.61元（见表5.6）。按全国城乡居民大病保险参保人数10.5亿人计算，全国大病保险筹资总额约为364.98亿元、583.91亿元。按2013年大病保险人均筹资为20.5元左右的标准，需新增筹资分别为14.26元、35.11元。

方案三：假设完全放开合规医疗费用，将全部医疗费用纳入大病保险保障范围，对大病患者基本医保报销后的个人自负医疗费用的实际报销比例分别为50%和80%，测算出来统筹地区大病保险人均筹资分别为38.62元、61.79元（见表5.6）。按全国城乡居民大病保险参保人数10.5亿人计算，全国大病保险筹资总额约为406.98亿元、648.8亿元。按2013年大病保险人均筹资为20.5元左右的标准，需新增筹资为18.12元、41.29元。

表5.6　　　　　　　不同方案下扩展合规医疗费用筹资测算

地区	方案一		方案二		方案三	
	现有合规目录50%报销	现有合规目录80%报销	90%合规50%报销	90%合规80%报销	100%合规50%报销	100%合规80%报销
吉林长春城居	68.94	110.30	80.76	129.21	89.73	143.57
吉林新农合	43.88	70.20	46.51	74.41	51.68	82.68
山东泰安新农合	24.55	39.28	24.61	39.38	27.35	43.76
山东泰安城居	49.36	78.97	52.50	84.00	58.34	93.34
山东德州新农合	22.35	35.77	23.83	38.13	26.48	42.36
广东清远	49.57	79.31	51.39	82.23	57.10	91.37
广东珠海	35.24	56.39	35.19	56.30	39.10	62.56
河南郑州新农合	30.17	48.27	42.47	67.95	47.19	75.50
河南洛阳城居	20.38	32.61	23.06	36.89	25.62	40.99
青海海南州	25.82	41.31	42.55	68.09	47.28	75.65
安徽合肥新农合	18.28	29.25	28.96	46.33	32.17	51.48
安徽合肥城居	19.20	30.72	21.08	33.72	23.42	37.47
甘肃陇西新农合	26.67	42.67	25.04	40.06	27.82	44.52

续表

地区	方案一		方案二		方案三	
	现有合规目录50%报销	现有合规目录80%报销	90%合规50%报销	90%合规80%报销	100%合规50%报销	100%合规80%报销
甘肃陇西城居	18.22	29.16	17.16	27.46	19.07	30.51
浙江杭州富阳区	6.13	9.81	6.23	9.96	6.92	11.07
平均	30.58	48.93	34.76	55.61	38.62	61.79

从测算的各个方案来看，如果大病保险对自付部分报销80%，则无论是否扩展合规医疗费用，大病保险新增筹资压力都很大，新增筹资区间为28.43~41.29元，因此，大病保险的保障水平应该也有一个边界，不宜随意提高报销比例，否则对医保基金的冲击很大，而事实上各地在实践中大病保险的保险比例都基本设置为50%，以控制基金风险。如果按照六部委《指导意见》及国办《意见》中规定的"实际支付比例不低于50%"，大病保险现有合规比、90%合规比和100%合规比的方案对个人自付部分报销50%，则需要新增筹资分别为10.08元、14.26元和18.12元。在基本医保基金已然承受较大风险的情况下，大病保险按照新增筹资10元的方案更为稳妥。如果完全放开合规医疗费用范围，大病保险保障水平为50%，则需新增筹资18.12元，新增额度比较大，对基本医保基金影响较大。实际上，根据《关于做好2016年城乡居民大病保险工作的通知》(2016)，2016年城乡居民基本医保人均财政补贴新增的40元中的10元用于大病保险的筹资。总之，大病保险合规医疗费用的界定对医保基金影响较大，应谨慎扩展。

5.2.3 考虑释放效应下扩展合规医疗费用基金测算

以上测算方案并没有考虑到医疗需求的释放效应，尤其是在2015年全面推开大病保险，医疗需求会逐步释放，而完全放开合规医疗费用把大量的高值药品纳入医保报销范围之内，会进一步加大需求释放。因此，在上一部分测算基础上，本书再考虑大病保险政策变化对居民就医行为的释放效应（就医人数增长导致总医疗费用增加）、未来参保人数变化以及医疗费用增长情况对大病保险基金的影响。由于各统筹地区大病保险的保障水平基本以50%为标准，以下测算只考虑在完全放开合规医疗费用（100%合规比）的情况下，大病保险实际支付比例为50%的情况，测算在释放效应下，未来几年扩展合规医疗费用时大病保险筹资及基金需求情况。

5.2.3.1 测算指标和相关假设

根据研究目的，本书主要测算考虑释放效应下，完全放开合规医疗费用，大病保险实际支付比例达到50%时，大病保险人均筹资、人均新增筹资和基金总需求。公式表示为：

$$PCF_t = PCF_{t-1} \times (1 + RR_t) \times MER_t \quad (5.3)$$

$$NF_t = PCF_t - PCF_{t-1} \quad (5.4)$$

$$TF_t = PCF_t \times NI_t \quad (5.5)$$

其中，PCF_t代表第t年需要达到的人均筹资水平（2013年基数为30.58元）；RR_t为第t年的释放率；MER_t为第t年的医疗费用增长率；NF_t代表第t年的人均新增筹资；TF_t代表第t年大病保险基金需求总额；NI_t为参保人数。

释放率假设：湛江自2009年开办大病补充医疗保险以来，各年补助的人数是1.2万人、2.4万人、2.5万人和3万人，大病保险开办第二年前后释放作用明显，第三年和第四年均有小幅增长。因此，在2012年开展的原有大病保险政策会在2014年和2015年产生一定的释放效应，设定为5%，如果从2016年开始考虑合规费用突破目录，则释放效应会进一步增加，本书假设2016年起各年的释放率分别为20%、50%、20%、10%，到2020年后稳定在5%。

参保人数假设：根据本书第二章测算结果，2016~2020年分别为104148.2万人、104005.8万人、103854.3万人、103693.2万人和103522.6万人。

大病医疗费用增长率假设：对于医疗费用、特别是重特大疾病医疗费用增长情况，根据《中国卫生统计年鉴》，2008~2010年恶性肿瘤住院医药费年均增长率约为9.7%，剔除物价指数的年均增长率为8.3%，据此本书假设大病医疗费用增长率分别为10%、8%和5%三种情况。

5.2.3.2 测算结果

考虑释放效应时，本书测算出了高、中、低水平医疗费用增长率三个方案下，完全放开合规医疗费用，大病保险报销达到50%的情况下，大病保险需要的筹资。从表5.7可以看出，在10%的医疗费用增长率下，大病保险人均筹资在2016年为50.98元，在2020年则达到了155.17元，需要筹资总额达到了1606.37亿元，额度非常大。即使医疗费用增长率只有5%，在2017年释放效应显著时，新增筹资需要27.98元，如果放开合规医疗费用带来的释放效应显著，此时对大病保险基金的冲击非常大，基金难以承受。因此，在考虑释放效应时，完全放开合规医疗费用需要基金增量比较大，基本医保基金不足以给大病保险划拨如此大的额度，大病保险基金将难以持续。

表5.7　不同医疗费用增长率下放开合规医疗费用需要基金预测

年份		2014	2015	2016	2017	2018	2019	2020
释放率（%）		5	5	20	50	20	10	5
参保人数（万）		105050.9	104689	104148	104006	103854	103693	103523
医疗费用自然增长率10%	人均筹资（元）	35.32	40.79	50.98	84.11	111.03	134.35	155.17
	人均新增筹资（元）	14.82	5.47	10.18	33.14	26.92	23.32	20.82
	筹资总额（亿元）	371.04	427.07	530.93	874.84	1153.10	1393.09	1606.37
医疗费用自然增长率8%	人均筹资（元）	34.68	39.32	50.05	81.08	105.08	124.84	141.57
	人均新增筹资（元）	14.18	4.65	10.73	31.03	24.00	19.76	16.73
	筹资总额（亿元）	364.29	411.68	521.28	843.32	1091.34	1294.51	1465.55
医疗费用自然增长率5%	人均筹资（元）	33.71	37.17	48.66	76.64	96.57	111.54	122.97
	人均新增筹资（元）	13.21	3.46	11.49	27.98	19.93	14.97	11.43
	筹资总额（亿元）	354.17	389.13	506.80	797.12	1002.90	1156.56	1273.00

总之，如果大病保险完全放开合规医疗费用范围，将对医保基金有较大的需求，且考虑释放效应下放开合规医疗费用范围时医保基金

是不可持续的。然而，扩展合规医疗费用范围，提高大病患者保障水平是未来医保的发展方向，如何在不断提升的居民医疗保障需求和医保基金风险之间找到平衡点，以最大化大病患者的保障水平，是完善我国医疗保障制度必须需要思考的问题。

5.3 扩展合规医疗费用对基金的影响：以肿瘤靶向药物为例

通过前文分析发现，合规医疗费用的界定对提高城乡居民重特大疾病的保障程度、降低灾难性医疗支出发生概率产生直接影响，而完全放开合规医疗费用对大病保险乃至基本医疗保险基金冲击过大。因此，可以考虑部分放开合规医疗费用，将那些对重特大疾病患者来说必要且有效的药品和诊疗纳入合规医疗费用补偿范围，以提高各层次医疗保障项目基金的使用效率。本章将首先考察重特大疾病病种分布状况，据此测算将集中病种所需药物纳入合规医疗费用补偿范围后对基金的影响。

5.3.1 调研地区大病分布

本书仍然使用调研数据（九省市），调查地区数据质量较好的5省279例费用较高的大病病例中，各类白血病41例，占14.69%；肺癌25例，占8.96%；脑梗塞19例，占6.81%；食道癌10例，占3.58%；脑出血9例，占3.23%；急性心肌梗死8例，占2.87%；烧伤7例，占2.51%。根据实地调查数据，大病患者医疗费用构成中药费总体占比较大，占比最高达61%，最低为32.3%；而检查费及卫生材料费占医疗费用比重较低。根据原卫生部新型农村合作医疗研究中心2014年农村居民大病保险评估报告，各地区大病病例多集中在各类癌症和白血病（见表5.8），这与五个省市病例调查的病种分布大体相符。

表 5.8　　　　　　　　新农合大病保险病种分布情况

疾病分类	赔付额占大病保险总支出比重（%）	人数占比（%）	人均费用（元）
肺癌	5.76	3.76	26401
颅内出血	4.31	1.15	47653
冠心病	3.86	1.45	36362
乳腺癌	3.13	1.99	21149
胃癌	2.91	3.95	20170
终末期肾病	2.23	34.98	1469
宫颈癌	2.22	0.8	34764
食道癌	1.88	1.7	28284
急性白血病	1.86	0.57	37751
结肠癌	1.83	1.59	19833
肺炎	1.62	1.19	26043
肝癌	1.31	1.08	28958
卵巢癌	1.17	0.53	24963
其他癌	8.66	7.13	16628
各类癌症合计	28.87	22.53	24572.22

资料来源：原卫生部新型农村合作医疗研究中心，农村居民大病保险评估报告，2014年。

以靶向药所针对的晚期肾癌、肝细胞癌、非小细胞肺癌、白血病、乳腺癌等病症为筛选条件，统计调研各地区 30 个大病患者病例中肿瘤靶向药物适用病症占调研病例病种的比例范围。结果发现，肿瘤靶向药物适用病症占当地 30 个大病患者病例中的比例，最低占比为 10%，最高占比达到 46.66%，平均占比为 32.44%，反映出 30 个病例中，大约有 1/3 患者为靶向药物所针对的病种，比例较高，肿瘤靶向药物适用病症是目前大病患者的主要疾病诊断分类。靶向药很多都是一线治疗推荐药品，具有很好的临床疗效和经济学评价，然而大部分地区不在医保范围内，单价昂贵的靶向药物，导致患者承担着高额的医疗费用负担。基于此，本书将测算常见癌症适用的靶向药物所需费用，分析将此部分费用作为扩展合规医疗费用的突破口纳入大病保障范围对医保基金的影响。

5.3.2 适用靶向药物患者人数测算

靶向药物的适用，除考虑肿瘤发病率、死亡率等流行病学因素外，同时应考虑靶向药物可及性问题。首先，目前靶向药物适应症主要为晚期恶性肿瘤，因此，在测算靶向药适用人群时应剔除早期患者；其次，靶向药物只对通过"基因突变检测"的患者才适用，例如，吉非替尼对不同种族肺癌患者的 EGFR 突变显示出一定的活性，而对于没有突变的患者则效果甚微（见表 5.9）。因此，并不是所有的肿瘤患者对靶向药都有需求。同时，由于目前并不是所有的肿瘤都有靶向药物，所以本书的测算考虑临床疗效和药物经济学评价好的靶向药物所针对的肿瘤，本书选取的靶向药物所针对的肿瘤包括肾癌、肝癌、ALK 非小细胞肺癌、EGFR 非小细胞肺癌、慢性髓性白血病和乳腺癌的 6 类靶向药物。

表 5.9　　　　　　不同靶向药物针对肿瘤的适用率

肿瘤	药品	生物标记	试验阳性率（%）	癌症发病率（1/10^5）	靶向适用率（1/10^5）
肺癌	吉非替尼	EGFR（+）	17	48	8.16
	克唑替尼	ALK（+）	4	48	1.92
乳腺癌	曲妥珠单抗	HER-2（+）	20	28.6	5.72
结肠直肠癌	西妥昔单抗	EGFR（+）/KRAS（-）	60	18.6	11.16
慢性髓性白血病	伊马替尼	BCR-ABL, Ph（+）	95	4.8	4.56
	尼洛替尼	BCR-ABL, Ph（+）	95	4.8	4.56

资料来源：CFDA 南方医药经济研究所第 25 届全国医药经济信息发布会，专题资料辑，2013（11）：27-32。

基于以上分析，测算靶向药物使用人数需要考虑的因素包括：城乡居民大病保险参保人数、肿瘤发病率、肿瘤晚期比例、生物标记阳性率，公式表示为：

$$NUM = NI \times \sum_{i=1}^{6}(TI_i \times LP_i \times BM_i) \tag{5.6}$$

其中，NUM 代表靶向药物适用人数；NI 代表城乡居民大病保险参保人数；TI_i 代表第 i 类肿瘤发病率；LP_i 代表第 i 类肿瘤晚期比例；BM_i 代表第 i 类肿瘤生物标记阳性率。测算结果见表 5.10。

表 5.10　　　　　　　　　靶向药物适用人数

病种	靶向药	大病保险参保人数（亿）	肿瘤发病率（1/10^5）	晚期比例	生物标记阳性率（%）	适用人数
肾癌	舒尼替尼	10.5	4.9	0.3	1	15435
肝癌	索拉菲尼	10.5	29	0.3	1	91350
肺癌（ALK）	克唑替尼（ALK）	10.5	48	0.3	0.04	6048
肺癌（EGFR）	厄洛替尼（EGFR）	10.5	48	0.3	0.17	25704
白血病	伊马替尼	10.5	4.8	0.3	0.95	14364
乳腺癌	曲妥珠单抗	10.5	28.6	0.3	0.2	18018

注：①肾癌和肝癌是一种血供很丰富的瘤种，血管内皮细胞生长因子受体（VEGFR）参与了血管的生成，作用靶点 VEGFR 的靶向药物，通常不需要检测患者的 VEGFR，因此，对于肝癌和肾癌的生物标记试验阳性率，本书假设为 100%；②根据 IMS 统计的 11 类肿瘤计算出来平均晚期比例在 29.36%，本书取晚期比例为 30%。

5.3.3　靶向药物费用测算

不同的靶向药物的规格价格及针对不同病种的治疗时间不同，各类靶向药物治疗费用水平不同，甚至同一种靶向药针对不同的患者费用情况也可能不相同。从表 5.11 可以看出，适用靶向药物人群当中，患者的靶向药治疗费用处于一个较高的水平，费用最低的为 10.2 万元，最高的达到了 183.6 万元，12 类靶向药物月平均治疗费用为 38213 元，平均使用靶向药时间为 10.68 个月。然而，为了推广靶向药物，制药企业采用赠药等援助的方式在一定程度上可以减轻患者的费用负担。

表 5.11　　　　　　　　　部分靶向药物治疗费用

产品名称	零售价	治疗时间（月）	每个患者总治疗费用（元）	每个患者月治疗费用（元）	援助计划下患者支付费用（元）	援助比例（%）
舒尼替尼 RCC	13100	14	524000	37429	157200	70
索拉菲尼 RCC	25192	6	302304	50384	151152	50
舒尼替尼 GIST	13100	5.6	209600	37429	157200	25
伊马替尼 GIST（600mg）	25500	2.67	102000	38202	76500	25
伊马替尼 GIST（800mg）	25500	2.67	135150	50618	76500	43.4
索拉菲尼 HCC	25192	6	302304	50384	151152	50
克唑替尼 ALK + NSCLC	53500	12	588500	49042	214000	63.6
厄洛替尼 EGFR + NSCLC	19800	12	198000	16500	118800	40
吉非替尼 EGFR + NSCLC	5500	12	220000	18333	132000	40
伊马替尼 CML	25500	36	1836000	51000	918000	50
曲妥珠单抗 HER2 辅助	24510	12	343140	28595	147060	57.1
曲妥珠单抗 HER2 转移	24510	7.2	220590	30638	147060	33.3
总计/平均值		10.68		38213		45.63

注：每个患者总治疗费用根据药物的用法用量、药物规格和治疗时间计算得出。
资料来源：根据网络资料汇总。

在考虑企业援助计划的情况下，六类靶向药物费用测算结果如表 5.12 所示。从表 5.12 中可以看出，如果考虑放开部分合规医疗费用，将靶向药物费用纳入大病保险保障范围，对大病患者基本医保报销后的个人自负医疗费用的实际报销比例为 50%，按全国城乡居民大病保险参保人数 10.5 亿人计算，测算出来靶向药物费用需要基金约为 135.3 亿元（283.47×50%），人均新增筹资约为 12.89 元。

表 5.12　　　　　　　　　靶向药物费用测算结果

产品名称	适用人数	人均总治疗费用（元）	援助计划下人均总治疗费用（元）	靶向药物费用（亿元）
舒尼替尼	15435	449148	134748	20.8
索拉菲尼	91350	302304	151152	138.08

续表

产品名称	适用人数	人均总治疗费用（元）	援助计划下人均总治疗费用（元）	靶向药物费用（亿元）
克唑替尼（ALK）	6048	588504	214004	12.94
厄洛替尼（EGFR）	25704	198000	118800	30.54
伊马替尼	14364	612000	306000	43.95
曲妥珠单抗	18018	220594	134748	24.28
总计/平均值		395092	176575	270.59

综上所述，本书建议，在完全放开合规医疗费用不可行的情况下，可以考虑从大病病种集中的恶性肿瘤开始，根据上面的测算，对于市场上常见的靶向药物都纳入合规医疗费用时，需要大病保险资金比完全放开合规医疗费用已减少很多。实际上，2016年5月，原国家卫生计生委已经公布了国家药品谈判结果，包括治疗乙肝的替诺福韦酯与治疗非小细胞肺癌的吉非替尼和埃克替尼，价格降幅分别为67%、55%和54%，截止到2016年12月23日，已有23个省份将谈判药品纳入各类医保合规医疗费用范围，国家谈判药品中的三种药品包括了两类靶向药物，这和笔者的研究结果不谋而合。未来在保证医保基金安全的情况下，可以将更多的靶向药物纳入合规医疗费用范围，为了减小基金压力，在初期可以减少纳入合规医疗费用的靶向药种类，然后根据基金情况逐步推进，并且设定一个较高的自付比例（50%）。此时，对于贫困人群仍然可能出现"因病致贫"的问题，这部分人群可以依靠医疗救助，对于经济条件好的人群可以通过商业补充保险来减轻一部分医疗费用负担。这样通过构建多层次的医疗保障体系，更好地防止因病致贫和因病返贫现象的发生。

第 6 章

大病保险的精准保障

　　我国基本医保基金已然承受较大的赤字风险，而随着大病保险合规医疗费用的扩展和保障水平的持续提升，大病保险基金需求也必将增多。目前大病保险政策支付标准多以个人年度累计负担的合规医疗费用超过当地上一年度居民收入作为判定标准，没有针对不同收入群体制定不同的支付标准，造成目前"低收入人群用不上，高收入人群不够用"的低效率保障现状，不同收入人群不能公平的享受大病保险的待遇，也并未实现降低家庭、特别是低收入家庭灾难性医疗支出的政策目标，精准保障是提高大病保险保障效率、完善大病保险制度的关键。首先，本章通过理论分析和建立面板门槛模型证明了医疗保险对不同收入人群医疗服务利用的差异性，说明了对于不同收入水平的人群医疗保险机制设计应有所差异，有必要对低收入人群政策倾斜。其次，大病保险的最终保障目标是降低灾难性医疗支出风险，因此大病保险精准保障关键之一是针对不同收入人群合理地界定灾难性医疗支出标准，本章从灾难性医疗支出内在发生机理入手，寻找灾难性医疗支出发生信号并建立实证模型，验证我国不同收入人群的灾难性医疗支出标准；最后，针对低收入人群大病患者更容易发生灾难性医疗支出的问题，文章对低收入人群的大病保障模式进行分析，发现各地探索大病保险基础之上的低收入人群大病补充医疗保险，对缓解大病患者的医疗费用负担具有较好的效果。同时，如果实现精准保障，高效衔接大病保险和医疗救助，可以在提升保障效率的同时节约医保基金。

6.1 医疗保险保障效应的收入阶层差异性分析[①]

既有大量研究已经验证了医疗保险对于医疗服务利用的促进作用，并说明了收入水平是影响医疗服务利用的重要因素，但对于不同收入人群，医疗保险对于医疗服务利用是否具有显著性差异的研究较少。本书认为，由于不同收入人群的医疗需求收入弹性存在差异，医疗保险对医疗费用的影响会因为收入水平的差异而存在一个非线性的关系，即医疗保险保障效应存在收入阶层差异性。

6.1.1 模型设定与数据说明

6.1.1.1 不同收入水平人群医疗保险保障效果差异性分析

基本医疗保险的保障目的是在为参保人提供无差异医疗服务的同时，给参保人带来无差异的医疗服务效用。换句话说，基本医疗保险利用有限的医疗资源或者最小的医疗成本保证每个参保人享受既定的医疗效用水平，假定医疗服务的价格为p_i，每个参保人提供的医疗服务为s_i，每个参保人的既定医疗服务效用为u_0，社会福利函数为$W = \sum_{i=1}^{n} u_i(s_i)$，最优化问题为：

$$\min_{s_i} \sum_{i=1}^{n} p_i s_i \quad (6.1)$$

$$s.t. \sum_{i=1}^{n} u_i(s_i) = nu_0 \quad (6.2)$$

医疗服务供给的最优解为：

$$s_i^h = s_i^h(p_i, u) \quad (6.3)$$

[①] 本节核心内容笔者已以第一作者身份发表于《江西财经大学学报》。

对于代表性参保人来说，关于基本医疗保险的医疗服务需求决策是追求在既定收入水平下的效用最大化，不妨设定代表性参保人对于商品的消费是相同的 c，商品的价格为 p_c，对于基本医疗保险的医疗服务需求为 x_i，医疗服务的价格同样为 p_i，最优化问题为：

$$\min_{c,s_i} u_i(c, x_i) \tag{6.4}$$

$$s.\ t.\ p_c c + p_i x_i = m \tag{6.5}$$

医疗服务需求的最优解为：

$$x_i^* = x_i^*(p_i, m) \tag{6.6}$$

由式（6.3）和式（6.6），根据基本医疗保险的医疗服务供需的帕累托最优原则和函数对偶性质可得：

$$s_i^h(p_i, u) \equiv x_i^*(p_i, e(p_i, u)) \tag{6.7}$$

由斯勒茨基方程可将式（6.7）转化为：

$$\frac{\partial x_i^*(p_i, m)}{\partial p_i} = \frac{\partial s_i^h(p_i, u)}{\partial p_i} - \frac{\partial x_i^*(p_i, m)}{\partial m} x_i^* \tag{6.8}$$

进一步转化为：

$$\frac{\partial x_i^*(p_i, m)}{\partial m} = \left(\frac{\partial s_i^h(p_i, u)}{\partial p_i} - \frac{\partial x_i^*(p_i, m)}{\partial p_i} \right) / x_i^* \tag{6.9}$$

为了便于比较引入参保人 j，那么式（6.9）可以改写为：

$$\frac{\partial x_j^*(p_i, m)}{\partial m} = \left(\frac{\partial s_i^h(p_i, u)}{\partial p_i} - \frac{\partial x_j^*(p_i, m)}{\partial p_i} \right) / x_i^* \tag{6.10}$$

式（6.9）和式（6.10）中，基本医疗保险的医疗服务供给与医疗服务价格负相关，即：$\frac{\partial s_i^h(p_i, u)}{\partial p_i} < 0$，且 $x_i^* > 0$，如果每个参保人对于基本医疗保险的医疗服务的偏好和评价是相同的，即：$\frac{\partial x_i^*(p_i, m)}{\partial p_i} = \frac{\partial x_j^*(p_i, m)}{\partial p_i}$，那么不同收入水平对于参保人的医疗保险的医疗服务需求影响不大。但是，在实际中每个参保人对于基本医疗保险的医疗服务的偏好和评价是不相同的，即：$\dfrac{\partial x_i^*(p_i,m)}{\partial p_i} \neq \dfrac{\partial x_j^*(p_i,m)}{\partial p_i}$，从而导致收入水平的不同给每个参保人带来的保障效果不同，即：$\dfrac{\partial x_i^*(p_i,m)}{\partial m} \neq \dfrac{\partial x_j^*(p_i,m)}{\partial m}$。

以上证明可以说明不同收入水平的人群医疗保险保障效果存在差异性。

6.1.1.2 模型设定

根据研究目的，首先验证医疗保险对医疗服务利用的总体影响，在此基础上利用面板门槛模型验证医疗保险对不同收入人群医疗服务利用的作用，以说明医疗保险对不同收入水平保障效果的差异性。本章采用省级面板数据建立面板固定效应模型和面板门槛模型（Panel Threshold Regression Model），医疗服务利用情况以医疗费用来量化表示。

第一，先观察医疗保险对医疗服务利用的整体影响。建立面板模型：

$$y_{it} = \alpha_{0i} + \alpha_1 x_{it} + \sum_k \alpha_k X_{kit} + u_{it} \tag{6.11}$$

y_{it} 为反映医疗服务利用的指标，以医疗费用来量化表示，选用人均卫生总费用（rpthe）和人均个人现金卫生支出（rpoop）两个指标；x_{it} 为基本医保参保比例（lmira），从微观角度来理解参保比例就是"是否参加医保"；X_{kit} 为控制变量集合，包括收入水平（rudi）、人均医保基金支出（aamed）、每千人医生数（pdoc）、医疗保健价格水平（pc）、老龄化水平（p65）、城镇化水平（cit）和受教育水平（edu）。经过 Hausman 检验（见表 6.1），采用面板固定效应模型。

表 6.1　面板模型选择的 F 统计量检验和 Hausman 检验

变量	检验值（P值）	结论
F 统计量	11.91 （0.0000）	固定效应
Hausman 统计量	23.16 （0.0016）	固定效应

具体设定模型如下:

$$rpthe = \alpha_{0i} + \alpha_1 lmira_{it} + \alpha_2 pdoc_{it} + \alpha_3 rudi_{it} + \alpha_4 aamed_{it}$$
$$+ \alpha_5 pc_{it} + \alpha_6 p65_{it} + \alpha_7 cit_{it} + \alpha_8 edu_{it} + \lambda_i + u_{it} \quad (6.12)$$

第二,验证对于不同收入水平的人群,医疗保险与医疗服务利用之间的关系。为了避免人为划分收入区间的误差,本章采用面板门槛模型,门槛变量的观察值通过估计出来合适的门槛值来确定不同的分界点。采用 Hansen(1999)两阶段最小二乘法估计面板门槛模型,设定如下:

$$y_{it} = u_i + x'_{it}\beta_1 I(q_{it} \leq \gamma) + x'_{it}\beta_2 I(q_{it} \geq \gamma) + \sum_k \alpha_k X_{kit} + \lambda_i + \varepsilon_{it}$$
$$(6.13)$$

式(6.13)中,q_{it} 代表门槛变量,y_{it} 为被解释变量,x'_{it} 为解释变量,$I(\cdot)$ 为指标函数,条件成立时取值为 1,否则为 0。模型会根据门槛变量 q_{it} 和门槛值 γ 的相对大小将样本观察值分成两个区间,二者的差异体现在 β_1 和 β_2 之上。

单一门槛模型采用两步法估计:首先,给定 γ 取值,对模型(6.13)的离差形式进行一致估计,得到估计系数 $\hat{\beta}(\gamma)$ 和残差平方和 $SSR(\gamma)$;其次,选择适当的 γ 最小化 $\hat{\gamma}$ 后,可以进一步估计出 $\hat{\beta}(\hat{\gamma})$,得出估计值后进行两个检验:(1)检验是否存在门槛效应,原假设为 β_1 和 β_2,即存在门槛特征;(2)确定存在门槛的基础上,检验门槛的估计值是否等于真实值,原假设为 $\gamma = \gamma_0$。如果是双重门槛,可以先假设单一门槛估出的 $\hat{\gamma}_1$ 为已知,再进行 γ_2 的估计。

面板门槛模型的变量设定:y_{it} 为医疗费用状况,使用人均卫生总费用表示;x'_{it} 为基本医保的参保比例;q_{it} 为门槛变量,即收入水平;X_{kit} 控制变量,包括人均可支配收入、每千人医生数、人均医保基金支出、医疗保健价格指数、城镇化水平、老龄化水平和受教育水平。

6.1.1.3 数据来源及描述性统计

本书的数据来源包括历年《中国卫生总费用研究报告》、国家数据

(National Data)和省市统计年鉴。由于2003年之前数据缺失较多，且一些指标在2003年之后统计口径发生变化，本书选择了2003~2012年东中西12各省（市）的面板数据。同时，对一些名义变量，例如，人均收入、人均卫生费用等，采用居民消费价格指数、医疗保健价格指数将其转化为实际变量。为了消除可能存在的内生性问题，对解释变量"基本医保参保比例"进行滞后一期处理。

主要变量的描述性统计量见表6.2。

表6.2　　　　　　　　　样本描述性统计

变量名称	变量含义	平均值	标准差	最小值	最大值
rpthe	人均卫生费用	1335.466	824.6603	330.9397	4654.983
rudi	收入水平	14343.6	5472.657	7218.357	31738.09
lmira	基本医保参保比例	0.360514	0.200296	0.073659	0.90874
aamed	人均基本医保基金支出	438.7256	337.6998	64.27709	1755.5
pdoc	每千人医生数	1.961019	0.637568	1.13	3.79
pc	价格水平	105.9765	11.60293	89.36611	140.3542
p65	老龄化水平	8.823572	1.781288	6.1898	15.3994
cit	城镇化水平	53.79973	16.46878	28.10065	89.3
edu	受教育水平	8.586565	0.984361	6.378	10.654

6.1.2　实证分析

6.1.2.1　医疗保险对医疗费用的影响

面板固定效应模型的检验结果见表6.3。

两个模型的组内R方超过了85%，模型整体拟合效果较好。从模型一可以看出，参保比例的提高显著提升了人均卫生费用，这意味着医疗保险对医疗服务利用有明显的促进作用。这是因为医疗保险相对降低了医疗服务价格，提高了居民医疗服务购买力，必然会带来医疗服务消费量的增长，这已得到大量研究的证实。结合模型二，医疗保险在模型一中促进医疗费用增加的同时，还在模型二中促进了个人现金卫生支出，这意味着参保患者可能存在过度利用医疗服务的道德风险问题。本书的解释是，如果不存在道德风险，由于医疗服务的均衡消费量没有变化，则医保基金支付和个人现金支出应该存在替代关系，随着基本医保基金支出的增加，个人现金卫生支出应明显减少而非实证结果中的增长，而实证结果表明二者存在着互补关系，验证了笔者提出的可能存在道德风险的猜测。模型中其他控制变量和既往研究基本一致，不再赘述。

表 6.3　　医疗保险对医疗费用的影响

变量	模型一 rpthe（人均卫生费用）	模型二 rpoop（人均个人现金卫生支出）
lmira	275.0582*** (5.73)	207.0780*** (4.21)
aamed	1.5002*** (8.38)	0.2817*** (4.28)
rudi	0.0599*** (6.78)	0.0161*** (4.28)
pdoc	-201.2378*** (-6.48)	-24.4268 (-1.18)
p65	38.1709* (1.92)	29.2688*** (5.24)
cit	-7.6536* (-1.81)	-4.3209 (-1.63)
edu	38.1060 (0.77)	-25.2251 (-1.04)
pc	-2.8396** (-2.46)	-0.2494 (-0.40)
within R-squared	0.9516	0.8509
F	215042.50***	47384.59***
Number of obs	108	108

因此，医疗保险对医疗费用的促进作用除了医疗需求的释放，医

疗保险还可能引起了参保人群对医疗服务的过度使用。那么对于不同收入的人群，医疗保险是否都会显著促进医疗服务的利用？下文将使用面板门槛模型来验证医疗保险对不同收入人群的作用。

6.1.2.2 医疗保险对医疗费用影响的收入门槛效应

对于面板门槛模型，第一步需要确定门槛个数，即进行门槛效果检验。从表6.4中的检验结果可以看出，单一门槛检验、双重门槛检验和三重门槛检验都至少5%的水平上显著，为了尽量细分收入水平，本书将基于三重门槛分析。基于收入三重门槛效应的医疗保险对医疗费用影响的实证结果如表6.5所示。

表 6.4　　　　　　　　　　门槛效果检验

检验名称	F 值	P 值	临界值 1%	临界值 5%	临界值 10%
单一门槛检验	31.105***	0.010	31.010	16.866	9.551
双重门槛检验	19.619***	0.003	16.219	9.136	6.474
三重门槛检验	11.021**	0.033	15.766	8.720	6.174

注：P值和临界值均采用"自抽样法"（Bootstrap）反复抽样300次得到的结果。下同。

表 6.5　　　　　基本医保对医疗费用影响的非线性效应

变量	门槛值（人均收入）	系数
lmira	$q \leq 9307.94$	-143.8705 (-0.87)
	$9307.94 < q \leq 16928.65$	343.6652*** (3.80)
	$16928.65 < q \leq 28321.15$	-20.1609 (-0.15)
	$q > 28321.15$	424.0726* (1.91)
aamed		1.3267*** (7.27)

续表

变量	rpthe（人均卫生费用）	
	门槛值（人均收入）	系数
rudi		0.0794 *** (5.83)
pdoc		-89.2742 (-1.51)
p65		44.9716 *** (3.35)
cit		-8.8339 (-1.11)
edu		41.9148 (0.75)
pc		-7.7877 *** (-3.29)
within R-squared	0.9711	
F	260.05 ***	
Number of obs	108	

从检验结果可以看出，三个门槛值分别为 9307.94 元、16928.65 元和 28321.15 元，当收入低于 9307.94 元时系数为负但不显著，这说明医疗保险对医疗服务利用没有显著影响；当收入大于 9307.94 元且小于 16928.65 元时系数为正且在 1% 的水平上显著，说明医疗保险显著促进了医疗服务的利用；当收入大于 16928.65 元且小于 28231.15 元时系数为负但不显著，医疗保险对医疗服务利用没有明显的促进作用；当收入高于 28231.15 元时系数为正且在 10% 的水平上显著，医疗保险此时对医疗服务利用有一个显著的促进作用。

因此，当人们收入水平很低时（$q < 9307$），如果收入只能保证其正常的生活开支，那么即使有医疗保险，受限于其支付能力，医疗保险也并没有促进这部分人群的医疗服务利用，医疗保险并未起到保障作用；当收入水平有所提高后（$9308 < q < 16929$），医疗保险开始对医疗服务利用产生明显的促进作用，此时的收入水平除了维持基本的生活开支之外，在医疗保险降低了医疗服务价格后，这部分人群的医疗

需求得到释放，医疗保险在一定程度上起到了保障作用；当收入水平进一步提高（16929 < q < 28321），医疗保险对医疗服务利用的促进作用又出现了不显著的结果，原因可能是由于医疗保险起付线、报销比例、封顶线等控费机制发挥了作用，这部分人群不存在医疗需求释放的问题，同时也不像高收入人群有过度使用医疗资源的支付能力，因此即使有医疗保险也没有显著地促进其利用医疗服务；当收入水平再提高之后（q > 28321），医疗保险显著促进了医疗服务的利用，并且系数更大，原因之一是这部分人群过高的收入水平导致其有过度利用医疗服务的动机。

6.1.2.3 稳健性检验

为了检验结果的可靠，本书进行稳健性检验。本书把门槛值替换为另一个可以表示收入水平的指标"人均 GDP"，同样，本书在数据处理时使用价格指数将名义变量转换为实际变量。门槛效果检验结果见表 6.6，回归结果见表 6.7。

表 6.6　　门槛效果检验

检验名称	F 值	P 值	临界值 1%	临界值 5%	临界值 10%
单一门槛检验	20.383***	0.000	13.390	11.295	6.948
双重门槛检验	10.222***	0.000	7.255	4.918	3.013
三重门槛检验	0.761	0.480	11.541	5.896	4.566

表 6.7　　稳健性检验

变量	rpthe（人均卫生费用） 门槛值（人均 GDP）	rpthe（人均卫生费用） 系数
lmira	$q \leq 18823.96$	-29.2507 (-0.32)
lmira	$18823.96 < q \leq 46619.93$	461.3987*** (3.82)
lmira	$q > 46619.93$	220.5649** (2.16)

续表

变量	rpthe（人均卫生费用）	
	门槛值（人均GDP）	系数
aamed		1.3086 *** (6.10)
rudi		0.0849 *** (5.88)
pdoc		−171.0456 *** (−2.88)
p65		34.243 *** (2.62)
cit		−17.4941 * (−1.95)
edu		−49.40025 (−0.75)
pc		−3.5966 (−1.42)
within R-squared	0.9628	
F	222.60 ***	
Number of obs	108	

从回归结果可以看出，医疗保险对医疗费用的影响还是存在非线性效应的，但检验结果显示双重门槛效果显著，因此本书只取了两个门槛值。由于各省市人均 GDP 数据都是大于人均收入水平的，门槛值明显偏大，因此本书不从绝对数值上分析，而是将收入水平划分等级来分析。稳健性检验结果显示了当人均 GDP 越过一个门槛之后，医疗保险对医疗费用才有显著的促进作用，由于只有两个门槛值，本书并未检验出中高收入水平的情况，但此结果足以说明医疗保险对医疗费用影响的收入门槛效应。

6.1.3 结论及启示

从实证结果中可看出，医疗保险对不同收入人群的医疗服务利用确实存在着非线性效应,换句话说,医疗保险对不同收入人群的保障效果存在差异。低收入人群由于其收入水平过低,即使有医疗保险也并没有明显促进其医疗服务利用,医疗保险并未起到应有的保障作用,当收入水平有所提高之后,医疗需求就会有所释放,医疗保险开始发挥作用,同时在医疗保险控费机制的作用下(起付线、报销比例、封顶线等),并未出现过度利用医疗资源的问题。然而,当收入水平达到一定水平之后,医疗保险显著促进了医疗服务利用,医疗保险的机制设计应注意高收入人群可能存在过度使用医疗资源的问题。

因此,在我国收入差距较大的情况下,低收入人群的医疗保障存在着不足,而高收入人群可能存在着过度利用医疗资源的问题。对于不同收入水平的人群,医疗保险机制设计应有所差异,尤其是对低收入人群的医疗保险政策应该有所倾斜,提高其保障水平。结合到大病保险政策,低收入水平人群受限于支付能力,目前"普惠制"的大病保险政策会使其止步于大病保险的起付线,享受不到大病保险的保障,从而出现"穷帮富"的情况,这也是目前大病保险保障效率不高的原因之一。

6.2 灾难性医疗支出的界定与细分[①]

大病保险"一刀切"的保障政策造成了效率低下,尤其是不能缓解低收入人群的灾难性医疗支出,而这部分人群却是最需要保障的群体。科学划定不同收入水平的灾难性医疗支出标准并设计相应的大病保险补偿机制,才能提高大病保险的保障效率,实现大病保险降低灾难性医疗支出的政策初衷,而灾难性医疗支出的科学界定也是大病保险精准保障的理论关键。本节试图从灾难性医疗支出内在发生机理入手,寻找灾难性医疗支出发生信号,据此建立实证模型验证我国不同

---

① 本部分写作得到了山东财经大学保险学院于新亮副教授的指导。

收入人群的灾难性医疗支出标准。结果表明，灾难性医疗支出标准采用何种形式的衡量方式将影响医疗保障体系的保障重点和保障效率，将高额医疗费用与具体家庭财务承受能力关联，并适度向低收入人群倾斜，更有利于提升社会总体福利。

6.2.1 灾难性医疗支出衡量标准细分的必要性

无论是2012年的《指导意见》抑或是2015年的国办《意见》，对于大病保险的作用都定位为：防止发生家庭灾难性医疗支出、缓解"因病致贫、因病返贫"。根据世界卫生组织对灾难性医疗支出的定义，一个家庭强制性医疗支出大于或者超过家庭一般消费的40%就认为出现了灾难性医疗支出，也就是说，对于各个收入阶段的人群，只要家庭自付医疗支出占一般消费的比例高于40%，就认定这个家庭出现了灾难性医疗支出，而并未将收入阶段进行细分。笔者认为，不同收入阶段的人群，其恩格尔系数具有差异，收入水平低的人群，其食品等必要支出比例较大，医疗支出能力有限，较少的医疗支出就会影响贫困家庭的正常生活，对日常生活的其他支出造成挤出，从而出现灾难性医疗支出。同理，对于收入水平较高的人群，由于其食品等必要支出比例较低，医疗支出能力更强，医疗支出只有达到一定程度才会对家庭经济形成冲击，出现灾难性医疗支出。因此，不同收入水平阶段的人群对医疗支出的承受能力不同，灾难性医疗支出的划定标准随着收入水平的不同具有一定差异，收入水平越高的人群，其灾难性医疗支出划定标准应越高。

从完善大病保险制度的角度来看，根据收入水平细分灾难性医疗支出的衡量标准也很有必要，理由如下：大病保险制度默认将人均可支配收入作为发生灾难性医疗支出的标准、进而将其作为大病保险补偿起付线参考是不合理的，不同收入阶层人群发生灾难性医疗支出的标准不同，低收入人群可能已经发生了灾难性医疗支出但是没达到设定的大病保险起付线，而高收入人群可能没达到灾难性医疗支出却已超过起付线而享受到大病保险补偿,从而出现"穷帮富"问题,出现不公平问题,也和大病保险制度解决"因病致贫、因病返贫"问题的初衷不符。"一刀切"的补偿政策不但不能够改变不同收入阶层人群医疗服务利用不均衡,反而可能加重这一情况,有必要细分不同收入人群的灾难性医疗支出标准,为实现精准医疗保障提供理论支持。

因此,无论从理论还是政策完善的角度,根据收入水平细分灾难性医疗支出的衡量标准都很有意义,同时本书的创新之处还在于对灾难性医疗支出衡量方法进行了重新界定,本书试图从灾难性医疗支出内在发生机理入手,寻找灾难性医疗支出发生信号,据此建立实证模型,采用家庭和个人层面微观数据,验证我国灾难性医疗支出标准,并基于不同收入人群消费结构和抗风险能力差异,进一步验证我国不同收入人群的灾难性医疗支出标准,以期准确评估我国灾难性医疗支出发生率及其分布,为进一步完善医疗保障体系提供数据基础。

6.2.2 模型设定与数据描述

6.2.2.1 灾难性医疗支出发生机理与信号

$U(C,M)$ 表示个人效用。C 表示非医疗消费,M 表示医疗消费。$\overline{C}$ 为必要的非医疗消费,$\overline{M}$ 为必要的医疗消费。其中,非医疗消费为个人带来正效用,且超出必要非医疗消费越多,个人效用越高,但边际效应递减,即 $U'_C(\cdot)>0$,$U''_C(\cdot)<0$,因此本书将其设定为对数形式。医疗消费为个人带来负效用,当医疗消费等于必要医疗消费时,个人效用达到峰值,而无论医疗消费高于或低于必要医疗消费,个人效用都会降低,$U'''_M(\cdot)<0$,$U'_{M|M=\overline{M}}=0$,$U'_{M|M<\overline{M}}>0$,$U'_{M|M>\overline{M}}<0$,因此本书将其设定为二项式形式。医疗消费和非医疗消费为个人带来的边际效用不同,取决于个人对自身健康的重视程度,本书用 α 表示医疗消费的相对边际效用,也是对自身健康的相对重视程度,$\alpha \geq 0$。P 表示医疗消费和非医疗消费的相对价格。β 表示医疗保险补偿比例,$0 \leq \beta \leq 1$。

个人在收入预算约束和必要非医疗消费约束条件下决策实现效用最大化，即：

$$\max_{C,M} U(C,M) = \ln(C - \underline{C} + 1) - \alpha(M - \bar{M})^2 \qquad (6.14)$$

$$\text{s.t. } C + M \cdot (1-\beta)P \leq Y \qquad (6.15)$$

$$C - \underline{C} \geq 0 \qquad (6.16)$$

当 $\underline{C} + \bar{M} \cdot (1-\beta)P < Y$ 时，

$$C^* = Y - \bar{M} \cdot (1-\beta)P \qquad (6.17)$$

$$M^* = \bar{M} \qquad (6.18)$$

假设医疗消费的相对价格一定，此时个人对医疗保险的补偿比例不具备敏感性，即 $M'(\beta) = 0$。

当 $\underline{C} + \bar{M} \cdot (1-\beta)P \geq Y$ 时，

$$C^* = \underline{C} + x(P,\alpha) \qquad (6.19)$$

$$M^* = (Y - \underline{C} - x(P,\alpha))/(1-\beta)P \qquad (6.20)$$

$x(P,\alpha)$ 为非医疗消费中除必要消费外的其他消费，$x(P,\alpha) \geq 0$，$x'_P(\cdot) > 0, x'_\alpha(\cdot) < 0$。

特别地，当个人对自身健康非常重视，即 $\alpha \to +\infty$ 时，

$$C^* = \underline{C} \qquad (6.21)$$

$$M^* = (Y - \underline{C})/(1-\beta)P \qquad (6.22)$$

此时个人对医疗保险的补偿比例具备敏感性，即 $M'(\beta) > 0$。

综上所述，个人累积自负总额与预算约束的关系影响个人医疗服务需求对医疗保险补偿比例的反应敏感程度：个人累积自负总额在预算约束范围内，意味着个人对医疗服务的潜在需求能够全部转化为有效需求，这时个人对医疗保险补偿比例的反应敏感程度不高，甚至在为了获得较高补偿比例而不得不先付出较高自负金额的情况下减少自认为非必要的医疗服务开支；当个人累积自负总额超过预算约束时，

个人对医疗服务的潜在需求只能部分转化为有效需求，但依然可以动用有限的储备预算将部分潜在需求进一步转化为有效需求，而转化程度将直接取决于医疗保险的支付比例，支付比例越高，转化程度越高，而且潜在需求与有效需求之间的缺口越大，对医疗保险补偿比例的反应敏感程度越高，最终个人医疗服务开支也就随之增加。

假设必要消费 C 为收入 Y 的一个固定比例 θ，即：$C = \theta Y$

则此时医疗自负金额占收入的比例 γ 为：

$$\gamma = \frac{M^* \cdot (1-\beta)P}{Y} = \frac{Y-C}{Y} = 1 - \theta \tag{6.23}$$

根据以上分析即可界定灾难性医疗支出标准 $\hat{\gamma}$ 为 $1 - \theta$。

6.2.2.2 计量模型设定

在灾难性医疗支出是否发生的不同情况下，医疗保险补偿比例对个人医疗服务支出的影响存在多重均衡现象。仍采用前文已使用过的 Hansen（1999）发展的面板门槛模型（Panel Threshold Regression Model）对医疗保险补偿比例与个人医疗服务支出的关系进行研究，面板门槛模型和前文设定类似，模型如下：

$$y_{it} = \beta_0 + \beta_1 I_{it} l(q_{it} < \gamma) + \beta_2 I_{it} l(q_{it} \geq \gamma) + \sum_k \beta_k X_{kit} + \lambda_i + \xi_{it} \tag{6.24}$$

y_{it} 为被解释变量，即个人 i 在 t 年的医疗服务总支出；

I_{it} 为核心解释变量，即个人 i 在 t 年的医疗保险补偿比例预期值。在我国，各个保险项目的补偿机制差异导致其实际补偿比例存在较大差距，医生也会根据个人的参保项目确定不同价格的诊断项目，因此参保项目可作为个人预期补偿比例的主要依据，本书选用个人 i 在 t 年参保的保险项目生成等级序列变量作为其医疗保险补偿比例预期的代理指标；q_{ijt} 为门槛变量，即个人 i 所在家庭 j 在 t 年的医疗服务自负金额占当年家庭总收入的比例，γ 为需要确定的门槛值；I_{it} 为受门槛变量影响的解释变量，β_1 和 β_2 则分别为门槛变量在 $q_{it} \leq \gamma$ 和 $q_{it} > \gamma$ 两种情况下解释变量I_{it}对被解释变量y_{it}的影响系数；X_{it}为其他控制变量集合，包括：个人i的年龄及其二次项、性别、健康水平、收入水平；β_k为相应估计系数；ξ_{it}为个体扰动项。

该模型的基本思想为：模型内的门槛变量q_{it}存在一个门槛水平γ，在$q_{it}\leq\gamma$和$q_{it}>\gamma$两种情况下，解释变量I_{it}对被解释变量y_{it}的影响存在明显差异。可以预期，如果存在门槛$\hat{\gamma}$，使得$\beta_1\leq 0$，$\beta_2>0$，则表明门槛$\hat{\gamma}$为灾难性医疗支出标准，$q_{ijt}\geq\hat{\gamma}$即为发生了灾难性医疗支出。

模型估计方法和前文一致，不再赘述。

6.2.2.3 变量设定和数据描述

仍使用"国务院城镇居民基本医疗保险试点评估入户调查（URBMI）"数据，根据研究需要，进行如下变量设定：

"医疗服务支出"为个人被调查年度内两周内门诊医疗支出乘以24与最近一次住院医疗支出乘以年度住院次数加总后取自然对数而得；"收入水平"为家庭年度总收入除以家庭规模（家庭常住人口数）后取自然对数得出，由于调查问卷询问的是上年家庭总收入情况，需要将该数据依次递归到该家庭上年数据表内，因此，2011年家庭收入数据缺失；"健康水平"选用个人VAS标尺自评健康为主要指标；"保障等级"为根据各参保项目的政策补偿比例设定的等级变量。共13个等级，其中没有参保任何保险设定为0，商业保险为1，新农合为2，新农合+商业保险为3，城乡居民设定为4，城乡居民+商业保险为5，城镇居民设定为6，城镇居民+商业保险为7，城镇职工设定为8，城镇职工+补充医疗设定为9，城镇职工+补充医疗+商业保险设定为10，公费医疗设定为11，公费医疗+商业保险设定为12；"门槛变量"为家庭年度自负医疗服务支出（医疗服务支出与各项保险补偿的差）除以家庭年度总收入计算得出。其他变量均按常规方法设定，这里不再赘述。

面板门槛模型在STATA13中的运行必须要求平衡面板，因此，经过数据处理损失较多的样本，仅保留2008~2010年三年样本，变量数据描述详见表6.8。

表6.8　　　　　　　　　　变量数据描述

变　　量	度量方法	观测值	均值	标准差	最小值	最大值
医疗服务支出（取对数）	连续变量	822	8.6890	1.4188	3.1781	13.2586
收入水平（取对数）	连续变量	822	9.3551	0.6956	6.5482	12.9190
健康水平	连续变量	822	66.6119	20.1321	0	100
保障等级	等级变量	790	8.0228	1.6125	1	13
女性	虚拟变量	822	0.6204	0.4856	0	1
年龄	连续变量	822	64.7482	10.3219	35	96
门槛	连续变量	822	0.8116	3.9188	0	79.1667

6.2.3　实证分析

6.2.3.1　灾难性医疗支出标准界定

灾难性医疗支出的面板门槛模型回归结果见表6.9。从门槛显著性判定指标F统计量的结果可以看出，三个门槛值均显著性存在（分别为238.316、131.985、46.782），三重门槛回归模型的拟合优度更好（分别为0.2607、0.3630和0.3973），为了尽量细分灾难性医疗支出标准，下面将基于三重门槛回归结果作为灾难性医疗支出标准划定的依据。

表6.9　　　划定灾难性医疗支出的面板门槛模型回归结果

	1	2	3
门槛值	$\gamma_1 = 0.1833$	$\gamma_1 = 0.0812$, $\gamma_2 = 1.1522$	$\gamma_1 = 0.0812$, $\gamma_2 = 0.4121$, $\gamma_3 = 1.1522$
保障等级 $q \leqslant \gamma_1$	−0.0598 (−1.45)	−0.0581 (−1.52)	−0.0617* (−1.66)

续表

	1	2	3
门槛值	$\gamma_1 = 0.1833$	$\gamma_1 = 0.0812$, $\gamma_2 = 1.1522$	$\gamma_1 = 0.0812$, $\gamma_2 = 0.4121$, $\gamma_3 = 1.1522$
$\gamma_1 < q \leqslant \gamma_2$	0.0987*** (6.31)	0.0800** (2.06)	0.0560 (1.47)
$\gamma_2 < q \leqslant \gamma_3$		0.2774*** (6.36)	0.1399*** (3.55)
$q > \gamma_3$			0.2877*** (6.77)
年龄	-0.1194 (-0.45)	0.0230 (0.09)	0.0925 (0.39)
年龄平方	0.0007 (0.41)	-0.0001 (-0.05)	-0.0006 (-0.35)
性别	0.2400 (0.67)	0.4211 (1.26)	0.3718 (1.14)
收入水平	-0.1023 (-0.80)	-0.0972 (-0.81)	-0.0997 (-0.86)
健康水平	-0.0037 (-1.46)	-0.0011 (-0.48)	-0.0015 (-0.68)
个体固定效应	控制	控制	控制
时间固定效应	控制	控制	控制
常数项	13.8360 (1.49)	7.6307 (0.88)	5.3284 (0.63)
R^2	0.2607	0.3630	0.3973
F	238.316***	131.985***	46.782***
N	822	822	822

注：限于篇幅，个体固定效应和时间固定效应相关变量估计结果不再详细列出，下同。

三重门槛回归结果显示的门槛值分别为 0.0812、0.4121 和 1.1522。家庭年度医疗服务自负金额占收入比例在区间 [0, 0.0812) 时，保险保障等级系数在 10% 检验水平下显著为负；在区间 [0.0812,

0.4121）时，保险保障等级系数在10%检验水平下不显著；在区间[0.4121, 1.1522)时，保险保障等级系数在1%检验水平下显著为正；在区间[1.1522, +∞)时，保险保障等级系数在1%检验水平下显著为正。该结果表明当家庭年度医疗服务自负金额占收入比例在41.21%前后，个人医疗服务需求对医疗保障程度的反应敏感度发生明显变化，41.21%之前反应为负或零，41.21%之后反应为正，且敏感度逐渐增强：在区间[0.4121, 1.1522)时，保险保障等级系数为0.1399；在区间[1.1522, +∞)时，保险保障等级系数为0.2877，表明当家庭年度医疗服务自负金额占收入比例超过115.22%后，个人医疗服务需求对医疗保障程度的敏感度进一步增强。

根据上一节模型构建时的预期假设，结合实证分析结果，本书判定，我国灾难性医疗支出标准为家庭年度医疗服务自负金额占收入的41.21%。

6.2.3.2 不同收入水平下的灾难性医疗支出标准界定

上文笔者假设必要消费 C 为收入 Y 的一个固定比例 θ，由此界定灾难性医疗支出标准为 $\hat{\gamma} = 1 - \theta$。但根据恩格尔定律，必要消费支出占收入的比例 θ 与收入水平 Y 密切相关，收入水平越高，必要消费支出占收入的比例越低，即 $\theta = \theta(Y)$，$\theta'(Y) < 0$。据此，可以推定 $\hat{\gamma} = 1 - \theta(Y)$，$\hat{\gamma}'(Y) > 0$，即收入水平越高，发生灾难性医疗支出标准越高。

为检验上述推定，并进一步确认不同收入层级人群发生灾难性医疗支出的标准，本书将检验样本按照收入水平从低到高排序，大体等分为低收入人群、中低收入人群、中收入人群、中高收入人群和高收入人群5个组别，分别建立面板门槛模型进行回归分析。本书依然选择拟合优度最好的回归结果作为确认灾难性医疗支出标准的基础模型，并将个人医疗服务需求对医疗保障程度的反应由不显著或显著为负转变为显著为正的门槛值确认为灾难性医疗支出标准。5个分组面板门槛模型回归结果详见表6.10至表6.14。

表6.10为低收入组面板门槛模型回归结果。从拟合优度来看，三重门槛回归模型拟合优度最好（分别为0.2821、0.4278和0.4479），

因此本书接受存在 3 个门槛值的假定，并以三门槛回归结果作为灾难性医疗支出标准划定的依据。3 个门槛值分别为 0.1420、0.8405 和 1.6667。家庭年度医疗服务自负金额占收入比例在区间 [0, 0.1420) 时，保险保障等级系数为负，但在 10% 检验水平下不显著；在区间 [0.1420, 0.8450) 时，保险保障等级系数在 10% 检验水平下显著为正；在区间 [0.8450, 1.6667) 时，保险保障等级系数在 5% 检验水平下显著为正；在区间 [1.6667, +∞) 时，保险保障等级系数在 1% 检验水平下显著为正。该结果表明当家庭年度医疗服务自负金额占收入比例在 14.20% 前后，个人医疗服务需求对医疗保障程度的反应敏感度发生明显变化，14.20% 之前反应为零，14.20% 之后反应为正，且敏感度逐渐增强：在区间 [0.1420, 0.8405) 时，保险保障等级系数为 0.1206；在区间 [0.8405, 1.6667) 时，保险保障等级系数为 0.1960；在区间 [1.6667, +∞) 时，保险保障等级系数为 0.3890，表明当家庭年度医疗服务自负金额占收入比例超过 84.05% 和 166.67% 后，个人医疗服务需求对医疗保障程度的敏感度进一步增强。根据模型构建时的预期假设，本书判定，低收入层级人群灾难性医疗支出标准为家庭年度医疗服务自负金额占收入的 14.20%。表 6.11 和表 6.12 为中低收入和中收入组面板门槛模型回归结果。按照低收入人群的分析方法，中低收入和中收入人群灾难性医疗支出标准分别为家庭年度医疗服务自付金额占收入的 32.24% 和 56.07%。

表 6.10 低收入组划定灾难性医疗支出的面板门槛模型回归结果

门槛值	1	2	3
	$\gamma_1 = 0.1420$	$\gamma_1 = 0.1420$ $\gamma_2 = 1.6667$	$\gamma_1 = 0.1420, \gamma_2 = 0.8405, \gamma_3 = 1.6667$
保障等级 $q \leqslant \gamma_1$	−0.0895 (−1.07)	−0.0578 (−0.77)	−0.0417 (−0.56)
$\gamma_1 < q \leqslant \gamma_2$	0.1039 (1.29)	0.1187 (1.65)	0.1206* (1.70)
$\gamma_2 < q \leqslant \gamma_3$		0.3447*** (4.03)	0.1960** (2.41)

续表

	1	2	3
门槛值	$\gamma_1 = 0.1420$	$\gamma_1 = 0.1420$, $\gamma_2 = 1.6667$	$\gamma_1 = 0.1420$, $\gamma_2 = 0.8405$, $\gamma_3 = 1.6667$
$q > \gamma_3$			0.3890*** (4.45)
年龄	0.5618 (1.36)	0.6229* (1.68)	0.6322* (1.72)
年龄平方	-0.0036 (-1.29)	-0.0039 (-1.57)	-0.0040 (-1.62)
性别	1.1307 (1.22)	0.4089 (0.49)	0.4479 (0.54)
收入水平 健康水平			
个体固定效应	控制	控制	控制
时间固定效应	控制	控制	控制
常数项	-13.1037 (-0.90)	-15.3866 (-1.18)	-15.9083 (-1.23)
R^2	0.2821	0.4278	0.4479
F	58.003***	45.840***	6.549***
N	170	170	170

表6.11 中低收入组划定灾难性医疗支出的面板门槛模型回归结果

	1	2	3
门槛值	$\gamma_1 = 0.0797$	$\gamma_1 = 0.0769$, $\gamma_2 0.3224$	$\gamma_1 = 0.0769$, $\gamma_2 = 0.3224$, $\gamma_3 = 1.0333$
保障等级 $q \leq \gamma_1$	-0.0667 (-0.72)	-0.0362 (-0.43)	-0.0099 (-0.12)
$\gamma_1 < q \leq \gamma_2$	0.1570* (1.70)	0.1358 (1.64)	0.1514 (1.65)
$\gamma_2 < q \leq \gamma_3$		0.2526*** (2.99)	0.2477*** (2.98)
$q > \gamma_3$			0.3427*** (3.68)

续表

门槛值	1 $\gamma_1 = 0.0797$	2 $\gamma_1 = 0.0769$, $\gamma_2 0.3224$	3 $\gamma_1 = 0.0769$, $\gamma_2 = 0.3224$, $\gamma_3 = 1.0333$
年龄	-2.3452*** (-3.09)	-1.8348** (-2.61)	-1.1914 (1.58)
年龄平方	0.0146*** (-3.04)	0.0110** (2.46)	0.0072 (1.52)
性别	-0.1492 (-0.21)	-0.602 (-0.09)	0.2656 (0.40)
收入水平 健康水平	-0.0011 (-0.24)	-0.0018 (-0.42)	-0.0027 (-0.63)
个体固定效应	控制	控制	控制
时间固定效应	控制	控制	控制
常数项	98.1599*** (3.34)	80.1547*** (2.95)	54.3295* (1.85)
R^2	0.4494	0.5427	0.5642
F	98.133***	34.248***	8.323***
N	158	158	158

表6.12　中收入组划定灾难性医疗支出的面板门槛模型回归结果

门槛值	1 $\gamma_1 = 1.1222$	2 $\gamma_1 = 0.1204$, $\gamma_2 = 1.1142$	3 $\gamma_1 = 0.1204$, $\gamma_2 = 0.5607$, $\gamma_3 = 1.1142$
保障等级 $q \leq \gamma_1$	-0.0307 (-0.49)	-0.0020 (-0.39)	-0.0357 (-0.63)
$\gamma_1 < q \leq \gamma_2$	0.2657*** (3.60)	0.0861 (1.40)	0.0602 (0.96)
$\gamma_2 < q \leq \gamma_3$		0.3534*** (5.10)	0.1156* (1.82)
$q > \gamma_3$			0.3477*** (5.06)

续表

	1	2	3
门槛值	$\gamma_1 = 1.1222$	$\gamma_1 = 0.1204$, $\gamma_2 = 1.1142$	$\gamma_1 = 0.1204$, $\gamma_2 = 0.5607$, $\gamma_3 = 1.1142$
年龄	1.4093** (2.39)	1.007* (1.86)	1.0545* (1.96)
年龄平方	-0.0098** (-2.28)	-0.0067* (-1.71)	-0.0071* (1.81)
性别	3.4437*** (2.71)	3.3391*** (2.90)	3.4866*** (3.04)
收入水平 健康水平			
个体固定效应	控制	控制	控制
时间固定效应	控制	控制	控制
常数项	-42.4934** (2.15)	-30.0847* (-1.66)	-31.5611* (-1.75)
R^2	0.3835	0.4968	0.5093
F	99.378***	41.907***	4.733
N	180	180	180

表6.13为中高收入组面板门槛模型回归结果。按照低收入组的分析方法，虽然回归结果表明当家庭年度医疗服务自负金额占收入比例在20.27%前后，个人医疗服务需求对医疗保障程度的反应敏感度发生变化，且在超过43.64%后敏感度进一步增强，但由于在统计分析上没有通过显著性检验，据此可以认为中高收入层级人群的个人医疗服务需求在各个阶段对医疗保障程度的反应敏感度都不明显，自始至终并未发生实质性变化。表6.14为高收入组面板门槛模型回归结果，也与中高收入组回归结果类似。本书分析，这可能与较高收入层级人群具有一定的资产基础有关，他们可以在自负医疗费用较高时通过变卖流动性资产补充当期收入不足，因而具有更高的风险承受能力。此外，随着收入的增加，个人对医疗服务质量需求会提高，中高收入层级人

群对医疗保障程度反应不敏感可能也和我国目前医疗保险保障最基本医疗服务需求的政策导向相关。

表6.13 中高收入组划定灾难性医疗支出的面板门槛模型回归结果

	1	2	3
门槛值	$\gamma_1 = 0.2053$	$\gamma_1 = 0.0203$, $\gamma_2 = 0.2027$	$\gamma_1 = 0.0203$, $\gamma_2 = 0.2027$, $\gamma_3 = 0.4364$
保障等级 $q \leq \gamma_1$	-0.0129 (-0.09)	-0.1248 (-0.92)	-0.1906 (-1.42)
$\gamma_1 < q \leq \gamma_2$	0.1980 (1.28)	0.0148 (0.11)	-0.0494 (0.37)
$\gamma_2 < q \leq \gamma_3$		0.1972 (1.40)	0.0663 (0.45)
$q > \gamma_3$			0.1777 (1.29)
年龄	2.1400*** (2.88)	2.0139*** (2.98)	1.7631*** (2.64)
年龄平方	-0.0165*** (-3.06)	-0.0153*** (-3.12)	-0.0135*** (-2.78)
性别	0.5014 (0.59)	0.6206 (0.81)	0.6207 (0.83)
收入水平 健康水平	-0.0007 (-0.11)	0.0050 (0.84)	0.0043 (0.74)
个体固定效应	控制	控制	控制
时间固定效应	控制	控制	控制
常数项	-59.9060** (2.36)	-56.9301** (-2.47)	-47.9447** (-2.10)
R^2	0.3811	0.4945	0.5245
F	57.629***	38.367***	10.796***
N	168	168	168

表6.14 高收入组划定灾难性医疗支出的面板门槛模型回归结果

	1	2	3
门槛值	$\gamma_1=0.0664$	$\gamma_1=0.0606$, $\gamma_2=0.1807$	$\gamma_1=0.0013$, $\gamma_2=0.0606$, $\gamma_3=0.1807$
保障等级 $q\leqslant\gamma_1$	-0.0166 (-0.18)	-0.0212 (-0.23)	0.0412 (0.42)
$\gamma_1<q\leqslant\gamma_2$	0.1070 (1.10)	0.0495 (0.51)	-0.0202 (0.23)
$\gamma_2<q\leqslant\gamma_3$		0.1273 (1.32)	0.0784 (0.80)
$q>\gamma_3$			0.1508 (1.57)
年龄	-0.2895 (-0.49)	-0.4117 (-0.72)	-0.4311 (-0.76)
年龄平方	0.0049 (1.03)	0.0057 (1.22)	0.0061 (1.31)
性别	-0.4014 (0.71)	-0.4947 (-0.90)	-0.4243 (-0.78)
收入水平 健康水平	-0.0105 (-1.50)	-0.0098 (-1.41)	-0.0108 (-1.57)
个体固定效应	控制	控制	控制
时间固定效应	控制	控制	控制
常数项	5.9137 (0.30)	10.4140 (0.54)	10.0739 (0.53)
R^2	0.3105	0.3456	0.3708
F	32.979***	6.286	4.683
N	114	114	114

综合各收入组面板门槛模型回归结果的分析,低收入层级人群灾难性医疗支出标准为家庭年度医疗服务自负金额占收入的14.20%,

中低收入和中收入层级人群分别为32.24%和56.07%，而中高收入组和高收入层级人群可能会更高。因此，灾难性医疗支出标准与收入水平密切相关，收入水平越高，则发生灾难性医疗支出的标准越高。

6.2.4 两种灾难性医疗支出标准的社会福利评估

利用家庭和个人层面微观数据，通过建立面板门槛回归模型，本书检验出我国整体及各个收入阶层灾难性医疗支出标准。接下来将根据整体和所在收入层级标准分别界定家庭是否发生灾难性医疗支出，并比较两种标准下的灾难性医疗支出发生率。

两种标准下2007~2010年灾难性医疗支出发生率详见表6.15。其中，各年第1列为按照整体灾难性医疗支出标准即家庭年度医疗服务自负金额超过收入的41.21%计算出的灾难性医疗支出发生率，第2列为按照各收入层级各自灾难性医疗支出标准计算出的灾难性医疗支出发生率，其中低收入、中低收入和中收入的灾难性医疗支出标准分别为家庭年度医疗服务自负金额占收入的14.20%、32.24%和56.07%，根据上文的实证结果本书假定中高收入和高收入人群不计灾难性医疗支出。

表6.15　　　两种标准下的灾难性医疗支出发生率　　　　单位：%

年份	2007		2008		2009		2010	
收入情况	标准1	标准2	标准1	标准2	标准1	标准2	标准1	标准2
低收入	11.96	18.39	16.23	26.31	13.57	22.77	14.52	23.06
中低收入	7.36	9.67	9.60	11.86	7.29	9.40	8.22	10.09
中收入	4.94	3.44	8.61	6.30	6.87	5.56	6.16	4.82
中高收入	4.23	0.00	5.75	0.00	5.67	0.00	6.12	0.00
高收入	2.67	0.00	3.36	0.00	3.33	0.00	3.58	0.00
总体	7.26	8.60	9.74	11.35	7.37	7.85	7.07	6.48

同一年度内，两个标准计算出的总体灾难性医疗支出发生率并未

呈现较大差异,但各收入层级灾难性医疗支出发生率差异较大,其中在低收入和中低收入层级标准2高于标准1,而从中收入层级开始变为标准1高于标准2,因此,虽然两标准下都呈现灾难性医疗支出发生率随收入层级提高而降低的趋势,但与标准1相比,标准2计算出的各层级灾难性医疗支出发生率的差异更加明显。以上结果表明,采用整体标准和各自标准并不会造成对灾难性医疗支出发生率估计的过大偏差,但会影响各收入层级灾难性医疗支出的分布,改变灾难性医疗支出发生率的内部构成。

本书假设在基本医疗保险基础上设立一种补充医疗保险,对发生灾难性医疗支出的家庭进行二次补偿,补偿金额为基本医疗保险补偿后家庭自负医疗费用超过灾难性医疗支出标准的全部医疗费用,则可以估计出两种灾难性医疗支出标准的户均补偿金额,详见表6.16。在户均补偿金额基础上,本书进一步考察根据两种标准设立的补充医疗保险保障水平的提升程度,即补偿金额占医疗费用的比例,详见表6.17。从估计结果来看,在两种标准下总体户均补偿金额和保障水平提升程度差异不大的情况下,虽然都呈现随收入层级提高而降低的趋势,但与标准1相比,标准2计算出的差异更加明显。这说明以各收入层级灾难性医疗支出标准为支付标准的补充医疗保险更具有再分配效应。

表6.16　　　两种灾难性医疗支出标准的户均补偿金额　　　单位:元/户

年份	2007		2008		2009		2010	
收入情况	标准1	标准2	标准1	标准2	标准1	标准2	标准1	标准2
低收入	3598.25	5516.79	2645.68	4352.24	3221.04	5155.79	3599.67	5725.98
中低收入	1921.48	2341.42	2254.82	2723.67	2623.35	3157.31	3771.41	4482.07
中收入	1249.36	836.09	3060.59	2140.16	1514.30	1054.91	1696.91	1198.25
中高收入	1150.19	0.00	1811.72	0.00	1399.33	0.00	2128.56	0.00
高收入	745.27	0.00	882.22	0.00	1578.00	0.00	1278.30	0.00
总体	2063.44	2442.66	2220.50	2242.11	2084.24	1905.27	2259.73	1898.59

表6.17　　两种灾难性医疗支出标准的保障水平提升程度　　单位：%

年份	2007		2008		2009		2010	
收入情况	标准1	标准2	标准1	标准2	标准1	标准2	标准1	标准2
低收入	48.69	74.64	39.66	65.24	40.58	64.96	40.85	64.98
中低收入	32.13	39.15	35.51	42.89	36.13	43.48	37.96	45.11
中收入	31.53	21.10	40.09	28.03	25.87	18.02	31.81	22.46
中高收入	22.02	0.00	29.78	0.00	25.79	0.00	27.27	0.00
高收入	16.95	0.00	19.95	0.00	26.95	0.00	17.42	0.00
总体	36.14	42.78	35.20	35.54	32.08	29.32	29.67	24.93

6.2.5　结论和启示

科学界定灾难性医疗支出标准是实现大病保险精准保险，提升大病保险效率的关键之一。本书从灾难性医疗支出内在发生机理入手，发现个人累积自负总额与预算约束的关系影响个人医疗服务需求对医疗保险补偿比例的反应敏感程度，发生灾难性医疗支出的信号为个人医疗服务支出对医疗服务价格的敏感度提高，且医疗保险补偿比例越高，其医疗服务支出越大，这时的医疗服务自负累积金额占可支付能力的比例即可界定灾难性医疗支出标准。本书据此采用家庭和个人层面微观数据，建立面板门槛回归模型进行实证分析。

结果表明，不同收入人群由于消费结构和抗风险能力差异，其灾难性医疗支出标准也有所不同，其中低收入、中低收入和中收入的灾难性医疗支出标准分别为家庭年度医疗服务自负金额占收入的14.20%、32.24%和56.07%，而中高收入层级人群的个人医疗服务需求在各个阶段对医疗保障程度的反应敏感度都不明显，可以推断其发生灾难性医疗支出的概率极低。这意味着灾难性医疗支出标准采用何种形式的衡量方式将影响医疗保障体系的保障重点和保障效率，将高额医疗费用与具体家庭财务承受能力关联，并适度向低收入人群倾斜，更有利于提升社会总体福利。

6.3 低收入人群的大病保障模式研究

根据前文分析,大病保险的普惠性质导致了"低收入人群用不上"的局面,同时医疗保障效应存在收入阶层差异性,有必要适度向低收入人群政策倾斜,以提升保障效率。根据国家统计局"2015年国民经济和社会发展统计公报"显示,2015年我国农村贫困人口为5575万人,结合国务院扶贫办摸底调查显示,我国贫困人口中因病致贫率约为42%,是五大类致贫原因最高的一类,按照42%的因病致贫比例,2015年我国因病致贫人数约为2341.5万人,而因病致贫人群多为大病患者。低收入人群更容易因病致贫因病返贫,一些地区的大病保险政策已经开始向低收入人群倾斜,针对低收入人群建立大病补充医疗保险,在不增加大病患者负担的情况下提高了保障水平,可以实现大病的精准保障。本节将结合部分地区情况对困难人群大病补充医疗保险进行分析,同时对大病保险和医疗救助的衔接进行研究,模拟测算精准保障下医疗救助资金需求。

6.3.1 贫困人群大病补充保险

目前贫困人群大病患者的医疗保障包括三层:城乡居民基本医疗保险、大病保险和医疗救助,补偿顺序基本按照"基本医保+大病保险+医疗救助"进行,这种补偿模式存在的问题是贫困人群往往因为支付能力而止步于大病保险的起付线,大病保险对低收入人群并未发挥到应有的保障作用。针对这一问题,一些地区试点针对贫困人群的大病补充保险,即使用医疗救助资金为贫困人群购买补充保险,对贫困人群在基本医保和大病保险基础之上的自付医疗费用给予补偿,这一举措既为贫困人群大病患者提供了进一步的保障,同时也提高了医疗救助资金的使用效率。

6.3.1.1 河南省焦作市困难群众大病补充医疗保险

1. 实施背景

随着基本医疗保险制度和大病保险实现全覆盖，困难群众因病致贫、因病返贫问题得到了初步缓解。然而，由于城乡居民基本医保保障水平有限，困难群众家庭往往因为一个大病患者而难以承受医疗费用负担，焦作市因贫不能看病、因病加剧贫困问题依然存在。为了解决这一问题，焦作市于2014年建立了"困难群众商业保险医疗救助机制"，通过政府购买商业保险提高困难群体医疗保障水平，2015年由于实施方案不完善导致保险基金透支暂定该项措施，2016年进一步完善新的方案，建立了"困难群众大病补充医疗保险"，政策定位为：完善多层次的医疗保障体系，建立困难群众大病补充医疗保险制度，解决困难群众因贫看不起病、因病加剧贫困问题；同精准扶贫工作结合，通过"特惠制"的方案设计，发挥医保功能实现对困难群众的精准扶贫。

2. 实施方案

第一，运作方式。困难群众大病补充医疗保险采取"政府主导、商业运作"，由焦作市民政局牵头管理，由中国人保健康焦作中心支公司承办。

第二，保障对象。2014年实施时，主要针对具有焦作市户口，参加城镇居民基本医疗保险或新农合保险，且是城乡最低生活保障对象或者县级以上人民政府规定的其他特殊困难人员，当年约有15万人纳入商业保险医疗救助范围。2016年保障对象在2014年基础上加入了城市"三无"人员和农村"五保"供养对象，保障范围更加完善和合理，2016年核定困难群众共14.5万人。从焦作市困难群众的界定中可以看出，不仅包括农村的贫困人群，还包括城镇的"三无"人员，保障范围更广泛。[①]

第三，筹资水平。2014年焦作市、县两级财政筹资1020万元，市

[①] 需要注意的是，农村建档立卡贫困人群并不必然包括在焦作市的农村贫困之中，有重复的部分也有遗漏，未来焦作市将有约5万人建档立卡贫困户全部纳入。

财政 300 万元，县级财政按本辖区常住人口每人每年 2 元的标准共筹资 720 万元。2016 年完善筹资机制，大病补充医疗保险金实行全市统筹管理使用，筹资标准充分考虑收入增长和卫生费用增长等指标动态调整。2016 年筹资标准为每人每年 100 元，由市、县（市）区财政按 3∶7 的比例承担。

第四，保障范围和保障水平。2014 年，对救助对象一个年度内住院就医发生的合规医疗费用经基本医疗、大病保险报销和民政部门救助，并在个人承担 5% 后，剩余部分由人保健康全额赔付，相当于个人 5% 医疗费用责任之后由商业保险公司兜底，这容易出现道德风险问题，也是导致 2014 年保险基金透支的主要原因。2016 年对于保障水平进行了合理确定（见表 6.18）。

表 6.18　　　　　　焦作市困难群众大病补充保障水平

	分段（单位：万元）	新农合（%）	城镇居民（%）
大病保险起付线（含）以下，基本医保报销后合规自付费用	0.3~0.5（含）	40	40
	0.5~1（含）	50	50
	1~1.5（含）①	60	—
	1~1.8（含）②	—	60
大病保险起付线以上，大病保险报销后累计合规自付费用	0~3.5（含）	80	80
	>3.5	90	90

注：①1.5 万元为新农合大病保险起付线；②1.8 万元为城镇居民大病保险起付线。

第五，医疗费用管控。为防止出现医疗资源的浪费，焦作市注重加强对医疗机构服务行为的监管，合理控制医疗费用，保证基金的运行安全。除了采取分级诊疗引导就医秩序、利用商业保险机构专业优势强化对医疗机构监管等措施之外，最主要的措施是规定不同级别医疗机构不报销医疗费用的比例，基层医疗卫生机构、二级医院、三级医院不列入医疗保险报销范围的医疗费用，分别不得超过医疗总费用的 2.5%、10%、20%，超出部分由医疗机构自行承担。

3. 焦作市困难群众大病补充医疗保险成效

第一，大病补充医疗保险在减轻困难群众的大病医疗费用负担的同时实现了精准保障和医疗精准扶贫。人保健康通过对焦作市2014年发生案件的统计，商业保险医疗救助共理赔1.66万份，理赔金额1180.61万元。对于享受到补充保险待遇的困难群众的合规医疗费用，基本医保、民政救助和商业补充保险分别补偿66.82%、16.13%和14.96%，政策范围内报销比达到97.9%。从图6.1中的个人案例中可以看出，患者发生合规医疗费用165598.7元，新农合赔付101597.6元，民政救助6000元，参保前需自付费用56501.1元，参保后人保健康赔付患者53676元，患者共得赔款161273.6元，自付费用只有4325元，占比2.6%，补充医疗保险赔付占比达32.4%。因此，通过这项制度为遭遇疾病的困难群众再次编织了一层安全保障网，大大缓解了就医负担。如图6.1所示。

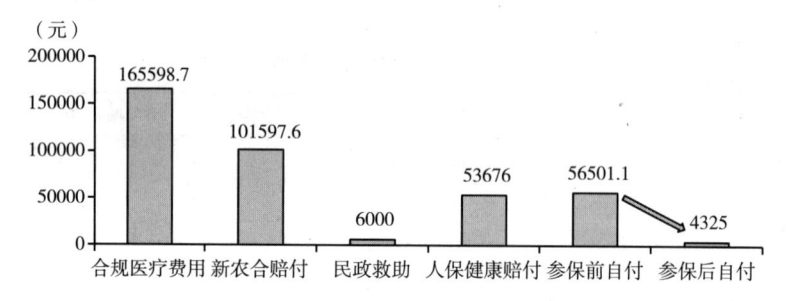

图6.1 大病补充医疗保险个人案例

第二，保障水平的合理界定关系到大病补充保险的稳定及可持续。焦作市在2014年设定大病补充保险的保障水平时，方案侧重于对困难群众的"普惠"，只要进入保障名单，不论发生医疗费用高低均给予补偿，并且报销比例高，上不封顶，是一种兜底救助。这容易引发人们争做困难群众的欲望，也容易引发医院对困难群众的争抢，这两"争"引发小病大治、低条件入院、过度医疗等风险，造成基本医疗基金和救助基金经营压力，当年民政医疗救助资金和商业医疗救助资金均出现了收不抵支现象，可持续发展受到质疑。2014年该方案下的简单赔付率达到119%，综合费用率130%多。因此，未来的医疗精准保障和精准扶贫过程中，需要综合权衡医疗保障水平的提升和基金的安全，在提升大病患者保障水平的同时，要守住基金安全这条底线。

6.3.1.2 四川省泸州市叙永县医疗扶贫附加保险

叙永县医疗扶贫附加保险和焦作市的困难群众大病补充医疗保险本质是相似的，都是针对贫困人群实施的一项大病补充医疗保险，然而，叙永县作为国家级贫困县，贫困人群的保障措施更加完善，保障水平也更高。

1. 实施背景

2015年，泸州市布局医疗扶贫"四百工程"（全民预防保健覆盖面100%；基本医疗保险参保率100%；商业附加险参保率100%；应救必救面100%），总体要求是，自2016年起，县域内住院就诊的建档立卡扶贫人口通过城乡居民基本医疗保险政策倾斜、医疗机构对医保报销后个人自付医疗费用给予部分减免等措施，确保个人医疗费用支出控制在医疗费用的10%以内。10%的医疗费用由帮扶责任单位资助解决或县区政府统筹解决。2017年，市县域内医疗机构就诊的建档立卡贫困人口重特大疾病住院个人医疗费用由政府兜底解决。

叙永县作为国家级贫困县，全县有贫困村90个，贫困户20394户，贫困人口共79709人（占11%），因病致贫8347户，占贫困户的40.9%。根据国家精准扶贫工作要求和泸州市医疗扶贫整体规划，结合本地情况，叙永县实施了健康扶贫"四百工程"，通过四道防线防止因病致贫。其中，第一道防线：贫困人口全民预防保健覆盖面100%，主要包括贫困地区免费体检全覆盖、健康档案全覆盖和精准管理全覆盖；第二道防线：贫困人口基本医疗保险参保率100%，包括全面资助参保、调整报销政策（乙类上调为90%；县内住院起付线降低50元，报销比例提高5%；医疗机构对县内住院个人自付费用减免5%）；第三道防线：贫困人口医疗扶贫附加保险受益面100%；第四道防线：贫困人口医疗救助面100%，在各项制度负担90%治疗费用之后，余下10%由帮扶单位资助解决或政府统筹解决，市县所有扶贫对象县内住院"零自付"。

2. 实施方案

第一，运行方式。采用"政府主导、商业运作"的方式，由泸州市医疗保险管理局牵头，引入商业健康保险公司（中国人寿）承办叙永县医疗扶贫附加保险。引入商业保险模式探索建立医疗扶贫附加保险，可以充分利用商业保险公司调查、赔付等较为完善的管理模式，同时保险公司对赔付的严格审核有效降低和控制了医疗保险基金的支出，是基本医疗保险的有益补充，与基本医疗保险等形成多层次的保障方案，提升贫困群众医疗保障水平。

第二，保障对象。叙永县医疗扶贫附加保险针对的是建档立卡的农村贫困人口，特别是病患者、"老弱伤残"脆弱人群，尤其是患大病、慢性病贫困人口为重点保障对象。因此，相比于焦作大病补充医疗保险，叙永县医疗扶贫附加保险针对性更强。2016年贫困人口大约有79709人。

第三，筹资水平。医疗扶贫附加保险的筹资由市县财政共担，2015年全县扶贫对象人均筹资标准为100元，基金实行集中管理、封闭运行。

第四，保障范围和保障水平。医疗扶贫附加保险的保障对象在县域内县级和基层医疗机构（不含三级医院及异地治疗）住院治疗后，在基本医保、医疗机构减免、大病保险等支付后，参保年度内个人政策范围内费用补偿不足90%的部分，由医疗扶贫附加保险补足。换句话说，参保对象在基本医保和大病保险报销之后，个人自付费用仍超过政策范围内医疗费用10%以上的部分，由医疗扶贫附加险补偿，即在医疗救助之前，医疗扶贫附加保险"保底"合规医疗费用报销达到90%。

3. 医疗扶贫附加保险运行效果

叙永县医疗扶贫附加保险减少了个人医疗费用支出，大大减轻了贫困人群医疗费用负担。举例说明，自2016年1月1日~9月20日，叙永县贫困人员医疗费用总额为2486.14万元，其中：基本医保和大病保险报销1796.72万元，占比72.27%；医院减免35.16万元，占比

1.41%；大病补充（纯商业保险性质）报销：0.1万元，占比0.004%；医疗扶贫附加保险报销243.01万元，占总费用9.77%；民政救助172.22万元，占总费用6.93%。以上各项保障措施的保障水平达到了90.4%，实现了"个人负担医疗费用控制在10%以内"的政策目标，医疗扶贫附加保险作用显著。

6.3.1.3 "特惠型"大病补充医疗保险保障模式的推广价值

目前我国医疗保障制度的补偿顺序为基本医保、大病保险、医疗救助、商业补充保险等。然而，贫困人群受限于支付能力可能止步于大病保险起付线，无法享受大病保险的报销，应该救助的对象也可能无法获得医疗救助。因此，针对贫困人群的政策倾斜和灵活调整医疗保障补偿顺序很有必要。

城乡居民基本医疗保险和大病保险都属于"普惠型"的医疗保障政策，虽然大病保险文件提到"鼓励地方探索向困难群体适当倾斜的具体办法，努力提高大病保险制度托底保障的精准性。"然而，如果把大病保险基金用于少数贫困人群的补偿，对多数非贫困大病患者是不公平的。同时，使用大病保险基金来提高低收入人群大病保障水平，会冲击大病保险基金安全，不利于大病保险基金的收支平衡。实践中，一些地区直接将医疗救助基金支付给医院，用于降低贫困人群基本医保的起付线或者提升其报销比例，这容易产生道德风险问题。

相比之下，贫困人群大病补充医疗保险属于"特惠型"医疗保障政策，将原本就用于困难人群的医疗救助资金为其购买大病补充医疗保险，一方面，可以充分发挥保险的分散风险作用，提高医疗救助基金专业管理水平，冲破部门之间限制统筹使用社保基金，有效对接保险基金和救助基金；另一方面，可以改变以往"撒胡椒粉"式的保障政策的低效率状况，充分利用医保基金，使医疗保障政策更加精准。

总之，对于低收入人群的大病保障模式，医疗救助应发挥核心作用,在有针对性地调整贫困人群医疗保障补偿顺序、降低基本医保起付线、提升报销比例等倾斜政策基础上,可以试点推广"特惠型"的贫困人群大病补充医疗保险,提高医疗救助基金使用效率。

6.3.2 精准保障下医疗救助基金需求测算

无论是焦作市困难群众大病补充医疗保险还是泸州市医疗扶贫附加保险,都是针对困难群众的"精准保障"措施,该措施实施的关键之一是各项制度的有效衔接。2015年的国务院办公厅《关于进一步完善医疗救助制度全面开展重特大疾病医疗救助工作意见的通知》(2015)(下文简称《通知》)和2017年民政部等六部委《关于进一步加强医疗救助与城乡居民大病保险有效衔接的通知》(2017)都提出要加强医疗救助和大病保险的有效衔接。本部分将测算医疗救助与大病保险有效衔接并实现精准支付的情况下所需要的医疗救助金额。

6.3.2.1 测算依据

根据2015年《通知》,住院救助的保障水平是经基本医疗保险、城乡居民大病保险及各类补充医疗保险、商业保险报销后的个人负担费用,在年度救助限额内按不低于70%的比例。为了区分不同收入人群的不同情况,本书主要测算"对基本医疗保险和大病保险报销后超过灾难性医疗支出标准的个人负担部分补贴70%"这一方案所需的医疗救助新增支付资金数额。本方案中,医疗救助作为医疗保障体系的最后一道程序,是在基本医保和大病保险报销后对个人负担的部分进行补偿的制度。

第一步:计算扣除基本医保和大病保险分别报销之后的个人自负金额,即:

$$C_i = M_i - P_i - D_i \qquad (6.25)$$

其中,M_i 为个人 i 总医疗费用,P_i 为基本医保报销金额,D_i 为大病保险报销金额,而 C_i 为个人自负金额。

第二步:计算个人灾难性医疗支出标准。假设个人 i 的年可支配收

入为 Y，根据 WHO 对灾难性医疗支出的定义，个人 i 发生灾难性医疗支出的判断标准为：

$$n_i = \begin{cases} 1, C_i > B_i \\ 0, C_i \leq B_i \end{cases}, B_i = Y_i \times 40\% \qquad (6.26)$$

其中，B_i 为个人 i 发生灾难性医疗支出的医疗费用自负金额标准。

则发生灾难性医疗支出的人数为：$N = \sum n_i$

第三步：计算医疗救助新增资金需求：

$$GC_i = \sum_i (C_i - B_i) \times 70\% \times n_i \qquad (6.27)$$

6.3.2.2 测算步骤

1. 各费用段灾难性医疗支出人次

首先，将人群按人均可支配收入划分为 8 个部分，按照 WHO 灾难性医疗支出的定义（超过当年个人可支配收入 40%）计算出不同收入人群灾难性支出标准，详见表 6.19。

表 6.19 　　　　2012 年不同收入人群灾难性医疗支出费用标准

城镇居民人群（%）	人均可支配收入（元）	人均灾难性医疗支出（元）
困难户（5）	6520	2608
最低收入户（10）	8215	3286
较低收入户（10）	12489	4995.6
中等偏下户（20）	16761	6704.4
中等收入户（20）	22419	8967.6
中等偏上户（20）	29814	11925.6
较高收入户（10）	39605	15842
最高收入户（10）	63824	25529.6
平均	24565	9826

资料来源：张杰，熊先军，李静湖. 城镇居民医保住院患者个人负担分析 [J]. 中国医疗保险，2015（5）：32 – 35。

其次，选用 2012 年医疗服务利用调查数据，将当次住院个人负担费用按照不同人群灾难性医疗支出费用标准进行分段,假设每个费用段内参保人群的收入结构相同,按人群比例计算出当次住院个人负担灾难性医疗支出人次。每个费用段内,灾难性医疗支出人数为不同收入组的人次之和。例如,在"2608～3286"费用段内,只有"困难户(5%)"发生了灾难性医疗支出,因此灾难性医疗支出人数等于住院人次总数 990518×5% = 49525.9(人);在"3286～4995"费用段内,有困难户和最低收入户两部分人群发生灾难性支出,因此灾难性支出人数等于住院人次总数 1289529×10% = 128952.9(人) [困难户(5%)包含在最低收入户(10%)中]。在"4995～6705"费用段内,有困难户、最低收入户和较低收入户三部分人群发生灾难性支出,因此灾难性支出等于住院人次总数 574593×(10% + 10%) = 114918.6(人)。其他费用以此类推。计算结果详见表6.20。

2. 各费用段医疗救助补偿额度

首先,假设住院患者各费用区间均匀分布,则可取每个费用区间的平均数作为每个费用段的支付标准。

其次,由于2012年还未实行大病保险,因此当次住院个人负担费用仅仅扣除了基本医疗保险的报销金额,需要在此基础上假设大病保险已经全面实行,模拟大病保险的报销金额。假设大病保险的起付线为17194.27元[①],处在15842～25530元费用段内,前面7个费用段均没有超过该标准,因此大病保险报销金额为0,个人负担全部金额;在15842～25530元费用段,个人医疗费用平均数为20686元,假设大病保险报销10000元,剩余10686元作为个人负担金额进行下一步计算;在大于25530元费用段内,假设个人医疗费用平均为50000元,大病保险报销20000元,则剩余的30000元作为个人负担金额进行下一步计算。

---

① 根据《中国统计年鉴2013》,2012年全国城镇居民可支配收入为24564.7元,农村居民纯收入为7916.6元,城镇化率为52.57%,加权平均后的人均可支配收入为17194.27元。

表6.20　2012年当次住院个人负担不同区间住院人次及发生灾难性支出人次

当次住院个人负担（元）	住院人次总数①（人）	困难户（5%）	最低收入户（10%）	较低收入户（10%）	中等偏下户（20%）	中等收入户（20%）	中等偏上户（20%）	较高收入户（10%）	最高收入户（10%）	灾难性支出人次总数（人）
小于2608	10699690	0								
2608~3286	990518	49526								49526
3286~4995	1289529	64477	64477							128953
4995~6705	574593	28730	28730	57460						114919
6705~8968	374367	18718	18718	37437	74873					149747
8968~11925	221831	11092	11092	22183	44366	44366				133099
11925~15842	157657	7883	7883	15766	31531	31531	31531			126126
15842~25530	179368	8969	8968	17937	35874	35874	35874	17937		161431
大于25530	136945	6847	6847	13695	27389	27389	27389	13695	13695	136945

注：困难户（5%）包含在最低收入户（10%）中。

① 张杰，熊先军，李静湖．城镇居民医保住院患者个人负担分析［J］．中国医疗保险，2015（05）：32-35.

最后，在扣除了基本医保和大病保险补偿金额的基础上，将不同收入层级人群对应的灾难性支出标准作为其各自起付标准，用各费用段人均医疗自负金额减去这一标准，之后再乘以70%，即为城镇居民医疗救助的个人补贴金额。例如，在3286~4995元费用段内，最低收入户的起付标准为2608元，因此对该部分人群的救助金额应为（个人负担平均数4140.5-起付线2608）×70%；较低收入户的起付标准为3286元，因此对该部分人群的救助金额为（个人负担平均数4140.5-起付线3286）×70%。计算结果详见表6.21。

3. 医疗救助总支出额度

表6.20和表6.21分别计算出了每段费用区间上各个收入人群应享受医疗救助的人数和救助金额，因此将二者相乘即可得到每段费用区间上每个收入阶段应支出的医疗救助金额（见表6.22），将各个部分加总后即得出总的医疗救助支出金额。

经测算，在5%抽样数据下，城乡居民医疗救助需要新增支出约为36.1亿元，则全国城乡居民医疗救助需要新增支出约为722.09亿元。如果按照2012年医疗救助总支出203.8亿元计算，这部分新增金额使财政支出增加3.54倍。如果仅考虑将低收入层级人群界定为救助对象，则需要新增支出约为312.16亿元，这部分新增金额使财政支出增加1.53倍。

6.3.2.3 小结

大病保险的筹资空间有限，在"以收定支"原则下，面对规模庞大的重特大疾病医疗费用，其支付能力也十分有限，客观上要求必须不断完善大病保险的补偿机制实现"提质增效"，将十分有限的大病保险基金用在真正需要发挥其本职功能的地方，此外，要和其他医疗保障项目通力配合，最主要的是做好大病保险和医疗救助的制度衔接，在最大程度降低灾难性医疗支出发生概率方面产生协同效应。

第6章 大病保险的精准保障

表6.21 当次住院个人负担不同区间医疗救助报销金额

当次住院个人负担区间(元)	个人负担金额(元)	困难户(2608)	最低收入户(3286)	较低收入户(4995)	中等偏下户(6705)	中等收入户(8968)	中等偏上户(11925)	较高收入户(15842)	最高收入户(25530)
小于2608									
2608~3286	2947	237.3							
3286~4995	4140.5	1072.75	598.15						
4995~6705	5850	2269.4	1794.8	598.5					
6705~8968	7836.5	3659.95	3185.35	1989.05	792.05				
8968~11925	10446.5	5486.95	5012.35	3816.05	2619.05	1034.95			
11925~15842	13883.5	7892.85	7418.25	6221.95	5024.95	3440.85	1370.95		
15842~25530	10686	5654.6	5180	3983.7	2786.7	1202.6	0	0	
大于25530	30000	19174.4	18699.8	17503.5	16306.5	14722.4	12652.5	9910.6	3129

表6.22 各个人负担区间上不同收入人群需要的医疗救助金额

当次住院个人负担区间（元）	困难户（5%）	最低收入户（10%）	较低收入户（10%）	中等偏下户（20%）	中等收入户（20%）	中等偏上户（20%）	较高收入户（10%）	最高收入户（10%）	总计（万元）
小于2608	0	0	0	0	0	0	0	0	0
2608~3286	1175.25	0	0	0	0	0	0	0	1175.25
3286~4995	6916.71	3856.66	0	0	0	0	0	0	10773.37
4995~6705	6519.91	5156.40	3438.94	0	0	0	0	0	15115.24
6705~8968	6850.82	5962.45	7446.35	5930.35	0	0	0	0	26189.97
8968~11925	6085.88	5559.47	8465.18	11619.73	4591.68	0	0	0	36321.94
11925~15842	6221.82	5847.70	9809.34	15844.37	10849.48	4322.80	0	0	52895.50
15842~25530	5071.27	4645.63	7145.48	9996.90	4314.16	0	0	0	31173.44
大于25530	13129.19	12804.22	23970.17	44661.87	40323.18	34653.93	13572.07	4285.01	187399.65
总计	51970.85	43832.53	60275.46	88053.22	60078.50	38976.73	13572.07	4285.01	361044.36

第 7 章

结论启示和政策建议

我国在短时间内建成了覆盖全民的基本医保体系,形成了以基本医疗保障为主体、其他多种形式的补充保险和商业健康保险为补充的多层次医疗保障体系,医改成就举世瞩目。尤其是 2009 年新医改以来,基本医疗保险保障水平不断提升,在解决因病致贫因病返贫方面发挥了重要作用,随着大病保险的全面推广,城乡居民看病负担进一步减轻。然而,随着我国基本医保的全覆盖和保障水平的不断提高,加之新常态下医保基金筹资能力的下降,基本医保基金面临较大的赤字风险,多个统筹地区基本医保基金出现了收不抵支的现象,威胁着基本医保制度的可持续。如何完善医疗保障体系、实现基本医保的"提质增效"是必须深入研究的问题。本书预测分析了基本医疗保险基金风险状况,重点分析了大病保险基金收支状况、测算未来放开合规医疗费用的大病保险基金需求,在此基础上提出了有效利用大病保险基金的途径,即精准保障。

7.1 结论启示

7.1.1 基本医保基金面临较大赤字风险

2015 年,城镇职工基本医保和城镇(城乡)居民基本医保政策范围内住院费用基金支付比例分别为 81.9% 和 64.6%，实际住院费用基金支付比例分别为 72.8% 和 55%。然而，保障水平连续多年提升之后，2015 年职工医保和居民医保同时出现了政策范围内和实际报销比例"双下降"的情况，基本医疗保险保障水平提升进入了一个"瓶颈期"。虽然基本医保报销比例不是越高越好，但目前我国基本医保实际报销比例仍有提升的空间，2015 年报销比例的下降提醒人们：近些年我国基本医保保障水平在提升的同时，医疗费用也呈现快速增长趋势，患者个人医疗费用负担仍然较重，在已经实现全民医保之后，医疗保险基金收入增速也将下降，医保制度应通过内部的优化提高基金的保障效率，最终实现保障水平的提升。

根据《2015 年全国医疗生育保险运行分析报告》统计，2015 年职工医保统筹基金存在支大于收的情况涉及 24 个省份的 143 个统筹地区，辽宁省全省 2015 年当期收不抵支，10 个省份的 40 个统筹地区甚至出现了累计结存赤字，有 91 个统筹地区的基金累计结余处于不足 3 个月的"结余不足"状态。2015 年城镇（城乡）居民医保有 25 个省份的 61 个统筹地区当期基金支大于收，上海和西藏两省（市、自治区）总计当期支大于收，而西藏自治区更是出现了居民医保基金累计结余赤字的情况。新农合基金的高使用率也导致其面临较大风险。因此，基本医保基金面临着较大的赤字风险，通过对城乡居民基本医保基金未来发展情况进行预测发现，如果按照目前的筹资方式，我国城乡居民基本医保基金最早将在 2020 年出现当期结余赤字并在 2024 年出现累计结余赤字。

7.1.2 大病保险基金总体收支平衡但部分省份出现当期赤字

从各个统筹地区实践情况来看，大病保险基金筹资来源大多是从城镇居民医保基金、新农合基金中划出一定比例或额度。因此，基本医疗保险基金风险也冲击着大病保险基金收支平衡，而实际上考虑到基本医疗保险基金的风险，各统筹地区对于大病保险基金的筹资标准一般从较低水平开始,基本维持"收支平衡"。如果从大病保险保费收入和保费支出来看,2014年和2015年都有所结余,然而在扣除了保险公司的业务管理费等费用之后,保险公司整体上处于亏损状态,2014年亏损10.7亿元,2015年亏损9.1亿元,因此我国大病保险基金实际上已经处于收不抵支的状态,基金风险较大。

如果不考虑基金管理费,从省级基金情况来看,2015年,天津、山东、湖北、广东、云南、宁夏等省市、自治区的大病保险基金已经处于当期赤字状态,如果按照统筹地区统计问题可能更为严重。从保险公司承保情况来看,2015年,16家保险公司中已有包括光大永明、太保财险、太平财险和中华联合的四家处于亏损。虽然大病保险的经营原则是"收支平衡、保本微利"的原则,但在目前统筹层次还较低的情况下,大病保险的基金风险较大,同时大病保险份额较少的保险公司在长期亏损状态下可能会退出市场,这不利于大病保险的可持续发展。

7.1.3 合规医疗费用界定关系到大病保险基金安全

大病保险把"合规医疗费用"作为保障范围,是因为大病患者使用的多数药品、诊疗项目等会超出基本医保的范围,如果还把大病保险的报销范围限定在基本医保"三个目录"之内,将弱化大病保险的保障效果。统计分析发现,北京等22个省级大病保险文件仍将大病保险的合规医疗费限定在基本医保目录之内,仅有少数地区在基本医保目录的基础上有所扩展。合规医疗费用界定采用负面清单形式的省份一般也是突破基本医保目录的省份,包括山西、吉林、安徽、广西、贵州、宁夏等省和自治区。适当扩展大病保险合规医疗费用对于降低大病患者医疗费用负担有重要意义,但同时需要谨防合规医疗费用的扩展对大病保险基金的冲击,保障医疗保障制度的可持续发展。

根据调研数据,本书假设完全放开合规医疗费用,将全部医疗费用纳入大病保险保障范围,对大病患者基本医保报销后的个人自负医疗费用的实际报销比例为50%,测算出新增筹资基本上翻了一番,新增额度比较大。基于完全放开合规医疗费用对大病保险乃至基本医疗保险基金冲击过大，本书考虑部分放开合规医疗费用，将那些对重特大疾病患者来说必要且有效的药品和诊疗纳入合规医疗费用补偿范围，以提高各层次医疗保障项目基金的使用效率。经测算，这种情况下的人均新增筹资比完全放开合规医疗费用已减少很多。同时，为了减小大病保险基金压力，在扩展合规医疗费用初期可以少量纳入药品种类，并且设定一个较高的自付比例，对于贫困人群仍然可能出现"因病致贫"的问题可以依靠医疗救助解决，对于经济条件好的人群可以通过商业补充保险来减轻一部分医疗费用负担，这样通过构建多层次的医疗保障体系，更好地防止因病致贫、因病返贫现象的发生。

7.1.4 不同收入阶层人群的医疗保险保障效应存在差异性

首先，通过建立 IV Probit 和 Treatment 计量模型验证了医疗保险确实对医疗费用增长有显著促进作用，然而，对于低收入人群来说，医疗保险促进医疗费用增长更多的是医疗需求的释放，而高收入人群可能存在着过度利用医疗资源的道德风险。这对于人们的启示是：不同收入人群的医疗费用负担具有差异性，我国的医疗保险尤其是基本医保并未根据家庭收入情况设定不同的支付标准，这导致高收入人群更容易过度利用医疗资源发生道德风险，而低收入人群由于发生灾难性医疗支出而对医疗服务没有支付能力导致保障不足，严重降低了医疗保险基金的使用效率，因此有必要精细统计不同收入水平人群的医疗费用及补偿程度分布，形成待遇和缴费多层次的对应关系，在尽可能提高低收入人群的保障水平的同时，控制高收入人群可能出现的道德风险问题。

其次，通过理论分析和面板门槛模型实证检验证明了医疗保险对不同收入人群保障效果存在差异性。实证结果显示，低收入人群由于其收入水平过低，即使有医疗保险也并没有明显促进其医疗服务的利用，医疗保险并未起到应有的保障作用，当收入水平有所提高之后，医疗需求就会有所释放，医疗保险开始发挥作用，同时在医疗保险控费机制的作用下（起付线、报销比例、封顶线等），并未出现过度利用医疗资源的问题。然而，当收入水平达到一定水平之后，医疗保险显著促进了医疗服务利用，医疗保险的机制设计应注意高收入人群可能存在过度使用医疗资源的问题。因此，在我国收入差距较大的情况下，低收入人群的医疗保障存在着不足，而高收入人群可能存在着过度利用医疗资源的问题。对于不同收入水平的人群，医疗保险机制设计应有所差异，尤其是对低收入人群的医疗保险政策应该有所倾斜，提高其保障水平。结合到大病保险政策，低收入水平人群受限于支付能力，目前"普惠制"的大病保险政策会使其止步于大病保险的起付线，享受不到大病保险的保障，从而出现"穷帮富"的情况，这也是目前大病保险保障效率不高的原因之一。

7.1.5 灾难性医疗支出合理界定影响大病保险保障效果

通过数据分析发现，大病保险降低了发生家庭灾难性医疗支出的概率，然而大病保险"一刀切"的保障政策，导致其对缓解不同收入水平参保者的医疗费用负担的作用存在明显差异，尤其是对低收入人群保障力度不足，低收入人群发生灾难性医疗支出的概率依然很高，相比之下，大病保险对降低中高收入人群灾难性医疗支出的概率的作用相对明显。因此，虽然大病保险从整体上提高了参保者的保障水平，但却出现了"低收入人群保不上，高收入人群不够用"的效率扭曲。

灾难性医疗支出的合理界定关系到大病保险的补偿效果。通过探索灾难性医疗支出发生机理与信号，建立计量模型实证研究结果显示：我国灾难性医疗支出标准为家庭年度医疗服务自负金额占收入的41.21%。低收入层级人群灾难性医疗支出标准为家庭年度医疗服务自负金额占收入的14.20%，中低收入和中收入层级人群分别为32.24%和56.07%，而中高收入组和高收入层级人群可能会更高。因此，灾难性医疗支出标准与收入水平密切相关，收入水平越高，则发生灾难性医疗支出的标准越高。灾难性医疗支出标准采用何种形式的衡量方式将影响医疗保障体系的保障重点和保障效率，将高额医疗费用与具体家庭财务承受能力关联，并适度向低收入人群倾斜，更有利于提升社会总体福利。

7.1.6　实现精准保障可以提高医保基金使用效率

合理界定灾难性医疗支出标准是针对大病患者精准保障的措施之一，同时还需要针对贫困人群制定专门的大病保障政策，这也是贯彻落实医疗精准扶贫战略的关键之一。一些地区的大病保障政策已经开始向低收入人群倾斜，针对低收入人群建立大病补充医疗保险，不但解决了直接将"普惠型"的大病保险基金用于少数贫困人群补偿的不公平问题和大病保险基金的可持续性问题，更重要的是，对于低收入人群的"特惠型"大病补充医疗保险的大病保障模式，改变了以往"撒胡椒粉"式的保障政策的低效率状况，充分利用医保基金，使医疗保障政策更加精准。

各项医疗保障制度的有效衔接是发挥制度合力的基础。本书测算了医疗救助与大病保险高效衔接模式下，实现精准支付所需要的医疗救助金额，即"对基本医疗保险和大病保险报销后超过灾难性医疗支出标准的个人负担部分补贴70%"所需的医疗救助新增支付资金数额，如果仅考虑将低收入层级人群界定为救助对象，则需要新增支出约为312.16亿元，这是在财政可承受能力之内的。因此，做好大病保险和医疗救助的制度衔接，实现精准保障，不但能节约有限的医疗保障基金，同时可以提高低收入人群的保障水平，提升保障效率。

7.2　政策建议

7.2.1　完善城乡居民基本医疗保险和大病保险筹资机制

第一，建立城乡居民基本医保的可持续筹资机制。在经济新常态的背景下，财政对医疗卫生的投入增速将有所趋缓，相比于城镇职工基本医保，主要依赖于财政投入的城乡居民基本医保筹资将会受到更大的影响，而政策运行初期依靠"扩面"增加筹资的时期也随着基本医保全覆盖成为过去式，必须要探索城乡居民基本医保新的筹资方式。可持续的筹资机制基本要求是：筹资水平与经济发展水平、筹资主体的经济承受能力、待遇水平相适应，筹资增长与居民收入增长水平、财政状况、医疗费用上涨情况相一致。根据国务院《"十三五"深化医药卫生体制改革规划的通知》，"逐步建立城乡居民医保个人缴费标准与居民收入相挂钩的动态筹资机制"，缴费与收入相关联的动态筹资机制不但充分考虑到了个人的经济承受能力，同时保证了医保基金筹资来源的稳定性。因此，为了防止盲目提高医保待遇的"泛福利化"，筹资水平应综合考虑财政支出能力、居民收入增长水平、医疗费用上涨、待遇水平等指标，建立可持续的动态筹资调整机制。

第二，探索大病保险多渠道筹资。现有大病保险政策下，大病保险筹资依赖于基本医疗保险基金状况，而根据本书测算，城乡居民基本医疗保险基金面临较大的赤字风险，加之大病保险全面推开产生的医疗需求释放效应，会进一步对医保基金结余造成消耗，目前的大病保险筹资制度安排难以支撑大病保险的长期运行。虽然2015年的国办《关于全面实施城乡居民大病保险的意见》明确提出了"完善城乡居民基本医保的多渠道筹资机制，保证制度的可持续发展"，但从各地大病保险筹资机制来看，仍是从基本医保基金中划出一部分，长期来看是不可持续的，应逐步探索大病保险的多渠道筹资模式：首先，作为我国医疗保障体系的一部分，政府稳定的财政投入不可缺少。原国务院医改办要求2016年城乡居民基本医保财政补助人均新增40元中的10元用于大病保险，这就从政策层面稳定了大病保险筹资来源，防止一些统筹地区由于基本医保基金状况不理想而影响大病保险筹资；其次，发挥社会的作用，通过慈善捐助等社会形式扩展大病保险筹资渠道。最后，个人根据收入状况缴纳保险费用，体现个人缴费责任，对于低收入人群可以通过医疗救助资助缴纳大病保险费用。

7.2.2 精细化大病保险报销机制

目前通用的灾难性医疗支出标准是"家庭负担的医疗费用超过家庭可支配收入的40%",这意味着医疗费用不是唯一的风险因素,还和家庭可支配收入有关。对于低收入人群,相对较低的医疗费用支出也会发生灾难性医疗支出,但对于富裕的家庭来说,只有自负医疗费用达到一定程度才会发生灾难性医疗支出。然而,目前我国的大病保险支付标准并未与家庭可支配收入相关联,统筹地区内统一的大病保险起付线,导致低收入人群发生灾难性医疗支出的概率远高于高收入人群,"一刀切"的政策缩小了大病保险的实际受益人群规模,未能真正解决由于大病引起的"因病致贫"和"因病返贫"现象。从文中大病保险保障效率的三个指标分析中也可以看出,虽然大病保险从整体上提高了参保者的保障水平,但却出现了"低收入人群用不上,高收入人群不够用"的效率扭曲。

因此,大病保险报销机制需要精细化管理,根据收入水平合理界定灾难性医疗支出标准,在适当时机和条件允许的情形下,根据收入水平进一步细化,制定不同等级的起付线。根据调研数据统计分析,将56户大病患者家庭按年度收入五等分,为使低收入家庭在大病保险报销后发生灾难性医疗支出概率与高收入家庭持平,仅需大病保险基金在原有支付额度基础上额外支付217866元,而大病保险对并未发生灾难性医疗支出高收入家庭支付就高达291587元,这部分基金对降低低收入家庭发生灾难性医疗支出概率绰绰有余。也就是说,对大病保险的报销机制进行精细化管理,将基金支付给真正发生灾难性医疗支出的家庭,特别是低收入家庭,能够实现大病保险保障效率的大幅提升。

7.2.3 尝试推行大病保险待遇的"申报制"

根据收入水平细化大病保险的报销机制,将大病保险待遇精确到每一个家庭,可以有效防止家庭发生灾难性医疗支出,然而这需要计算每个家庭的自付医疗费用占家庭可支配收入的比例,对于经办机构来说难以实现。此外，由于我国税收等制度的不完善，个人或者家庭的实际收入数据也无法获取。在难以掌握每个家庭的收入情况下，发生高额医疗费用的患者的"申报制"成了解决这个问题的思路。如果居民认为家庭成员负担的医疗费用超过家庭可支配收入的一定比例，可以向当地医保管理部门提供医疗费用和家庭收入资料，申请大病保险补偿待遇。实践中，部分地方已开展困难人群疾病救助申请制度，如杭州对于已享受大病保险待遇的患者，若还存在严重就医困难，或因患严重慢性疾病、重大疾病导致家庭特别困难，以及遭遇其他突发性就医困难等特殊情况的人员，由个人提出申请，经市医保经办机构报市医疗困难救助联席会议讨论同意后给予救助。

困难人群通过医疗费用申报制度，对不同家庭经济收入人群制定不同的支付政策，弥补现行大病保险化解困难人群疾病经济风险的不足，使医保资金更好地去服务发生灾难性医疗支出的家庭，提高医保基金的适用效率。

7.2.4 合理扩展合规医疗费用

2017年2月23日，人社部印发《关于印发〈国家基本医疗保险、工伤保险和生育保险药品目录（2017年版）〉的通知》相比于2009年版，增加了339个药品，同时确定了45个临床价值高但价格昂贵的拟谈判药品。在此之前，包括青岛、浙江、江苏、内蒙古等多个省市、自治区已通过谈判方式将肿瘤靶向药物纳入了医保支付范围，因此，扩展医疗保险药品目录是提高患者医疗保障水平的必然趋势。然而，根据本书测算，扩展合规医疗费用影响到大病保险基金运行安全，尤其是完全放开合规医疗费用范围，大病保险乃至基本医保基金是不可持续的，不能为了提升保障水平而盲目扩展合规医疗费用，防止医保"泛福利化"导致医保制度不可持续。

基于合规医疗费用的界定对提高城乡居民重特大疾病的保障程度、降低灾难性医疗支出发生概率产生直接影响，而完全放开合规医疗费用对大病保险乃至基本医疗保险基金冲击过大，可以考虑部分放开合规医疗费用，将那些对重特大疾病患者来说必要且有效的药品，通过谈判方式纳入合规医疗费用补偿范围，以提高各层次医疗保障项目基金的使用效率。例如，对于大病病种集中的恶性肿瘤患者，抗肿瘤靶向药物具有较好的临床效果并且大多是一线用药，但是目前靶向药物大多数不属于合规医疗费用，可以考虑把部分肿瘤靶向药物纳入合规医疗费用。此外，为了减小基金压力，政策运行初期可以先行纳入少量药品并逐步推进扩展，同时根据基金运行情况设定一个相对较高的自付比例。

7.2.5 发挥医疗救助在低收入人群大病保障中的核心作用

低收入人群发生灾难性医疗支出的概率更大，虽然2015年国办《关于全面实施城乡居民大病保险的意见》已明确提出，"鼓励地方探索向困难群体适当倾斜的具体办法，努力提高大病保险制度托底保障的精准性"，但从各地大病保险保障方案来看，只有极少数地区尝试通过降低困难群体大病患者起付线等方式来提升其患者保障水平，此种做法可能会涉及制度"公平性"问题，低收入人群的大病保障问题仍需要医疗救助发挥核心作用。

第一，推广困难群众大病补充医疗保险。2017年河南省已全面实施困难群众大病补充保险，[①] 为建档立卡贫困人口、特困人员救助供养对象、城乡最低生活保障对象的医疗费用给予进一步保障。[②] 一方面，

[①] 具体政策文件内容详见附录D中"四、关于开展困难群众大病补充医疗保险工作的实施意见"。

[②] 河南困难群众大病补充医疗保险在精准扶贫中成效逐步显现：一是覆盖群众广。作为河南省政府2017年十大民生实事之首，为切实保证精准扶贫一个也不漏，经地方政府同意，承保对象逐步从建档立卡贫困人口、特困人员救助供养对象等扩展到包括困境儿童在内的全省804.96万困难群众，有效覆盖了河南现行政策认定的所有困难人群。二是受惠力度大。自2017年年初运行至2017年11月，河南困难群众大病补充医疗保险累计为23.78万人，赔付6.24亿元，困难群众在大病保险赔付的基础上，报销比例平均再提高9.2个百分点，年累计合规医疗费用超过5万元的大额就医患者报销比例平均提高15个百分点。三是赔付时效快。河南困难群众大病补充医疗保险与基本医保、大病保险信息系统直接对接，施行省市县乡4级定点医疗机构全部一站式即时结算，较好解决了过去部分困难群众就医时由于垫付困难放弃治疗和报销周期长的问题。

通过专项财政支持筹资，不占用基本医疗保险基金的同时保证了制度的公平性；另一方面，此项政策是针对低收入人群的"特惠型"的大病保障政策，通过保障对象的动态管理，及时剔除不符合要求的保障对象，节约保障基金的同时实现了精准保障。

第二，加强医疗救助与各项医疗保障制度的衔接。2015年国务院办公厅《关于进一步完善医疗救助制度全面开展重特大疾病医疗救助工作意见的通知》提出了完善医疗救助制度的多项措施，其中重要一条是医疗救助与基本医疗保险、城乡居民大病保险、疾病应急救助、商业保险等制度加强衔接，实现"一站式"信息交换和即时结算，2017年民政部等六部委印发《关于进一步加强医疗救助与城乡居民大病保险有效衔接的通知》，重点强调了医疗救助与大病保险衔接的相关措施。毫无疑问，低收入人群大病保障的重要两项措施就是医疗救助和大病保险，但由于长期以来的部门分散管理等问题，部分发生高额医疗费用风险的低收入患者并没有获得应有的补偿或者救助。因此，在下一步推动基本医保、大病保险与医疗救助快速有效互动衔接的过程中，可以尝试推广"福建模式"，将原本归属多个部门管理的城镇医保、新农合、药品采购、医疗服务价格、医疗救助以及药品配送等职责整合统一管理，以解决医改众多部门联动难的问题。同时，将多项医疗保障基金统一管理使用，可以提高基金的使用效率。

附录

附录 A

大病保险筹资机制与支付标准

表 A1　　部分省市大病保险筹资机制与支付标准

省份	筹资机制	支付标准 起付线	支付标准 保障水平
山东	2014 年：32 元/人/年；2016 年：居民基本医疗保险筹资标准的 10% 左右	上一年度居民年人均可支配收入情况确定（2014 年 1 万元，2015 年 1.2 万元）	2014 年，1 万~10 万元补偿 50%，10 万元以上 60%，封顶线 20 万元；2015 年，1.2 万~10 万元补偿 50%，10 万~20 万元 60%，20 万元以上 65%，封顶线 30 万元
青海	2012~2016 年：50 元/人/年	根据农牧民年均纯收入水平和城乡居民医保基金承受能力确定（2012~2016 年为 5000 元）；	2012~2016 年，"基本医保+大病医疗保险+医疗救助"实际支付比例达到 80%；民政救助对象住院费用实际支付比例达到 90%。无封顶线
安徽	2016 年：城乡居民医保 30 元/人/年；新农合 30 元/人/年	根据上年度人均收入确定（2015 年城乡居民医保为 2 万元，2016 年新农合 1 万~2 万元）；	2016 年城乡居民医保，起付线以上 0~2 万元补偿 50%，2 万~10 万元 60%，10 万~20 万元 70%，上不封顶，20 万元以上 80%；新农合，起付线以上 0~5 万元补偿 50%，5 万~10 万元 60%，10 万~20 万元 70%，20 万元以上 80%，封顶线 15 万~20 万元
山西	2015 年，不低于城乡居民基本医保筹资标准的 5%、不高于 10%	2015 年为 1 万元；	1 万~5 万元补偿 55%，5 万~10 万元 65%，10 万~20 万元 75%，20 万~30 万元 80%，30 万元以上报销 85%；大病保险首次支付后，个人负担合规医疗费超过 5 万元，对超出部分将按 50% 的比例给予支付，封顶线 40 万元

续表

省份	筹资机制	支付标准 起付线	支付标准 保障水平
湖北	2016年,上一年度城乡居民基本医保人均筹资标准的5%左右,最高不超10%	近3年城乡居民人均可支配收入和大病医疗费用支出情况(2016~2018年起付标准定为1.2万元)	1.2万~3万元补偿55%,3万~10万元65%,10万元以上75%,封顶线不低于30万元
辽宁	2016年,城乡居民医保不低于30元/人/年,新农合不低于25元/人/年	城乡居民医保为上年度人均收入50%;农村贫困居民为上年度农村收入60%,"十三五"期末农村全部调至农民人均纯收入的60%以内	大病补偿比例达到50%以上,城乡居民医保大病起付线以上,每增加5万元补偿比例提升5%,最高为70%;新农合大病起付线以上补偿比例不低于50%;无封顶线
浙江	2014年,25元/人/年	起付线参照上一年度城乡居民人均收入水平	封顶线为起付标准的10~15倍,支付比例不低于50%,费用越高支付比例越高
四川	2014年,原则上10~40元/人/年	起付线原则上不高于上一年度人均收入水平	总体支付比例不低于50%;无封顶线
河南	2013年为城乡居民医保或新农合筹资标准的6%左右;2015年新农合14~18元,城乡居民医保分为26元、24元和22元三档	起付线以上年度人均收入为基础(2015年城乡居民医保为1.8万元,新农合1.5万元)	2015年,城乡居民医保1.8万~5万元补偿50%,5万~10万元60%,10万元以上70%,封顶线为30万元;新农合1.5万~5万元补偿50%,5万~10万元60%,10万元以上70%,封顶线为30万元
吉林	2015年,30元/人/年	起付线以上年度人均收入为依据(2014年,城乡居民医保9600元,新农合6000元;2015年新农合为8000元,2016年为1万元,贫困人口6000元)	大病保险起付线以上,0~1万元补偿50%;1万~5万元区间每增加1万元,补偿比例提高1%;5~10万元补偿65%;10万元以上补偿80%。封顶线为30万元
广西	2015年,不高于35元/人/年,城镇居民医保和新农合可实行不同的筹资标准	起付线各设区市自定,城乡居民医保和新农合可不同(2015年,原则上不高于15000元)	起付线以上进行合理分段并设置支付比例,在最高支付限额内,医疗费用越高支付比例越高,实际支付比例不低于53%。需转区外治疗的,报销比例统一为50%

续表

省份	筹资机制	支付标准	
		起付线	保障水平
甘肃	2015年，30元/人/年	2015年，起付线5000元，2016年建档立卡农村贫困人群降为3000元	起付线以上，0~1万元补偿50%，1万~2万元55%，2万~5万元60%，5万元以上65%。市级以下医疗机构就医，按市、县级规定报销比例基础上分别提高5%和10%。无封顶线
贵州	2015年人均筹资标准不低于城乡居民医保和新农合人均筹资总额5%	起付线以上一年度人均收入为主要测算依据	按照医疗费用高低分段制定大病保险支付比例，医疗费用越高支付比例越高，对发生的合规医疗费用支付比例不低于50%
湖南	2015年控制在当年城乡居民基本医保基金筹资标准的5%左右	起付线不高于上年度人均收入，低保困难群众降低50%	起付线以上，3万元以内补偿50%，3万~8万元60%，8万~15万元70%，15万元以上80%；封顶线不超过20万元
云南	2015年20~40元/人/年	起付线以上年度人均收入作为依据	实际支付比例不低于50%，原则上医疗费用越高，报销比例越高
北京	2014年，按照当年基本医保筹资标准5%的额度划拨	起付线以上年度人均收入为依据（2013年，城乡居民医保36469元，新农合16476元，2014年新农合20226元）	起付线以上，0~5万元补偿50%；5万元以上补偿60%；无封顶线
天津	2014年，30元/人/年	起付线，2014~2016年为2万元	2014~2016年，2万~10万元补偿50%，10万~20万元60%，20万~30万元70%；封顶线30万元
海南	2014~2015年，城乡居民医保29元/人/年，新农合25元/人/年	2014~2015年，起付线为8000元	按费用高低分段确定支付比例，分段支付比例为50%~75%。封顶线为22万元

续表

省份	筹资机制	支付标准	
		起付线	保障水平
上海	2014年城乡居民医保为城乡居民医保保基金筹资总额的3%左右；新农合为当年新农合基金总额的5%	2014年，新农合起付线为1万元	2014年，城乡居民医保大病患者罹患规定的大病①后，自负合规医疗费用报销50%；新农合大病合规费用超过1万元补偿70%，封顶补偿8万元②

注：（1）部分省（市、自治区）大病保险文件没有对筹资情况进行明确规定，统计时忽略这些地区；（2）无特殊说明，统计时间以2015年为准；（3）表格中的"人均收入"，如果是城镇居民，为当地城镇居民人均可支配收入，如果是农村居民，为当地农村居民人均纯收入。

资料来源：各省市大病保险相关文件汇总。

---

① 根据《上海市城乡居民大病保险试行办法》（2014）规定，城镇居民大病保险包括重症尿毒症透析治疗、肾移植抗排异治疗、恶性肿瘤治疗、部分精神病种治疗。自2015年9月1日起，上海市高等院校在校学生患血友病、再生障碍性贫血所发生的医疗费用，一并纳入居民大病保险范围。

② 上海新农合的大病保险报销方式，分为两种：一是按病种，包括重症尿毒症透析治疗、肾移植抗排异治疗、恶性肿瘤治疗和部分精神病种治疗。上述治疗在定点医疗机构门诊发生的、符合本市基本医疗保险报销范围的费用，经新农合基本医疗基金补偿后，参合患者在基本医疗保险政策范围内个人自负的费用，由新农合大病保险基金补偿50%。不设起付线和封顶线。二是按费用，住院参合人员经新农合基本医疗基金补偿后以及门诊大病参合人员经上述按病种补偿后，当年累计自负政策范围内费用仍超过1万元的，对超出部分再补偿70%，封顶补偿8万元。

附录 B

六城市 56 户家庭入户调查基本情况

一、大病患者个人情况

调查六城市大病患者个人情况详见表 B1。

表 B1　　　　　　　　大病患者个人情况

地区	编号	疾病	年龄	性别	户籍	户口	生存状态
北京	1	肺部感染	86	女	本地	非农	
	2	脑梗死	62	女	本地	非农	
	3	急性淋巴细胞白血病	2	男	本地	非农	
	4	再生障碍性贫血	11	女	本地	非农	
	5	肝硬化	57	男	本地	非农	死亡
	6	肺炎	88	女	本地	非农	
	7	肺性脑病	91	女	本地	非农	
	8	急性髓样白血病	14	男	本地	非农	
	9	颅内恶性肿瘤	3	女	本地	非农	
南昌	1	颅内动脉瘤	62	男	本地	非农	死亡
	2	直肠恶性肿瘤	53	女	本地	非农	
	3	基底节出血	39	男	本地	非农	
	4	新生儿黄疸	1	男	本地	非农	
	5	—	39	女	本地	非农	
	6	再生障碍性贫血	9	女	本地	非农	

续表

地区	编号	疾病	年龄	性别	户籍	户口	生存状态
南昌	7	神经母细胞瘤	5	女	本地	非农	
	8	急性粒细胞白血病	51	男	本地	非农	死亡
	9	—	54	女	本地	非农	
	10	尿毒症	39	男	本地	非农	
厦门	1		14	女	本地	非农	
	2		70	男	本地	非农	
	3	—	60	女	本地	非农	
	4	—	30	女	本地	非农	
	5		59	女	本地	非农	
	6		59	男	本地	非农	
	7	—	81	女	本地	非农	死亡
	8	—	60	男	本地	非农	
	9		6	女	本地	非农	
成都	1	再生障碍性贫血	14	女	本地	非农	
	2	颅内占位性病变	6	女	本地	非农	
	3	动脉瘤	45	男	本地	非农	
	4	骨髓增生异常综合征	38	女	本地	非农	
	5	尿毒症	57	女	本地	非农	
	6	脑血管瘤	12	男	本地	农	
	7	肺恶性肿瘤	23	男	本地	非农	
	8	髓样白血病	12	男	本地	非农	
	9	骨盆骨折	21	男	本地	农	
	10	恶性肿瘤	62	女	本地	农	
	11	腿伤	58	女	本地	农	

续表

地区	编号	疾病	年龄	性别	户籍	户口	生存状态
武汉	1	—	12	男	外地	农	
	2	—	57	男	本地	非农	
	3	心脏瓣膜病	53	男	本地	非农	
	4	器械相关性感染性心内膜炎	25	男	本地	非农	
	5	—	18	男	本地	非农	死亡
	6	腰椎管狭窄	63	女	外地	非农	
	7	再生障碍性贫血	5	男	外地	农	死亡
	8	阑尾炎	83	女	本地	非农	
杭州	1	脑梗死	81	男	本地	非农	
	2	脑梗死	84	女	本地	非农	
	3	股骨颈骨折	93	女	本地	非农	
	4	肺恶性肿瘤	62	男	本地	非农	
	5	恶性肿瘤	65	女	外地	非农	
	6	呼吸衰竭	69	女	本地	非农	
	7	再生障碍性贫血	75	女	本地	非农	
	8	冠心病	82	女	本地	非农	
	9	褥疮	82	女	本地	非农	

（一）性别、年龄等基本信息

第一，性别分布。被调查大病患者中，女性患者32名，男性患者24名，女性患者略高于男性。

第二，年龄分布。调查城市大病患者年龄等于患病年份（2014年）减去出生年份。大病患者多为未成年人（0~19岁）及老年人（60岁以上）两大人群，而青年（20~39岁）和中年（40~59岁）人群大病患者较少。见图B1。

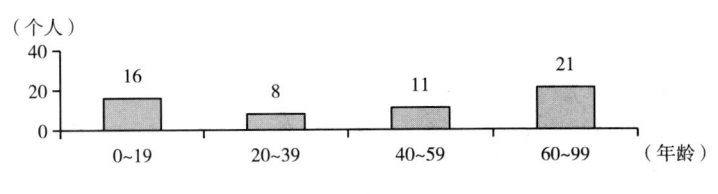

```
（个人）
 40
        16              8              11             21
 20
  0
     0~19          20~39          40~59          60~99    （年龄）
```

图 B1　大病患者年龄分布

第三，户籍分布。本地户口 52 人，外地户口 4 人；农业户口 6 人，非农业户口 50 人。

第四，生存状态分布。根据调查时（2015 年）的情况，当时仍健在的 50 人，已有 6 人死亡。

（二）病种分布

已知患病类型患者共 42 名，其中恶性肿瘤患者共 14 名（包括白血病 3 例、肺癌 2 例及其他各类恶性肿瘤），再生障碍性贫血 5 名，脑部疾病 5 名（脑梗死 3 名、基底节出血 1 名、颅内占位性病变 1 名），各类心脏病 3 名，呼吸系统疾病 4 名，骨折等外伤 3 名，尿毒症 2 名，其他患者 6 名。

二、大病患者家庭情况

（一）家庭人数及结构

家庭人口数最少为 1 人，最多为 7 人，平均为 4.1 人，三口之家数量最多，有 18 户。见图 B2。

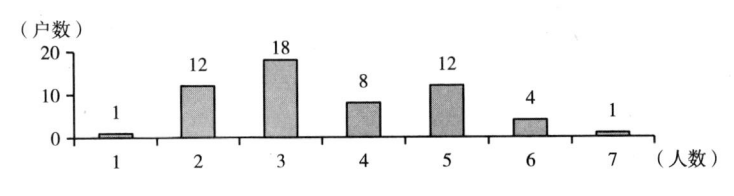

```
（户数）
 20
              12     18
                            8     12
 10
        1                                4      1
  0
        1     2      3     4     5      6      7    （人数）
```

图 B2　大病患者家庭人数分布

家庭中，没有 60 岁以上老人的有 21 户，有 60 岁以上老人的有 35

户,其中2位老人的家庭数量最多(18户),有1户家庭包含4位老人。

(二) 基本医保覆盖情况

被调查家庭中除2户家庭共3人出国留学以外,其余家庭全部成员均参加了基本医疗保险。

(三) 家庭年度收入情况

家庭年度收入情况详见表B2。

表B2　　　　　大病患者家庭收入情况　　　　单位:元/年

地区	编号	总收入	工资	买卖经商	政府救济	亲朋资助	财产性收入	其他收入	家庭人数	人均收入
北京	1	84000	84000	0	0	0	0	0	4	21000
	2	64200	60000	0	4200	0	0	0	4	16050
	3	70000	55000	0	0	15000	0	0	2	35000
	4	320000	70000	0	50000	200000	0	0	6	53333
	5	28000	0	0	28000	0	0	0	3	9333
	6	66000	66000	0	0	0	0	0	2	33000
	7	245000	200000	0	0	0	45000	0	6	40833
	8	42000	42000	0	0	0	0	0	5	8400
	9	250000	250000	0	0	0	0	0	2	125000
南昌	1	90000	25000	0	0	40000	0	25000	3	30000
	2	132124	32124	0	100000	0	0	0	2	66062
	3	89760	50400	0	9360	30000	0	0	5	17952
	4	128000	102000	0	0	26000	0	0	3	42667
	5	140000	55000	0	0	85000	0	0	4	35000
	6	44200	21600	0	600	10000	0	12000	2	22100
	7	144000	144000	0	0	0	0	0	3	48000
	8	0	0	0	0	0	0	0	4	0
	9	71000	54000	0	1000	16000	0	0	5	14200
	10	72000	72000	0	0	0	0	0	4	18000

续表

地区	编号	总收入	工资	买卖经商	政府救济	亲朋资助	财产性收入	其他收入	家庭人数	人均收入
厦门	1	1150000	0	1000000	0	100000	0	50000	3	383333
	2	50000	0	0	0	0	50000	0	2	25000
	3	118000	36000	0	0	70000	12000	0	2	59000
	4	62000	42000	0	0	20000	0	0	5	12400
	5	240000	0	200000	0	40000	0	0	2	120000
	6	82000	78000	0	4000	0	0	0	3	27333
	7	1000000	0	1000000	0	0	0	0	5	200000
	8	2880	2880	0	0	0	0	0	3	960
	9	1600000	100000	0	捐款	0	1500000	0	3	533333
成都	1	120000	120000	0	0	0	0	0	4	30000
	2	268000	168000	0	0	100000	0	0	5	53600
	3	187000	72000	60000	0	55000	0	0	3	62333
	4	125000	0	0	5000	120000	0	0	3	41667
	5	36000	36000	0	0	0	0	0	2	18000
	6	215600	45600	0	170000	0	0	0	5	43120
	7	24000	24000	0	0	0	0	0	3	8000
	8	40000	40000	0	0	0	0	0	3	13333
	9	256000	0	0	50000	150000	6000	50000	5	51200
	10	66000	66000	0	0	0	0	0	5	13200
	11	8500	0	0	0	0	8500	0	2	4250
武汉	1	50000	42000	0	0	8000	0	0	4	12500
	2	113200	0	0	13200	100000	0	0	3	37733
	3	69200	0	18000	1200	50000	0	0	3	23067
	4	15600	15600	0	0	0	0	0	3	5200
	5	25000	0	0	0	25000	0	0	3	8333
	6	108000	108000	0	0	0	0	0	7	15429
	7	56000	56000	0	0	0	0	0	3	18667
	8	147000	108000	0	0	39000	0	0	3	49000

续表

地区	编号	总收入	工资	买卖经商	政府救济	亲朋资助	财产性收入	其他收入	家庭人数	人均收入
杭州	1	120200	120200	0	0	0	0	0	5	24040
	2	89100	42000	0	17100	30000	0	0	2	44550
	3	228200	48000	0	0	170000	0	10200	2	114100
	4	57340	0	0	11160	46180	0	0	1	57340
	5	111000	96000	0	0	15000	0	0	5	22200
	6	97800	93600	0	4200	0	0	0	6	16300
	7	195230	132000	0	1000	38230	24000	0	6	32538
	8	139200	139200	0	0	0	0	0	5	27840
	9	186292	119400	0	0	66892	0	0	4	46573

家庭收入最低的为0元,最高为115万元(其中经商收入估计为100万元),平均为14.62万元,中位数为9万元,年度收入10万元以下家庭达29家。见图B3。

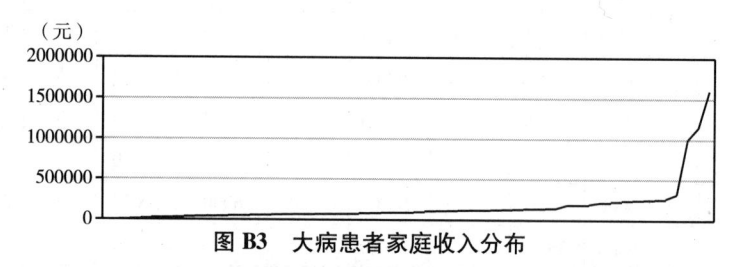

图B3 大病患者家庭收入分布

家庭人均年收入,最低为0元,最高为53万元,平均为5.16万元,中位数为3万元,5.16万元以下家庭为44户。见图B4。

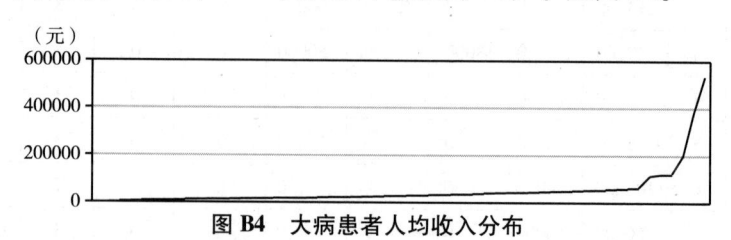

图B4 大病患者人均收入分布

家庭收入来源中,工资占比最高,平均达41.17%,其他依次为经商(18.84%)、财产性收入(18.15%)、亲朋资助(15.16%)、政府救济(5.25%)和其他(1.43%)。其中,工资为最主要收入来源的家庭有36户,经商收入为主要收入来源的家庭有3户,财产性收入为最主要收入来源的家庭有3户,亲朋资助为最主要收入来源的有11户,政府救济为最主要收入来源的家庭有3户。

(四) 健康、就医行为和医疗费用支出情况

健康状况、就医行为和医疗费用支出情况详见表B3。

表 B3　大病患者家庭健康情况、就医行为和医疗费用支出情况

地区	编号	家庭人口数	老人人数	健康人数	应住院未住院人次	医疗开支	占总支出比例(%)
北京	1	4	3	2	2	148935	65.63
	2	4	2	3	2	273213	95.47
	3	2	0	2	1	453817	90.08
	4	6	1	2	0	309856	96.27
	5	3	0	1	1	147007	92.22
	6	2	2	2	2	233373	
	7	6	1	5	2	196759	53.07
	8	5	2	1	1	274805	79.70
	9	2	2	4	2	569067	78.05
南昌	1	3	2	1	1	207457	88.94
	2	2	0	1	0	481729	86.62
	3	5	2	2	1	247677	86.94
	4	3	0	2	0	561280	82.89
	5	4	0	0	2	474200	72.66
	6	2	0	0	1	212312	88.94
	7	3	0	2	0	1366231	95.13
	8	4	0	1	0	150168	81.10
	9	5	0	3	4	116300	59.79
	10	4	0	0	0	81800	66.07

续表

地区	编号	家庭人口数	老人人数	健康人数	应住院未住院人次	医疗开支	占总支出比例（%）
厦门	1	3	3	2	0	110754	26.96
	2	2	2	1	0	240528	88.91
	3	2	2	0	2	77008	66.04
	4	5	0	2	6	71498	66.82
	5	2	2	1	0	126740	94.41
	6	3	1	1	1	104993	60.03
	7	5	1	4	0	157467	
	8	3	1	1	3	106272	64.30
	9	3	1	3	0	289081	85.76
成都	1	4	2	3	0	167025	84.26
	2	5	2	2	0	177527	37.18
	3	3	0	2	0	194501	88.73
	4	3	0	2	0	516229	96.20
	5	2	1	1	0	76640	
	6	5	1	3	0	201641	93.03
	7	3	0	1	0	71964	72.28
	8	3	0	1	0	346491	87.83
	9	5	1	1	1	156257	55.28
	10	5	2	3	0	65600	64.57
	11	2	2	0	0	260900	97.31
武汉	1	4	0	2	0	154315	90.18
	2	3	0	2	0	63876	83.09
	3	3	0	2	0	84624	76.84
	4	3	0	1	0	100703	80.75
	5	3	0	2	0	367000	86.56
	6	7	3	5	2	56669	44.74
	7	3	0	2	1	156991	
	8	3	1	0	2	71784	43.56

续表

地区	编号	家庭人口数	老人人数	健康人数	应住院未住院人次	医疗开支	占总支出比例（%）
杭州	1	5	2	3	0	73824	40.16
	2	2	2	0	2	34603	59.05
	3	2	2	0	1	177283	83.59
	4	1	1	0	0	51140	89.19
	5	5	2	4	0	31634	34.52
	6	6	3	3	1	76912	40.71
	7	6	1	4	0	77060	51.70
	8	5	2	2	0	42120	17.11
	9	4	4	0	0	67042	58.28

除大病患者本人外，有40个家庭其他家庭成员中还存在患病且发生一定医疗费用的情况，其余16个家庭发生的医疗费用支出仅出自大病患者本人。

有21个家庭24人出现应住院而未住院的情况，其中原因为经济困难而医疗费用太高的有12人，自感病轻的有5人，没有时间的有4人，医院技术不好的2人，床位紧张的1人。

家庭医疗费用开支（指扣除各类保险报销以后的个人自负金额），最低为3.16万元，最高为136.6万元，平均为20.9万元，中位数为15.5万元。见图B5。

图B5 大病患者家庭医疗费用支出分布

家庭医疗费用开支占年度总开支的比重，最低为17.11%，最高接近97.31%，平均达72.49%，中位数为80%。

附录 C

大病保险合规医疗费用界定

表 C　　大病保险省级文件合规医疗费用界定汇总

地区	文件描述	是否突破"三个目录"
北京	城乡居民在基本医疗保险定点医疗机构发生的符合本市城乡居民基本医疗保险报销范围的费用	否
天津	大病保险药品目录、诊疗项目目录和医疗服务设施目录，按照本市基本医疗保险有关规定执行	否
河北	—	—
山西	合规医疗费用是指城乡居民大病保险资金不予支付费用以外的项目的费用	是，负面清单
内蒙古	原则上是指城乡居民基本医保政策范围的费用，有条件的地区可根据需要适度放宽合规医疗费用的范围，对于部分重特大疾病患者治疗必须且疗效显著的城乡居民基本医保目录外高值药品等可探索通过谈判逐步纳入大病保险支付范围	否，可谈判纳入
辽宁	原则上与现行城乡居民基本医保支付范围一致。城镇居民要逐步探索将城镇基本医保支付范围外、价格昂贵、疗效确切、患者必须、难以替代的高值药品等纳入城镇居民大病保险支付范围	否
吉林	2013 年：合规医疗费用是指除规定不予支付的事项以外的所有实际发生的医疗费用；2017 年起，选择主要产生高额自付医疗费用的疾病病种，按照临床必须、安全有效、价格合理、技术适宜、基金可承受的原则，将其治疗所需的目录外药品或医疗服务项目纳入大病保险合规医疗费用范围	2013：是，负面清单 2017：是

续表

地区	文件描述	是否突破"三个目录"
黑龙江	—	—
上海	城乡居民大病保险从个人负担较重的四类疾病起步,具体为重症尿毒症透析治疗、肾移植抗排异治疗、恶性肿瘤治疗、部分精神病种治疗。城乡居民罹患上述大病后,在基本医疗保险定点医疗机构发生的、符合本市基本医疗保险报销范围的费用,在基本医疗保险报销后,城乡居民在基本医疗保险政策范围内个人自负的费用,纳入本市城乡居民大病保险支付范围	否
江苏	合规医疗费用原则上是指政策范围内费用,即参保人员在定点医疗机构住院和特殊病种门诊发生的符合《江苏省基本医疗保险、工伤保险和生育保险药品目录》《江苏省基本医疗保险诊疗项目和医疗服务设施范围及支付标准》规定除自费用以外的医疗费用	否
浙江	大病保险统一执行浙江省基本医疗保险药品、医疗服务项目和医疗服务设施目录。对部分大病治疗必需的且疗效明确的高值药品,通过谈判逐步纳入大病保险支付范围	否,可谈判纳入
安徽	城镇居民:城镇基本医疗保险"三个目录"内的医疗费用;《安徽省基本医疗保险、工伤保险和生育保险基本药品目录》外的但属于临床治疗确需的治疗类药品费用;新农合:大病保险合规可补偿费用列入新农合大病保险补偿范围。15项大病保险不合规费用范围	是,同时规定不予报销的范围
福建	大病保险执行现行的城乡居民基本医保药品目录、诊疗项目目录、医疗服务设施范围和支付标准。对部分疗效肯定、临床治疗必需的重特大疾病特殊用药,可探索通过谈判方式纳入医保支付范围,提高重特大疾病保障水平	否,可谈判纳入
江西	城镇居民:年度累计政策范围内个人负担部分医药费用,由大病保险基金按规定给予保障;新农合:新农合补偿后,政策范围内年度累计个人负担部分医药费用和统筹区域内住院实际发生需个人负担的政策范围外的合规医疗费用,由大病保险基金按规定给予保障,设区市可规定不予支付范围	否,可规定不予报销

续表

地区	文件描述	是否突破"三个目录"
山东	2014年，大病保险合规医疗费用范围，按合并后的城镇基本医疗保险和原新农合药品目录、诊疗项目目录、服务设施目录执行	否
河南	新农合：保障范围为参合人员在参合年度内住院累计发生的合规自付医疗费用，以下费用不纳入保障范围：1. 超出《河南省新型农村合作医疗报销基本药物目录》范围以外的药物费用；2. 超出《河南省新型农村合作医疗基本诊疗项目和医疗服务设施范围目录》规定的项目费用和符合规定但超出限价部分费用；3. ……	否，结合负面清单
湖北	大病保险严格执行湖北省城乡基本医疗保险药品目录，诊疗项目、医疗服务设施范围和支付标准目录	否
湖南	合规医疗费用包括《国家基本药物目录》（2012年版）、《湖南省基本医疗保险、工伤保险和生育保险药品目录（2011年版）》《湖南省新型农村合作医疗基本药品目录》《国家基本药物湖南省增补品种目录（2011年版）》的药品费用以及经有关部门批准同意已纳入城乡居民基本医保支付范围的医院制剂的药品费用	否
广东	符合基本医疗保险药品目录、诊疗项目、医疗服务设施范围内的住院医疗费用	否
广西	合规医疗费用，指实际发生的、在《自治区卫生计生委、人力资源社会保障厅关于印发广西城乡居民大病保险不予支付项目的通知》规定的不予支付项目之外的合理医疗费用	是，负面清单
海南	合规医疗费用是指统筹年度内实际住院、规定的特殊病种大额门诊发生的符合本省居民医保和新农合政策范围内的医疗费用	否
重庆	参保人员住院和特殊疾病中的重大疾病门诊发生属于居民医保基金报销范围的医疗费用，由居民医保基金按规定比例支付后的自付费用（以下简称"自付费用"）超过一定额度（以下简称"起付标准"）的，再由大病保险资金按本办法规定给予医疗费用补偿	否
四川	各地对合规医疗费用的界定范围暂执行现行基本医疗保险（新农合）政策规定的支付范围	否

续表

地区	文件描述	是否突破"三个目录"
贵州	合规医疗费用,是指剔除不予支付事项后实际发生的全部医疗费用,不予支付的事项由省级人力资源社会保障、卫生计生部门确定	是,负面清单
云南	合规医疗费用是指实际发生的、符合临床需要和诊疗规范的合理医疗费用。合规医疗费用原则上应在基本医保诊疗目录、药品目录以及服务设施支付标准范围基础上适当扩大范围,将部分大病治疗确需而未列入基本医保支付范围内的药品、诊疗项目纳入保障范围。基本医保按照病种、病组付费的政策范围内个人自付部分全部纳入合规医疗费用范围	不明确
西藏	—	—
陕西	研究细化大病的支付范围,对基本医保封顶线以上、基本医保政策范围内个人自付的医疗费用给予一定保障,对困难群体可适当放宽支付范围	否
甘肃	参保(合)城乡居民住院医疗费用按现行医保政策常规报销后,参保(合)人员个人负担的合规医疗费用超过大病医疗保险起付标准的,予以再次报销	否,结合负面清单
青海	参保参合城乡居民住院医疗费用按现行医保政策常规报销后,对个人负担的合规医疗费超过大病医疗保险起付标准的给予再次报销	否,结合负面清单
宁夏	由自治区人力资源社会保障部门会同财政和卫生部门按照排除法的原则,制定《宁夏回族自治区城乡居民大病保险不予报销的项目》	是,负面清单
新疆	大病保险保障范围与城乡居民基本医保相衔接,可将临床疗效确切,但价格昂贵的特殊药品和诊疗服务项目,通过自治区统一谈判逐步纳入大病保险支付范围	否,可谈判纳入
兵团	大病保险基金支付范围与基本医疗保险基金支付范围一致,统一执行药品目录、诊疗项目目录、医疗服务设施项目	否

资料来源:各省(市、自治区、新疆生产建设兵团)省级大病保险文件。

附录 D

大病保险重要政策文件汇总

一、六部门关于开展城乡居民大病保险工作的指导意见

关于开展城乡居民大病保险工作的指导意见
（2012）

各省、自治区、直辖市人民政府，新疆生产建设兵团：

根据《国务院关于印发"十二五"期间深化医药卫生体制改革规划暨实施方案的通知》（2012），为进一步完善城乡居民医疗保障制度，健全多层次医疗保障体系，有效提高重特大疾病保障水平，经国务院同意，现就开展城乡居民大病保险工作提出以下指导意见：

一、充分认识开展城乡居民大病保险工作的必要性

近年来，随着全民医保体系的初步建立，人民群众看病就医有了基本保障，但由于我国的基本医疗保障制度，特别是城镇居民基本医疗保险（以下简称城镇居民医保）、新型农村合作医疗（以下简称新农合）的保障水平还比较低，人民群众对大病医疗费用负担重反映仍较强烈。

城乡居民大病保险，是在基本医疗保障的基础上，对大病患者发生的高额医疗费用给予进一步保障的一项制度性安排，可进一步放大保障效用，是基本医疗保障制度的拓展和延伸，是对基本医疗保障的

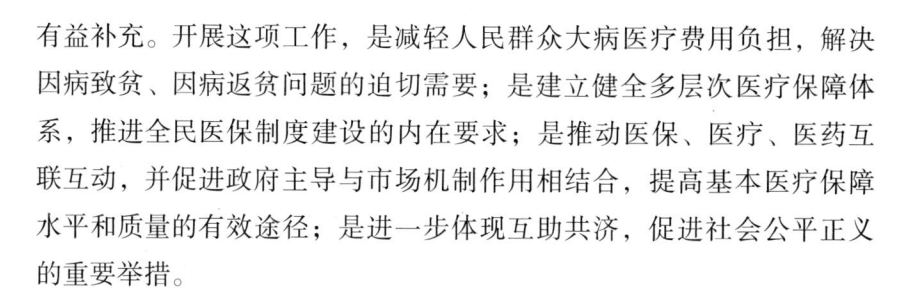

有益补充。开展这项工作，是减轻人民群众大病医疗费用负担，解决因病致贫、因病返贫问题的迫切需要；是建立健全多层次医疗保障体系，推进全民医保制度建设的内在要求；是推动医保、医疗、医药互联互动，并促进政府主导与市场机制作用相结合，提高基本医疗保障水平和质量的有效途径；是进一步体现互助共济，促进社会公平正义的重要举措。

二、开展城乡居民大病保险工作的基本原则

（一）坚持以人为本，统筹安排。把维护人民群众健康权益放在首位，切实解决人民群众因病致贫、因病返贫的突出问题。充分发挥基本医疗保险、大病保险与重特大疾病医疗救助等的协同互补作用，加强制度之间的衔接，形成合力。

（二）坚持政府主导，专业运作。政府负责基本政策制定、组织协调、筹资管理，并加强监管指导。利用商业保险机构的专业优势，支持商业保险机构承办大病保险，发挥市场机制作用，提高大病保险的运行效率、服务水平和质量。

（三）坚持责任共担，持续发展。大病保险保障水平要与经济社会发展、医疗消费水平及承受能力相适应。强化社会互助共济的意识和作用，形成政府、个人和保险机构共同分担大病风险的机制。强化当年收支平衡的原则，合理测算、稳妥起步，规范运作，保障资金安全，实现可持续发展。

（四）坚持因地制宜，机制创新。各省、区、市、新疆生产建设兵团在国家确定的原则下，结合当地实际，制定开展大病保险的具体方案。鼓励地方不断探索创新，完善大病保险承办准入、退出和监管制度，完善支付制度，引导合理诊疗，建立大病保险长期稳健运行的长效机制。

三、城乡居民大病保险的筹资机制

（一）筹资标准。各地结合当地经济社会发展水平、医疗保险筹资

能力、患大病发生高额医疗费用的情况、基本医疗保险补偿水平，以及大病保险保障水平等因素，精细测算，科学合理确定大病保险的筹资标准。

（二）资金来源。从城镇居民医保基金、新农合基金中划出一定比例或额度作为大病保险资金。城镇居民医保和新农合基金有结余的地区，利用结余筹集大病保险资金；结余不足或没有结余的地区，在城镇居民医保、新农合年度提高筹资时统筹解决资金来源，逐步完善城镇居民医保、新农合多渠道筹资机制。

（三）统筹层次和范围。开展大病保险可以市（地）级统筹，也可以探索全省（区、市）统一政策，统一组织实施，提高抗风险能力。有条件的地方可以探索建立覆盖职工、城镇居民、农村居民的统一的大病保险制度。

四、城乡居民大病保险的保障内容

（一）保障对象。大病保险保障对象为城镇居民医保、新农合的参保（合）人。

（二）保障范围。大病保险的保障范围要与城镇居民医保、新农合相衔接。城镇居民医保、新农合应按政策规定提供基本医疗保障。在此基础上，大病保险主要在参保（合）人患大病发生高额医疗费用的情况下，对城镇居民医保、新农合补偿后需个人负担的合规医疗费用给予保障。高额医疗费用，可以个人年度累计负担的合规医疗费用超过当地统计部门公布的上一年度城镇居民年人均可支配收入、农村居民年人均纯收入为判定标准，具体金额由地方政府确定。合规医疗费用，指实际发生的、合理的医疗费用（可规定不予支付的事项），具体由地方政府确定。各地也可以从个人负担较重的疾病病种起步开展大病保险。

（三）保障水平。以力争避免城乡居民发生家庭灾难性医疗支出为目标，合理确定大病保险补偿政策，实际支付比例不低于50%；按医疗费用高低分段制定支付比例，原则上医疗费用越高支付比例越高。

随着筹资、管理和保障水平的不断提高，逐步提高大病报销比例，最大限度地减轻个人医疗费用负担。

做好基本医疗保险、大病保险与重特大疾病医疗救助的衔接，建立大病信息通报制度，及时掌握大病患者医保支付情况，强化政策联动，切实避免因病致贫、因病返贫问题。城乡医疗救助的定点医疗机构、用药和诊疗范围分别参照基本医疗保险、大病保险的有关政策规定执行。

五、城乡居民大病保险的承办方式

（一）采取向商业保险机构购买大病保险的方式。地方政府卫生、人力资源社会保障、财政、发展改革部门制定大病保险的筹资、报销范围、最低补偿比例，以及就医、结算管理等基本政策要求，并通过政府招标选定承办大病保险的商业保险机构。招标主要包括具体补偿比例、盈亏率、配备的承办和管理力量等内容。符合基本准入条件的商业保险机构自愿参加投标，中标后以保险合同形式承办大病保险，承担经营风险，自负盈亏。商业保险机构承办大病保险的保费收入，按现行规定免征营业税。已开展城乡居民大病保障、补充保险等的地区，要逐步完善机制，做好衔接。

（二）规范大病保险招标投标与合同管理。各地要坚持公开、公平、公正和诚实信用的原则，建立健全招标机制，规范招标程序。商业保险机构要依法投标。招标人应与中标商业保险机构签署保险合同，明确双方的责任、权利和义务，合作期限原则不低于3年。要遵循收支平衡、保本微利的原则，合理控制商业保险机构盈利率，建立起以保障水平和参保（合）人满意度为核心的考核办法。为有利于大病保险长期稳定运行，切实保障参保（合）人实际受益水平，可以在合同中对超额结余及政策性亏损建立相应动态调整机制。各地要不断完善合同内容，探索制定全省（区、市）统一的合同范本。因违反合同约定，或发生其他严重损害参保（合）人权益的情况，合同双方可以提前终止或解除合作，并依法追究责任。

（三）严格商业保险机构基本准入条件。承办大病保险的商业保险机构必须具备以下基本条件：符合保监会规定的经营健康保险的必备条件；在中国境内经营健康保险专项业务5年以上，具有良好市场信誉；具备完善的服务网络和较强的医疗保险专业能力；配备医学等专业背景的专职工作人员；商业保险机构总部同意分支机构参与当地大病保险业务，并提供业务、财务、信息技术等支持；能够实现大病保险业务单独核算。

（四）不断提升大病保险管理服务的能力和水平。规范资金管理，商业保险机构承办大病保险获得的保费实行单独核算，确保资金安全，保证偿付能力。加强与城镇居民医保、新农合经办服务的衔接，提供"一站式"即时结算服务，确保群众方便、及时享受大病保险待遇。经城镇居民医保、新农合经办机构授权，可依托城镇居民医保、新农合信息系统，进行必要的信息交换和数据共享，以完善服务流程，简化报销手续。发挥商业保险机构全国网络等优势，为参保（合）人提供异地结算等服务。与基本医疗保险协同推进支付方式改革，按照诊疗规范和临床路径，规范医疗行为，控制医疗费用。

商业保险机构要切实加强管理，控制风险，降低管理成本、提升服务效率，加快结算速度，依规及时、合理向医疗机构支付医疗费用。鼓励商业保险机构在承办好大病保险业务的基础上，提供多样化的健康保险产品。

六、切实加强监管

（一）加强对商业保险机构承办大病保险的监管。各相关部门要各负其责，配合协同，切实保障参保（合）人权益。卫生、人力资源社会保障部门作为新农合、城镇居民医保主管部门和招标人，通过日常抽查、建立投诉受理渠道等多种方式进行监督检查，督促商业保险机构按合同要求提高服务质量和水平，维护参保（合）人信息安全，防止信息外泄和滥用，对违法违约行为及时处理。保险业监管部门做好从业资格审查、服务质量与日常业务监管，加强偿付能力和市场行为监管,对商业保险机构的违规行为和不正当竞争行为加大查处力度。财政部门对利用基本医保基金向商业保险机构购买大病保险明确相应的财务列支和会计核算办法,加强基金管理。审计部门按规定进行严格审计。

(二)强化对医疗机构和医疗费用的管控。各相关部门和机构要通过多种方式加强监督管理,防控不合理医疗行为和费用,保障医疗服务质量。卫生部门要加强对医疗机构、医疗服务行为和质量的监管。商业保险机构要充分发挥医疗保险机制的作用,与卫生、人力资源社会保障部门密切配合,加强对相关医疗服务和医疗费用的监控。

(三)建立信息公开、社会多方参与的监管制度。将与商业保险机构签订协议的情况,以及筹资标准、待遇水平、支付流程、结算效率和大病保险年度收支情况等向社会公开,接受社会监督。

七、工作要求

(一)加强领导,认真组织实施。各地要充分认识开展大病保险的重要性,精心谋划,周密部署,先行试点,逐步推开。已开展大病保险试点的省份要及时总结经验,逐步扩大实施范围。尚未开展试点的省份可以选择几个市(地)试点或全省进行试点。各地要在实践中不断完善政策。各省(区、市)医改领导小组要将本省份制定的实施方案报国务院医改领导小组办公室、卫生部、财政部、人力资源社会保障部、保监会备案。

(二)稳妥推进,注意趋利避害。各地要充分考虑大病保险保障的稳定性和可持续性,循序推进,重点探索大病保险的保障范围、保障程度、资金管理、招标机制、运行规范等。注意总结经验,及时研究解决发现的问题,加强评估,每年对大病保险工作进展和运行情况进行总结。各省(区、市)医改领导小组要将年度报告报送国务院医改领导小组办公室、卫生部、财政部、人力资源社会保障部、保监会、民政部。

（三）统筹协调，加强部门协作。开展大病保险涉及多个部门、多项制度衔接，各地要在医改领导小组的领导下，建立由发展改革（医改领导小组办公室）、卫生、人力资源社会保障、财政、保监、民政等部门组成的大病保险工作协调推进机制。中央有关部门加强对城乡居民大病保险工作的指导协调。卫生、人力资源社会保障、财政、保监等部门要按职责分工抓好落实，细化配套措施，并加强沟通协作，形成合力。各地医改领导小组办公室要发挥统筹协调和服务作用，并做好跟踪分析、监测评价等工作。

（四）注重宣传，做好舆论引导。要加强对大病保险政策的宣传和解读，密切跟踪分析舆情，增强全社会的保险责任意识，使这项政策深入人心，得到广大群众和社会各界的理解和支持，为大病保险实施营造良好的社会环境。

国家发展改革委
卫生部
财政部
人力资源社会保障部
民政部
保监会
2012 年 8 月 24 日

二、国务院办公厅关于全面实施城乡居民大病保险的意见

国务院办公厅关于全面实施城乡居民大病保险的意见

（2015）

各省、自治区、直辖市人民政府，国务院各部委、各直属机构：

城乡居民大病保险（以下简称大病保险）是基本医疗保障制度的拓展和延伸，是对大病患者发生的高额医疗费用给予进一步保障的一项新的制度性安排。大病保险试点以来，推动了医保、医疗、

医药联动改革，促进了政府主导与发挥市场机制作用相结合，提高了基本医疗保障管理水平和运行效率，有力缓解了因病致贫、因病返贫问题。为加快推进大病保险制度建设，筑牢全民基本医疗保障网底，让更多的人民群众受益，经国务院同意，现提出以下意见。

一、基本原则和目标

（一）基本原则

1. 坚持以人为本、保障大病。建立完善大病保险制度，不断提高大病保障水平和服务可及性，着力维护人民群众健康权益，切实避免人民群众因病致贫、因病返贫。

2. 坚持统筹协调、政策联动。加强基本医保、大病保险、医疗救助、疾病应急救助、商业健康保险和慈善救助等制度的衔接，发挥协同互补作用，输出充沛的保障动能，形成保障合力。

3. 坚持政府主导、专业承办。强化政府在制定政策、组织协调、监督管理等方面职责的同时，采取商业保险机构承办大病保险的方式，发挥市场机制作用和商业保险机构专业优势，提高大病保险运行效率、服务水平和质量。

4. 坚持稳步推进、持续实施。大病保险保障水平要与经济社会发展、医疗消费水平和社会负担能力等相适应。强化社会互助共济，形成政府、个人和保险机构共同分担大病风险的机制。坚持因地制宜、规范运作，实现大病保险稳健运行和可持续发展。

（二）主要目标

2015年底前，大病保险覆盖所有城镇居民基本医疗保险、新型农村合作医疗（以下统称城乡居民基本医保）参保人群，大病患者看病就医负担有效减轻。到2017年，建立起比较完善的大病保险制度，与医疗救助等制度紧密衔接，共同发挥托底保障功能，有效防止发生家庭灾难性医疗支出，城乡居民医疗保障的公平性得到显著提升。

二、完善大病保险筹资机制

（一）科学测算筹资标准。各地结合当地经济社会发展水平、患大病发生的高额医疗费用情况、基本医保筹资能力和支付水平，以及大病保险保障水平等因素，科学细致做好资金测算，合理确定大病保险的筹资标准。

（二）稳定资金来源。从城乡居民基本医保基金中划出一定比例或额度作为大病保险资金。城乡居民基本医保基金有结余的地区，利用结余筹集大病保险资金；结余不足或没有结余的地区，在年度筹集的基金中予以安排。完善城乡居民基本医保的多渠道筹资机制，保证制度的可持续发展。

（三）提高统筹层次。大病保险原则上实行市（地）级统筹，鼓励省级统筹或全省（区、市）统一政策、统一组织实施，提高抗风险能力。

三、提高大病保险保障水平

（一）全面覆盖城乡居民。大病保险的保障对象为城乡居民基本医保参保人，保障范围与城乡居民基本医保相衔接。参保人患大病发生高额医疗费用，由大病保险对经城乡居民基本医保按规定支付后个人负担的合规医疗费用给予保障。

高额医疗费用，可以个人年度累计负担的合规医疗费用超过当地统计部门公布的上一年度城镇居民、农村居民年人均可支配收入作为主要测算依据。根据城乡居民收入变化情况，建立动态调整机制，研究细化大病的科学界定标准，具体由地方政府根据实际情况确定。合规医疗费用的具体范围由各省（区、市）和新疆生产建设兵团结合实际分别确定。

（二）逐步提高支付比例。2015年大病保险支付比例应达到50%以上，随着大病保险筹资能力、管理水平不断提高，进一步提高支付比例，更有效地减轻个人医疗费用负担。按照医疗费用高低分段制定大病保险支付比例，医疗费用越高支付比例越高。鼓励地方探索向困难群体适当倾斜的具体办法，努力提高大病保险制度托底保障的精准性。

四、加强医疗保障各项制度的衔接

强化基本医保、大病保险、医疗救助、疾病应急救助、商业健康保险及慈善救助等制度间的互补联动，明确分工，细化措施，在政策制定、待遇支付、管理服务等方面做好衔接，努力实现大病患者应保尽保。鼓励有条件的地方探索建立覆盖职工、城镇居民和农村居民的有机衔接、政策统一的大病保险制度。推动实现新型农村合作医疗重大疾病保障向大病保险平稳过渡。

建立大病信息通报制度，支持商业健康保险信息系统与基本医保、医疗机构信息系统进行必要的信息共享。大病保险承办机构要及时掌握大病患者医疗费用和基本医保支付情况，加强与城乡居民基本医保经办服务的衔接，提供"一站式"即时结算服务，确保群众方便、及时享受大病保险待遇。对经大病保险支付后自付费用仍有困难的患者，民政等部门要及时落实相关救助政策。

五、规范大病保险承办服务

（一）支持商业保险机构承办大病保险。地方政府人力资源社会保障、卫生计生、财政、保险监管部门共同制定大病保险的筹资、支付范围、最低支付比例以及就医、结算管理等基本政策，并通过适当方式征求意见。原则上通过政府招标选定商业保险机构承办大病保险业务，在正常招投标不能确定承办机构的情况下，由地方政府明确承办机构的产生办法。对商业保险机构承办大病保险的保费收入，按现行规定免征营业税，免征保险业务监管费；2015年至2018年，试行免征保险保障金。

（二）规范大病保险招标投标与合同管理。坚持公开、公平、公正和诚实信用的原则，建立健全招投标机制，规范招投标程序。招标主要包括具体支付比例、盈亏率、配备的承办和管理力量等内容。符合保险监管部门基本准入条件的商业保险机构自愿参加投标。招标人应当与中标的商业保险机构签署保险合同，明确双方责任、权利和义务，合同期限原则上不低于3年。因违反合同约定，或发生其他严重损害参保人权益的情况，可按照约定提前终止或解除合同，并依法追究责任。各地要不断完善合同内容，探索制定全省（区、市）统一的合同范本。

（三）建立大病保险收支结余和政策性亏损的动态调整机制。遵循收支平衡、保本微利的原则，合理控制商业保险机构盈利率。商业保险机构因承办大病保险出现超过合同约定的结余，需向城乡居民基本医保基金返还资金；因城乡居民基本医保政策调整等政策性原因给商业保险机构带来亏损时，由城乡居民基本医保基金和商业保险机构分摊，具体分摊比例应在保险合同中载明。

（四）不断提升大病保险管理服务的能力和水平。规范资金管理，商业保险机构承办大病保险获得的保费实行单独核算，确保资金安全和偿付能力。商业保险机构要建立专业队伍，加强专业能力建设，提高管理服务效率，优化服务流程，为参保人提供更加高效便捷的服务。发挥商业保险机构全国网络优势，简化报销手续，推动异地医保即时结算。鼓励商业保险机构在承办好大病保险业务的基础上，提供多样化的健康保险产品。

六、严格监督管理

（一）加强大病保险运行的监管。相关部门要各负其责，协同配合，强化服务意识，切实保障参保人权益。人力资源社会保障、卫生计生等部门要建立以保障水平和参保人满意度为核心的考核评价指标体系，加强监督检查和考核评估，督促商业保险机构按合同要求提高服务质量和水平。保险监管部门要加强商业保险机构从业资格审查以及偿付能力、服务质量和市场行为监管，依法查处违法违规行为。财政部门要会同相关部门落实利用城乡居民基本医保基金向商业保险机构购买大病保险的财务列支和会计核算办法,强化基金管理。审计部门要按规定进行严格审计。政府相关部门和商业保险机构要切实加强参保人员个人信息安全保障,防止信息外泄和滥用。

(二)规范医疗服务行为。卫生计生部门要加强对医疗机构、医疗服务行为和质量的监管。商业保险机构要与人力资源社会保障、卫生计生部门密切配合,协同推进按病种付费等支付方式改革。抓紧制定相关临床路径,强化诊疗规范,规范医疗行为,控制医疗费用。

(三)主动接受社会监督。商业保险机构要将签订合同情况以及筹资标准、待遇水平、支付流程、结算效率和大病保险年度收支等情况向社会公开。城乡居民基本医保经办机构承办大病保险的,在基金管理、经办服务、信息披露、社会监督等方面执行城乡居民基本医保现行规定。

七、强化组织实施

各省(区、市)人民政府和新疆生产建设兵团、各市(地)人民政府要将全面实施大病保险工作列入重要议事日程,进一步健全政府领导、部门协调、社会参与的工作机制,抓紧制定实施方案,细化工作任务和责任部门,明确时间节点和工作要求,确保2015年底前全面推开。

人力资源社会保障、卫生计生部门要加强对各地实施大病保险的指导,密切跟踪工作进展,及时研究解决新情况新问题,总结推广经验做法,不断完善大病保险制度。加强宣传解读,使群众广泛了解大病保险政策、科学理性对待疾病,增强全社会的保险责任意识,为大病保险实施营造良好社会氛围。

国务院办公厅
2015年7月28日

三、关于进一步加强医疗救助与城乡居民大病保险有效衔接的通知

民政部 财政部 人力资源社会保障部 国家卫生计生委 保监会 扶贫办等部门印发关于进一步加强医疗救助与城乡居民大病保险有效衔接的通知

(2017)

各省（自治区、直辖市）民政厅（局）、财政厅（局）、人力资源社会保障厅（局）、卫生计生委、扶贫办；各保监局；各计划单列市民政局、财政局、人力资源社会保障局、卫生计生委、扶贫办；新疆生产建设兵团民政局、财务局、人力资源社会保障局、卫生计生委、扶贫办：

医疗救助和城乡居民大病保险（以下简称大病保险）是我国多层次医疗保障体系的重要组成部分，发挥保障困难群众基本医疗权益的基础性作用。为进一步加强两项制度在对象范围、支付政策、经办服务、监督管理等方面的衔接，充分发挥制度效能，现就有关事项通知如下。

一、加强保障对象衔接

（一）做好资助困难群众参加基本医疗保险工作。各地要全面落实资助困难群众参保政策，确保其纳入基本医疗保险和大病保险范围。根据本地区医疗救助资金筹集情况、基本医疗保险缴费标准以及个人承担能力等明确资助额度，对于特困人员给予全额资助，对于低保对象、建档立卡贫困人口给予定额资助。对按规定纳入定额资助范围的人员，要做好参保动员工作，加大保费征缴力度，提高参保意愿，可由其先行全额缴纳参保费用，相关部门再将资助资金支付本人，确保人费对应、足额缴纳、及时参保。

（二）拓展重特大疾病医疗救助对象范围。各地要贯彻落实国务院办公厅转发民政部等五部门《关于进一步完善医疗救助制度全面开展重特大疾病医疗救助工作的意见》（国办发〔2015〕30号），对经大病

保险报销后仍有困难的低保对象、特困人员、建档立卡贫困人口、低收入重度残疾人等困难群众（含低收入老年人、未成年人、重病患者）实施重特大疾病医疗救助，积极探索做好因病致贫家庭重病患者救助工作。省级民政部门要会同相关部门综合考虑家庭经济状况以及医疗费用支出、医疗保险支付情况等因素，完善低收入救助对象和因病致贫家庭重病患者的认定办法，指导市、县民政部门依托社会救助家庭经济状况核对机制，准确认定救助对象，及时落实救助政策。

二、加强支付政策衔接

（三）落实大病保险倾斜性支付政策。各地要统筹考虑大病保险筹资水平、当地人均可支配收入和低保标准等，制定大病保险向低保对象、特困人员、建档立卡贫困人口、低收入重度残疾人等困难群众（含低收入老年人、未成年人、重病患者）倾斜的具体办法，明确降低大病保险起付线、提高报销比例的量化要求，实施精准支付，提高困难群众受益水平。各省（自治区、直辖市）要根据大病患者需求、筹资能力等实际，合理确定大病保险合规医疗费用范围。要将对困难群众的倾斜照顾措施纳入大病保险实施方案，通过招投标等方式，与承办机构签订合同，确保部署实施。

（四）提高重特大疾病医疗救助水平。各地要合理调整医疗救助资金支出结构，稳步提高重特大疾病医疗救助资金支出占比。综合救助家庭经济状况、自负医疗费用、当地医疗救助筹资情况等因素，建立健全分类分段的梯度救助模式，科学设定救助比例和年度最高救助限额。重点救助对象救助水平要高于其他救助对象；同一类救助对象，个人自负费用数额越大，救助比例越高。积极拓展重特大疾病医疗救助费用报销范围，原则上经基本医疗保险、大病保险、各类补充保险等报销后个人负担的合规医疗费用，均计入救助基数。合规医疗费用范围应参照大病保险的相关规定确定，并做好与基本医疗保险按病种付费改革衔接。鼓励有条件的地方对困难群众合规医疗费用之外的自负费用按照一定比例给予救助，进一步提高大病保障水平。

（五）实行县级行政区域内困难群众住院先诊疗后付费。各地要针对低保对象、特困人员、建档立卡贫困人口、低收入重度残疾人等困难群众（含低收入老年人、未成年人、重病患者），全面实施县级行政区域内定点医疗机构住院先诊疗后付费改革。依托定点医疗机构服务窗口，实现基本医疗保险、大病保险、医疗救助的同步即时结算，困难群众出院时只需支付自负医疗费用。鼓励有条件的地方建立市级和省级行政区域内困难群众按规定分级转诊和异地就医先诊疗后付费的结算机制。

三、加强经办服务衔接

（六）规范医疗费用结算程序。各地要按照精准测算、无缝对接的工作原则和"保险在先、救助在后"的结算程序，准确核定结算基数，按规定结算相关费用，避免重复报销、超费用报销等情况。对于年度内单次或多次就医，费用均未达到大病保险起付线的，要在基本医疗保险报销后，按次及时结算医疗救助费用。对于单次就医经基本医疗保险报销后费用达到大病保险起付线的，应即时启动大病保险报销，并按规定对经基本医疗保险、大病保险支付后的剩余合规费用给予医疗救助。对于年度内多次就医经基本医疗保险报销后费用累计达到大病保险起付线的，要分别核算大病保险和医疗救助费用报销基数，其中大病保险应以基本医疗保险报销后超出大病保险起付线的费用作为报销基数；原则上，医疗救助以基本医疗保险、大病保险支付后的剩余多次累计个人自负合规总费用作为救助基数，对照医疗救助起付线和年度最高救助限额，分类分档核算救助额度，并扣减已按次支付的医疗救助费用。

（七）加强医疗保障信息共享。各地要加快推进基本医疗保险、大病保险、医疗救助"一站式"费用结算信息平台建设，努力实现资源协调、信息共享、结算同步。积极提升"一站式"信息平台管理服务水平，为困难群众跨地域看病就医费用结算提供便利。民政、扶贫等部门要加强与大病保险承办机构协作，及时、全面、准确提供救助对象信息，为"一站式"信息平台建设提供数据支撑。探索通过政府购买服务等方式，支持具备开展"一站式"结算条件的大病保险承办机构参与医疗救助经办服务。

四、加强监督管理衔接

（八）强化服务运行监管。各地各相关部门要做好医疗服务行为的质量监督和规范管理，防控不合理医疗行为和费用。人力资源社会保障、卫生计生、民政、财政、保险监管等部门要定期对基本医疗保险、大病保险、医疗救助经办（承办）机构的资金使用、管理服务等情况开展监督检查。保险监管部门要做好商业保险承办机构从业资格审查。商业保险机构承办大病保险要实行单独核算，严格资金管理，确保及时偿付、高效服务。

（九）做好绩效评价工作。各地要建立健全医疗救助工作绩效评价机制，将重特大疾病医疗救助开展情况纳入社会救助绩效评价体系，并将评价结果作为分配医疗救助补助资金的重要依据。对于工作推进缓慢、政策落实不到位的地区要进行重点督导，按规定予以通报批评。民政部将会同相关部门采取"两随机、一公开"、委托第三方等方式对各地工作开展情况实地抽查。

各地要以提高制度可及性、精准性以及群众满意度作为出发点和落脚点，抓紧制订本地区医疗救助和大病保险制度衔接的实施方案，进一步明确工作目标、主要任务、实施步骤和保障措施，确保制度稳健运行和可持续发展。要加大政策宣传力度，积极稳妥回应公众关切，合理引导社会预期，努力营造良好氛围。

民政部
财政部
人力资源社会保障部
国家卫生计生委
保监会
国务院扶贫办
2017年1月16日

四、关于开展困难群众大病补充医疗保险工作的实施意见

河南省人民政府办公厅关于开展困难群众大病补充医疗保险工作的实施意见（试行）

（2016）

各省辖市、省直管县（市）人民政府，省人民政府各部门：

大病补充医疗保险制度（以下简称大病补充保险）是在城乡居民基本医疗保险和大病保险制度的基础上，对困难群众的大病患者发生的医疗费用给予进一步保障的一项医疗保障制度，是基本医疗保障制度和大病保险制度的拓展、延伸和补充。2014年以来，省政府在焦作市启动困难群众大病补充医疗保险试点，积极探索大病补充保险与精准扶贫的制度性结合、全民医保体系的制度性完善，初步探索出了一条发挥政府作用、利用商业保险功能、解决困难群众因病致贫问题的路子。建立困难群众大病补充保险制度，对减轻困难群众大病医疗费用负担，进一步发挥医疗保障托底保障功能具有重要意义。经省政府同意，现就我省开展困难群众大病补充保险工作提出以下实施意见。

一、总体目标

2017年1月1日起，在全省全面建立覆盖所有困难群众的大病补充保险制度，为困难群众构建基本医疗保险、大病保险、大病补充保险、医疗救助、慈善救助等多层次医疗保障体系，着力解决困难群众因贫看不起病、因病加剧贫困问题，使大病患者得到及时有效救治。到2020年，全省困难群众个人就医负担大幅减轻，健康水平明显提高。

二、主要原则

（一）坚持以人为本，保障最需。通过建立困难群众大病补充保险制度，进一步提高困难群众大病保障水平，减轻困难群众就医负担，

解决困难群众因病致贫、因病返贫问题。

（二）坚持统筹协调，政策联动。加强城乡居民基本医疗保险、大病保险、大病补充保险、医疗救助、商业健康保险等制度的衔接，充分发挥协同互补作用，形成对困难群众的保障合力。

（三）坚持政府主导，专业承办。强化政府对大病补充保险的政策制定、组织协调、保障监督责任，采取政府购买服务、商业保险机构承办的方式，发挥市场机制作用和商业保险机构专业优势，提高大病补充保险运行效率、服务水平和质量。

（四）坚持稳步推进，持续实施。大病补充保险保障水平要与经济社会发展、医疗消费水平和困难群众负担能力相适应。遵循收支平衡、保本微利原则，建立健全风险分担机制、动态调整机制和医疗费用控制机制，充分发挥保险基金的运行效益，确保大病补充保险稳健运行和可持续发展。

三、保障内容

（一）保障对象与范围。

1. 困难群众大病补充保险保障对象为具有我省户口，参加城乡居民基本医疗保险的居民，且符合下列条件之一的：

（1）建档立卡贫困人口；

（2）特困人员救助供养对象；

（3）城乡最低生活保障对象。

对困难群众大病补充保险保障对象实行动态管理。建档立卡贫困人口脱贫的，或者不再符合特困人员救助供养或者城乡最低生活保障对象条件的，不再纳入困难群众大病补充保险保障范围。

2. 保障范围。困难群众大病补充保险的保障范围与城乡居民基本医疗保险、大病保险相衔接。困难群众患病发生的住院医疗费用，经基本医疗保险、大病保险按规定报销后，由大病补充保险对个人负担的合规医疗费用再次给予报销。大病补充保险与城乡居民基本医疗保险、大病保险的报销范围一致、运行年度一致，自每年的1月1日起至12月31日止。合规医疗费用与城乡居民大病保险的范围一致。

（二）资金筹集。省财政建立困难群众大病补充保险财政专账，筹资标准按照每人每年一定数额确定，并根据保障对象数量、财政收入增长率、社会卫生费用增长率等指标变化，对筹资标准动态调整。2017年按照年人均60元的标准筹集资金。省、省辖市、县（市、区）财政按30%、30%、40%的比例分级承担；对省直管县（市）和财政直管县（市），省财政负担60%，县（市）财政负担40%。

（三）统筹层次。困难群众大病补充保险实行省级统筹，以省为单位筹集、管理和使用大病补充保险资金，提高资金使用效益，增强大病补充保险抗风险能力。全省统一组织实施、统一资金管理、统一报销政策。2017年焦作市继续试点，2018年开始纳入省级统筹范围。

（四）报销标准。科学合理设置大病补充保险报销起付线，按照医疗费用高低分段确定支付比例，原则上医疗费用越高报销比例越高。困难群众住院费用经城乡居民基本医疗保险报销后一个参保年度内个人累计负担的合规自付医疗费用，在大病保险起付线以内（含）的部分，直接由大病补充保险按政策报销；超过大病保险起付线的部分，首先由大病保险报销，剩余部分由大病补充保险按政策报销。跨年度单次住院且合规自付医疗费用超过起付线的，按出院年度大病补充保险补偿政策执行。2017年全省困难群众大病补充保险起付线为3000元，3000~5000元（含5000元）部分按30%的比例报销，5000~10000元（含10000元）部分按40%的比例报销，10000~15000元（含15000元）部分按50%的比例报销，15000~50000元（含50000元）部分按80%的比例报销，50000元以上按90%的比例报销，不设封顶线。以后年度，根据筹资标准、保障对象、保障水平、医疗费用的变化，对大病补充保险报销标准实行动态调整。

四、经办方式

（一）商业保险机构经办。通过政府购买服务的方式，由商业保险机构承办困难群众大病补充保险，实现政府主导、商业运作、管办分开、政事分开。为与城乡居民基本医疗保险制度、城乡居民大病保险制度衔接，确保大病补充保险稳健运行，2017年为大病补充保险试行期。试行期间，为保证医保经办的延续性，由省人力资源社会保障部门确定商业保险机构承办，进一步探索建立省域范围内完善的商业保险经办机制。2018年开始，统一全省医保经办体系，全省城乡居民大病保险与困难群众大病补充保险实行统一招标、统一经办。

（二）规范合同管理。省人力资源社会保障部门制定全省统一的困难群众大病补充保险合同范本，与商业保险机构签订承办大病补充保险合同，明确双方的责任、权利和义务，合同期限与城乡居民大病保险保持一致。因违反合同约定或者发生其他严重损害参保人权益的情况，合同双方可以提前终止或者解除合作，并依法追究责任。

（三）严格资金管理。省财政部门根据省人力资源社会保障部门申请，将大病补充保险资金按合同约定拨付给中标商业保险机构。省财政部门和省人力资源社会保障部门要严格按照财务会计制度规定，加强大病补充保险资金管理，专账管理、专项核算。审计部门要按规定进行严格审计。商业保险机构对承办大病补充保险获得的保费要实行单独核算，确保资金安全，保证偿付。对骗取、套取大病补充保险资金的单位或者个人，要严格追究相关人员责任。

（四）建立风险分担机制。遵循收支平衡、保本微利原则，合理控制保险机构盈利率。2017年试行期间，商业保险机构年度盈利率暂按当年大病补充保险资金的5%（含运营成本）控制。2018年正式运行后，综合考虑城乡居民大病保险的盈利率和2017年试运行情况再作适当调整。2017年大病补充保险盈亏平衡点暂定为95%，如年度内理赔支出低于95%，结余部分纳入大病补充保险累计盈余资金管理；如年度内理赔支出达到或者超过95%，商业保险机构向大病补充保险实施部门提交审计报告后，由大病补充保险实施部门会同财政部门组织审核评估，超出部分5%（含）范围内由大病补充保险承保机构承担，其余部分用累计盈余资金进行补充，不足部分经省政府批准后给予补贴或者对投保标准进行调整。由于商业保险机构自身原因造成多赔或者超赔的，相应支出由商业保险机构承担。

（五）实行即时结报。商业保险机构要建立困难群众大病补充保险结算信息系统，经省人力资源社会保障部门授权，与城乡居民基本医疗保险信息系统、大病保险信息系统对接，实现信息互联互通和必要的信息交换、数据共享，在定点医疗机构实现城乡居民基本医疗保险、大病保险、大病补充保险"一站式"即时结算服务。对单次住院合规的自负费用未超过起付线，但年内多次住院且累计超过起付线的，商业保险机构要及时、便捷支付。对符合报销条件而没有及时报销的大病病人，商业保险机构要主动提供报销服务。

五、医疗费用控制

通过建立分级诊疗机制，加强对医疗机构服务行为的监管，提升医疗服务水平，合理控制医疗费用，确保保险资金运行效益。

（一）实行基层首诊和双向转诊。困难群众住院必须选择城乡居民基本医疗保险确定的定点医疗机构，由承办大病补充保险的保险机构与定点医疗机构签订服务协议。因常见病、多发病需住院治疗的，须首先到基层医疗机构（乡镇卫生院和社区卫生服务机构）就诊，对超出基层医疗机构功能定位和服务能力的疾病，由基层医疗机构为患者提供转诊服务，原则上上转病人需逐级转诊。对危急重症、精神病、居住在外地的住院患者，在执行基本医疗保险相关就诊转诊规定的同时，按程序向大病补充保险经办机构备案。对下级医疗机构有能力服务的慢性期、恢复期患者，上级医院要积极下转。

（二）开展健康签约服务。通过政策引导，推动困难群众家庭自愿与家庭医生服务团队签订服务协议。将困难群众作为重点人群全部列为家庭医生签约服务对象，由签约团队负责提供约定的基本医疗、公共卫生和健康管理服务。签约服务费用按有关规定执行，由医疗保险基金、基本公共卫生服务经费、政府投入等渠道解决。

（三）严格控制不合理医疗费用。充分发挥协议管理在定点医疗机构监管中的作用，严格控制困难群众住院自付费用比例。基层医疗机构、二级医院、三级医院超出医保报销范围的医疗费用，分别不得超过医疗总费用的2.5%、10%、20%，超出部分由定点医疗机构承担，并不得计入医疗总费用。对诊断明确、治疗路径明晰的病种，要实行按病种分组付费管理。

（四）强化对定点医疗机构的监管。各级政府要将定点医疗机构对困难群众的服务情况列入年度目标考核内容，与政府投入、公立医院院长任免挂钩。商业保险经办机构要与人力资源社会保障部门密切配合，加强对医疗机构的监管，规范医疗行为，控制医疗费用。要利用商业保险机构的专业优势，开展以"医疗巡查、医疗干预、医疗审核"为主的风险管理。同时，通过建立智能审核信息系统，实现住院就诊的全过程，高标准管理。

六、保障措施

（一）加强组织领导。开展困难群众大病补充保险工作是推进健康中原建设的重大举措，是深化医药卫生体制改革的重要内容。全省困难群众大病补充保险工作由省深化医药卫生体制改革领导小组统筹协调推进。各省辖市、县（市、区）政府要高度重视，切实加强领导，明确部门职责，督促政策落实，严格督导考核。各有关部门要按照职责分工加强沟通协作，细化配套措施，精心组织实施。

（二）明确部门分工。省人力资源社会保障部门负责困难群众大病补充保险工作的组织实施，与商业保险机构签订保险合同，对履约行为进行监督；做好城乡居民基本医疗保险、城乡居民大病保险与大病补充保险的制度衔接工作；与商业保险机构积极合作，建立互联互通的城乡居民基本医疗保险管理信息系统、大病保险管理信息系统和大病补充保险管理信息系统，实现城乡居民基本医疗保险、大病保险、大病补充保险"一个窗口"即时结报；对医疗机构、医疗服务行为和质量进行监管；牵头组织省民政、扶贫、残疾人等部门认真核实困难群众保障对象，建立数据库，实行动态管理，避免重复参保。省卫生计生部门负责督促指导医疗机构为困难群众提供诊疗规范、费用合理的基本医疗服务。省扶贫部门负责核准建档立卡贫困人口，提供具体人员名单及相关基础信息，并筛选出已纳入最低生活保障范围的参保贫困人口名单。省民政部门负责会同扶贫、残疾人、财政、医改等部门严格核实城乡最低生活保障对象，经精准甄别后方可纳入，不符合条件的不得纳入困难群众大病补充保险保障范围；做好医疗救助与大病补充保险的制度衔接工作。省财政部门负责筹集大病补充保险资金，并纳入社会保障基金财政专户管理，督促商业保险机构落实财务管理和会计核算办法，强化基金管理。审计部门负责按规定对大病补充保险资金使用情况进行严格审计。省保险监管部门负责加强对商业保险机构的日常业务监管和违规行为查处。商业保险机构要认真履行大病补充保险服务协议，提高服务质量，及时结算大病补充保险报销费用，保证大病补充保险资金和数据信息安全。

（三）加强督导考核。省人力资源社会保障部门要建立对困难群众大病补充保险工作的定期考核制度，制定科学合理的考核指标体系，加强督促检查，定期考核评估，狠抓任务落实。要认真总结经验，及时发现问题，研究解决对策，不断完善政策措施，确保各项工作顺利推进，取得实效。

（四）加强政策宣传。要充分利用广播、电视、报纸、网络及宣传栏等渠道加大宣传力度，向困难群众广泛宣传大病补充保险相关政策。商业保险机构要将就医流程、赔付程序、补偿标准向社会公开。定点医疗机构要加强大病补充保险政策全员培训和政策宣传，为困难群众提供规范、便捷的医疗服务。

河南省人民政府办公厅
2016 年 12 月 24 日

参考文献

[1] 陈妍. 基本医疗保险统筹基金长期平衡分析——以天津市城镇职工基本医疗保险为例 [C]. 2011 北大塞瑟论文集, 2011.

[2] 仇雨临, 黄国武. 大病保险运行机制研究: 基于国内外的经验 [J]. 中州学刊, 2014 (01): 61-66.

[3] 褚福灵. 灾难性医疗风险家庭的认定 [J]. 中国医疗保险, 2016 (11): 13-16.

[4] 丁继红, 朱铭来. 试论我国医疗保险制度改革与医疗费用增长的有效控制 [J]. 南开经济研究, 2004 (04): 96-99.

[5] 董曙辉. 关于大病保险筹资与保障范围的思考 [J]. 中国医疗保险, 2013 (04): 9-11.

[6] 方豪, 赵郁馨, 王建生, 万泉, 杜乐勋. 卫生筹资公平性研究——家庭灾难性医疗支出分析 [J]. 中国卫生经济, 2003 (06): 5-7.

[7] 封进, 李珍珍. 中国农村医疗保障制度的补偿模式研究 [J]. 经济研究, 2009 (04): 103-115.

[8] 封进, 余央央, 楼平易. 医疗需求与中国医疗费用增长——基于城乡老年医疗支出差异的视角 [J]. 中国社会科学, 2015 (03): 85-103+207.

[9] 甘筱青, 尤铭祥, 胡凯. 医保报销比例差距、患者行为选择与医疗费用的关系研究——基于三阶段动态博弈模型的分析 [J]. 系统工程理论与实践, 2014 (11): 2974-2983.

[10] 高小莉. "大病"以医疗费用为判定标准相对公平 [J]. 中

国医疗保险，2013（06）：43-44.

[11] 国锋，孙林岩. 患者道德风险与医生诱导需求的影响与控制 [J]. 中国卫生经济，2004（07）：77-78.

[12] 郭娜，朱大伟，Tor Iversen，王健. 新农合对灾难性医疗支出影响及公平性 [J]. 中国公共卫生，2013（11）：1584-1587.

[13] 郭娜，朱大伟，王健. 基于经济、效率和效果视角评价公共基金：以新农合基金为例 [J]. 中国卫生事业管理，2013（05）：364-366.

[14] 郭有德. 医疗保险中道德风险的经济学分析 [J]. 复旦学报（社会科学版），2011（01）：116-123.

[15] 何平平. 经济增长、人口老龄化与医疗费用增长——中国数据的计量分析 [J]. 财经理论与实践，2006（02）：90-94.

[16] 何文炯，徐林荣，傅可昂，刘晓婷. 城镇职工基本医疗保险"系统老龄化"及其对策研究 [J]. 社会保障研究，2008（01）：158-174.

[17] 黄枫，甘犁. 医疗保险中的道德风险研究——基于微观数据的分析 [J]. 金融研究，2012（05）：193-206.

[18] 胡宏伟，张小燕，赵英丽. 社会医疗保险对老年人卫生服务利用的影响——基于倾向得分匹配的反事实估计 [J]. 中国人口科学，2012（02）：57-66+111-112.

[19] 胡苏云. 医疗保险中的道德风险分析 [J]. 中国卫生资源，2000（03）：128-129.

[20] 金彩红. 中国新型农村合作医疗制度设计缺陷的理论分析 [J]. 上海经济研究，2006（09）：71-76.

[21] 金维刚. 重特大疾病保障与大病保险的关系解析 [J]. 中国医疗保险，2013（08）：47.

[22] 梁鸿，赵德余. 中国基本医疗保险制度改革解析 [J]. 复旦学报（社会科学版），2007（01）：123-131.

[23] 李玲，李影，袁嘉. 我国医疗卫生改革中道德风险的探究及

其影响 [J]. 中国卫生经济, 2014 (01): 5-10.

[24] 林闽钢. 在精准扶贫中构建"因病致贫返贫"治理体系 [J]. 中国医疗保险, 2016 (02): 20-22.

[25] 刘军强, 刘凯, 曾益. 医疗费用持续增长机制——基于历史数据和田野资料的分析 [J]. 中国社会科学, 2015 (08): 104-125+206-207.

[26] 刘西国, 刘毅, 王健. 医疗费用上涨诱发因素及费用规制的新思考——基于1998~2010年数据的实证分析 [J]. 经济经纬, 2012 (05): 142-146.

[27] 李玮, 黄丞. 有效控制我国医疗费用增长的若干思考 [J]. 技术经济与管理研究, 2002 (01): 99-100.

[28] 李晓梅, 董留华, 王金凤, 罗家洪, 何利平, 喻箴, 孟琼. 新型农村合作医疗卫生服务利用的公平性研究 [J]. 中国卫生经济, 2008 (11): 44-46.

[29] 李亚青. 社会医疗保险财政补贴增长及可持续性研究——以医保制度整合为背景 [J]. 公共管理学报, 2015 (01): 70-83+156.

[30] 吕美晔, 王翌秋. 基于四部模型法的中国农村居民医疗服务需求分析 [J]. 中国农村经济, 2012 (06): 59-71.

[31] 毛瑛, 李娇凤. 城镇职工基本医疗保险道德风险的防范研究 [J]. 中国医学伦理学, 2005 (04): 45-48.

[32] 牟俊霖, 许素友. 对我国医疗保险中道德风险的测量 [J]. 卫生经济研究, 2011 (08): 15-17.

[33] 彭俊, 宋世斌, 冯羽. 人口老龄化对社会医疗保险基金影响的实证分析——以广东省珠海市为例 [J]. 南方人口, 2006 (02): 5-11.

[34] 彭晓博, 秦雪征. 医疗保险会引发事前道德风险吗？理论分析与经验证据 [J]. 经济学（季刊）, 2015 (01): 159-184.

[35] 钱文强, 吕国营. 重特大疾病风险、多层次与精准施策 [J]. 中国医疗保险, 2016 (06): 14-17.

[36] 任燕燕, 阚兴旺, 宋丹丹. 逆向选择和道德风险: 基于老年基本医疗保险市场的考察 [J]. 上海财经大学学报, 2014 (04): 54-63.

[37] 史新和, 刘东. 基于 Window 模型的新农合筹资动态效率分析 [J]. 经济问题, 2015 (07): 92-96.

[38] 宋世斌. 我国社会医疗保险体系的隐性债务和基金运行状况的精算评估 [J]. 管理世界, 2010 (08): 169-170.

[39] 宋占军. 城乡居民大病保险运行评析 [J]. 保险研究, 2014 (10): 98-107.

[40] 宋占军. 我国各地城乡居民大病保险追踪与分析 [J]. 上海保险, 2013 (12): 34-39.

[41] 宋占军, 朱铭来. 大病保险制度推广对各地城乡居民医保医保基金可持续性的影响 [J]. 保险研究, 2014 (01): 98-107.

[42] 孙冬悦, 孙纽云, 房珊杉, 董丹丹, 梁铭会. 大病医疗保障制度的国际经验及启示 [J]. 中国卫生政策研究, 2013 (01): 13-20.

[43] 孙嘉尉, 顾海. 国外大病保障模式分析及启示 [J]. 兰州学刊, 2014 (01): 79-84.

[44] 孙秀均. 社会医疗保险中的道德风险及其控制策略 [D]. 武汉大学, 2004.

[45] 孙志刚. 实施大病保险是减轻人民就医负担的关键 [J]. 行政管理改革, 2012 (12): 54-57.

[46] 王东进. 改革出伟力机制是津要关键在精准——关于全民医保助力脱贫攻坚的再思考 [J]. 中国医疗保险, 2016 (07): 5-8.

[47] 王建. 社会医疗保险中的道德风险与信任机制 [J]. 北京科技大学学报 (社会科学版), 2008 (02): 6-9+16.

[48] 王珺, 高峰, 冷慧卿. 健康险市场道德风险的检验 [J]. 管理世界, 2010 (06): 50-55.

[49] 王萍, 李丽军. 医疗费用增长与控制政策研究 [J]. 宏观经

济研究, 2013 (04): 14-19.

[50] 王琬. 大病保险筹资机制与保障政策探讨——基于全国25省《大病保险实施方案》的比较 [J]. 华中师范大学学报 (人文社会科学版), 2014 (03): 16-22.

[51] 王琬. 建立重特大疾病保障机制的国际经验 [J]. 中国医疗保险, 2014b (07): 67-70.

[52] 王先进. 城乡居民大病保险的地方实践考察 [J]. 中国卫生事业管理, 2014a (09): 668-671.

[53] 王晓燕, 宋学锋. 老龄化过程中的医疗保险基金: 对使用现状及平衡能力的分析 [J]. 预测, 2004 (06): 5-9.

[54] 吴传俭. 道德风险与我国社会医疗保险基金安全问题分析 [J]. 中国卫生经济, 2005 (11): 47-48.

[55] 吴群红, 李叶, 徐玲和郝艳华. 医疗保险制度对降低我国居民灾难性医疗支出的效果分析 [J]. 中国卫生政策研究, 2012 (09): 62-66.

[56] 吴群伟, 陈俊林. 防范因病致贫需要医保多层次整体发力——以浙江省义乌市为例 [J]. 中国医疗保险, 2017 (01): 37-40.

[57] 徐厚彩, 丁南贵, 胡晓平, 黄牧. 五名患者因病致贫的原因分析和对策建议——以常德市大病保险为例 [J]. 中国医疗保险, 2016 (11): 43-46.

[58] 徐娜, 田固. 医疗救助在健康扶贫中的作用及思考 [J]. 中国医疗保险, 2016 (11): 34-36.

[59] 徐善长. 大病保险: 健全医保体系的重要环节 [J]. 宏观经济管理, 2013 (03): 31-32.

[60] 徐玮. 精准扶贫, 医保如何担当 [J]. 中国社会保障, 2016 (02): 83.

[61] 余央央. 老龄化对中国医疗费用的影响——城乡差异的视角 [J]. 世界经济文汇, 2011 (05): 64-79.

[62] 袁正, 孙月梅, 陈祺. 我国商业医疗保险中的道德风险

[J]. 保险研究, 2014 (06): 53-62.

[63] 臧文斌, 刘国恩, 徐菲, 熊先军. 中国城镇居民基本医疗保险对家庭消费的影响 [J]. 经济研究, 2012 (07): 75-85.

[64] 曾益. 中国城镇职工基本医疗保险基金可持续发展研究 [J]. 财经论丛, 2012 (05): 57-63.

[65] 张杰, 熊先军, 李静湖. 城镇居民医保住院患者个人负担分析 [J]. 中国医疗保险, 2015 (05): 32-35.

[66] 张晓, 刘蓉, 胡大洋, 朱晓文, 张自岭, 段明妍. 健全稳定可持续筹资和报销比例调整机制——基于江苏省城乡居民医保筹资水平与保障水平适应性研究 [J]. 中国医疗保险, 2016 (07): 14-18.

[67] 赵曼. 社会医疗保险费用约束机制与道德风险规避 [J]. 财贸经济, 2003 (02): 54-57.

[68] 赵小苏, 王永其, 宋余庆, 王建宏. 我国城镇职工基本医疗保险的道德风险及其防范 [J]. 中国卫生事业管理, 2001 (08): 471-473.

[69] 郑伟, 章春燕. 中国新型农村合作医疗的效率评价: 2005~2008 [A]. 北京大学中国保险与社会保障研究中心 (CCISSR). 保险、金融与经济周期——北大赛瑟 (CCISSR) 论坛文集·2010 [C]. 北京大学中国保险与社会保障研究中心 (CCISSR), 2010: 26.

[70] 郑喜洋, 申曙光. 筹资机制的优化与医保制度的可持续发展 [J]. 中国医疗保险, 2015 (11): 17-19.

[71] 周绿林, 张心洁. 大病保险对新农合基金可持续运行的影响研究——基于江苏省调研数据的精算评估 [J]. 统计与信息论坛, 2016 (03): 34-43.

[72] 朱铭来, 奎潮. 效率视角下基本医疗保障和商业健康保险的关系定位 [J]. 中国医疗保险, 2011 (07): 66-67.

[73] 朱铭来, 李涛. 城乡居民医保筹资机制可持续性研究——以天津市为例 [J]. 中国医疗保险, 2016 (05): 26-29.

[74] 朱铭来. 融资模式和补偿条件决定了大病保险的性质 [J].

中国医疗保险, 2013 (08): 46.

[75] 朱铭来, 宋占军. 大病保险应设计精准化方案 [J]. 中国卫生, 2015 (09): 60 - 61.

[76] 朱铭来, 于新亮, 宋占军. 我国城乡居民大病医疗费用预测与保险基金支付能力评估 [J]. 保险研究, 2013 (05): 94 - 103.

[77] Angulo A M, Barberán R, Egea P, et al. An Analysis of Health Expenditure on a Microdata Population Basis [J]. Economic Modelling, 2011, 28 (1 - 2): 169 - 180.

[78] Arrow K J. Uncertainty and the Welfare Economics of Medical Care [J]. American Economic Review, 1963, 53 (5): 941 - 973.

[79] Berki S E. A Look at Catastrophic Medical Expenses and the Poor [J]. Health Affairs, 1986, 5 (4): 138 - 145.

[80] Breyer F, Haufler A. Health Care Reform: Separating Insurance from Income Redistribution [J]. International Tax and Public Finance, 2000, 7 (4): 445 - 461.

[81] Cagatay K. The Effects of Uncertainty on the Demand for Health Insurance [J]. Journal of Risk and Insurance, 2004, 71 (1): 41 - 61.

[82] Chiappori P. A., Durand F., Geoffard P. Y. Moral Hazard and the Demand for Physician Services: First Lessons from a French Natural Experiment [J]. European Economic Review, 1998, 42: 499 - 511.

[83] Dave D, Kaestner R. Health Insurance and Ex Ante Moral Hazard: Evidence from Medicare [J]. International Journal of Health Economics and Management, 2009, 9 (4): 367 - 390.

[84] Doorslaer E V, O'Donnell O, Rannan-Eliya R P, et al. Catastrophic Payments for Health Care in Asia [J]. Health Economics, 2007, 16 (11): 1159 - 1184.

[85] Elias Mossialos, Martin Wenzl, Robin Osborn and Chloe Anderson. International Profiles of Health Care Systems, 2014 [R]. The Commonwealth Fund, 2015.

[86] Ellis R P. Employee Choice of Health Insurance [J]. Review of Economics & Statistics, 1989, 71 (71): 215 – 223.

[87] Ellis R P, Fiebig D G, Johar M, et al. Explaining Health Care Expenditure Variation: Large-sample Evidence Using Linked Survey and Health Administrative Data [J]. Health Economics, 2013, 22 (9): 1093 – 1110.

[88] Ellis R P, Mcguire T G. Supply-side and Demand-side Cost Sharing in Health Care [J]. Journal of Economic Perspectives, 1993, 7 (4): 135.

[89] Feldstein M S. The Welfare Loss of Excess Health Insurance [J]. Journal of Political Economy, 1973, 81 (Volume 81, Number 2, Part1): 251 – 280.

[90] Fisher C R. Differences by Age Groups in Health Care Spending [J]. Health Care Financing Review, 1980, 1 (4): 65 – 90.

[91] Friedman M, Savage L J. The Utility Analysis of Choices Involving Risk [J]. Journal of Political Economy, 1948, 56 (Volume 56, Number 4): 279 – 304.

[92] Galárraga O, Sosarubí S G, Salinasrodríguez A, et al. Health Insurance for the Poor: Impact on Catastrophic and Out-of-Pocket Health Expenditures in Mexico [J]. The European Journal of Health Economics, 2010, 11 (5): 437 – 447.

[93] Gerdtham U G, Sogaard J, Andersson F, et al. An Econometric Analysis of Health Care Expenditure: A Cross-Section Study of the OECD Countries [J]. Journal of Health Economics, 1992, 11 (1): 63 – 84.

[94] Grossman M. On the Concept of Health Capital and the Demand for Health [J]. Journal of Political Economy, 1972, 80 (Volume 80, Number 2): 223 – 55.

[95] Hansen B E. Threshold Effects in Non-Dynamic Panels: Estimation, Testing, and Inference [J]. Journal of Econometrics, 1999, 93 (2):

345 – 368.

[96] Heckman, James J. Sample Selection Bias as a Specification Error [J]. Econometrica, 1979, 47 (1): 153 – 161.

[97] Hjortsberg C. Why do the Sick not Utilise Health Care? The Case of Zambia [J]. Health Economics, 2003, 12 (9): 755 – 770.

[98] Holly A, Gardiol L, Domenighetti G, et al. An Econometric Model of Health Care Utilization and Health Insurance in Switzerland [J]. European Economic Review, 1998, 42 (3 – 5): 513 – 522.

[99] Jack W, Sheiner L. Welfare-Improving Health Expenditure Subsidies [J]. American Economic Review, 1997, 87 (1): 206 – 221.

[100] Jochmann M, Leóngonzález R. Estimating the Demand for Health Care with Panel Data: a Semiparametric Bayesian Approach [J]. Health Economics, 2004, 13 (10): 1003.

[101] Kronenberg C, Barros P P. Catastrophic Healthcare Expenditure-Drivers and Protection: the Portuguese Case. [J]. Health Policy, 2013, 115 (1): 44 – 51.

[102] Li Y, Wu Q, Xu L, et al. Factors Affecting Catastrophic Health Expenditure and Impoverishment from Medical Expenses in China: Policy Implications of Universal Health Insurance [J]. Bulletin of the World Health Organization, 2012, 90 (9): 664.

[103] Manning W G, Marquis M S. Health Insurance: The Tradeoff Between Risk Pooling and Moral Hazard [J]. Journal of Health Economics, 1989, 15 (5): 609.

[104] Manning W G, Newhouse J P, Duan N, et al. Health Insurance and the Demand for Medical Care: Evidence From a Randomized Experiment [J]. American Economic Review, 1987, 77 (3): 251 – 277.

[105] Meng Q, Xu L, Zhang Y, et al. Trends in Access to Health Services and Financial Protection in China between 2003 and 2011: a Cross-Sectional Study [J]. Lancet, 2012, 379 (379): 805 – 814.

[106] Murthy N R V, Ukpolo V. Aggregate Health Care Expenditure in the United States: Evidence from Cointegration Tests [J]. Applied Economics, 1994, 26 (8): 797 - 802.

[107] Newhouse J P. Medical-Care Expenditure: A Cross-National Survey [J]. Journal of Human Resources, 1977, 12 (1): 115 - 125.

[108] Pauly M. V. The Economics of Moral Hazard: Comment [J]. American Economic Review, 1968, 58 (3): 531 - 537.

[109] Pradhan M, Prescott N. Social Risk Management Options for Medical Care in Indonesia [J]. Health Economics, 2002, 11 (5): 431 - 446.

[110] Riphahn R T, Wambach A, Million A. Incentive Effects in the Demand for Health Care: A Bivariate Panel Count Data Estimation [J]. Journal of Applied Econometrics, 2003, 18 (4): 387 - 405.

[111] Rosett R N, Huang L F. The Effect of Health Insurance on the Demand for Medical Care [J]. Journal of Political Economy, 1973, 81 (Volume 81, Number 2, Part 1): 281 - 305.

[112] Russell S. Ability to Pay for Health Care: Concepts and Evidence [J]. Health Policy and Planning, 1996, 11 (3): 219.

[113] Sato A. Does Socio-Economic Status Explain Use of Modern and Traditional Health Care Services? [J]. Social science & medicine (1982), 2012, 75 (8): 1450 - 9.

[114] Su T T, Kouyaté B, Flessa S. Catastrophic Household Expenditure for Health Care in a Low-Income Society: a Study from Nouna District, Burkina Faso [J]. Bulletin of the World Health Organisation, 2006, 84 (1): 21 - 27.

[115] Theo Hitiris. Health Care Expenditure and Integration in the Countries of the European Union [J]. Applied Economics, 1997, 29 (1): 1 - 6.

[116] Von Neumann, J., Morgenstern, O.. Theory of Games and

Economic Behavior [M]. Princeton University Press, Princeton, NJ, 1944.

[117] Wagstaff A, Doorslaer E V. Catastrophe and Impoverishment in Paying for Health Care: with Applications to Vietnam 1993 – 1998 [J]. Health Economics, 2003, 12 (11): 921 –933.

[118] Wong I O L, Lindner M J, Cowling B J, et al. Measuring Moral Hazard and Adverse Selection by Propensity Scoring in the Mixed Health Care Economy of Hong Kong [J]. Health Policy, 2010, 95 (1): 24 – 35.

[119] World Health Organization. The World Health Report 2000: Health Systems: Improving Performance [R]. Geneva, WHO, 2000.

[120] Xu K, Evans D B, Carrin G, et al. Protecting Households From Catastrophic Health Spending [J]. Health Affairs, 2007, 26 (4): 972 –983.

[121] Xu K, Evans D B, Kawabata K, et al. Household Catastrophic Health Expenditure: a Multicountry Analysis [J]. Lancet, 2003, 362 (9378): 111 –117.

[122] Xu K, Evans D B, Kei Kawabata et al. Understanding Household Catastrophic Health Expenditures: A Multi-country Analysis [M]. In: Murray CJL, Evans DB, eds. Health Systems Performance Assessment: Debates, Methods and Empiricism, Chapter 42. Geneva, World Health Organization, 2003.

[123] Zhou Z, Gao J. Study of Catastrophic Health Expenditure in China's Basic Health Insurance [J]. Healthmed, 2011, 5 (6): 1498 –1507.

[124] Zweifel P, Manning W G. Chapter 8 Moral Hazard and Consumer Incentives in Health Care [J]. Handbook of Health Economics, 2000, 1 (00): 409 –459.

后 记

记忆仿佛还停留在博士期间的奋斗岁月,而今踏入工作岗位已有一段时间。以博士论文为基础的学术著作也即将交付出版。在此,对帮助过我的所有人表示感谢。

首先,感谢我的恩师朱铭来教授。师从朱老师读博只有短短的三年,但从朱老师这里学习的知识和思维方式却使我受益终身。从学术上的小学生到如今能有一些自己的思考和想法,朱老师对学术的认真和不懈的追求深深影响着我;生活中,朱老师时时刻刻体谅学生,感谢朱老师在我生活中和工作中给予的指导,使我少走了许多弯路,朱老师谦逊和幽默风趣的处事态度是我永远学习的榜样。另外,很感谢朱老师在我读博期间为我提供大量的调研、参会机会,真正做到了理论和政策紧密结合,使我感受到了学校里完全不一样的一片天地,这也是我永远的财富。得益于此,本书内容也使用了大量的调研材料,同时文章的题目和构思都凝聚着朱老师的心血,最终形成超过20万字的成果。在此,谨向恩师致以敬意和感谢!

其次,感谢同门师兄师姐和师弟师妹,一起学习一起成长,尤其感谢宋占军师兄和于新亮师兄在我学习和研究上给予的指导,让我更快进入研究角色!感谢郑州大学李琴英教授在我工作中给予的支持和帮助,李老师从学习到生活中都时时鼓励支持着我,在我找工作的关键时期给予很多指导!同时感谢郑州大学商学院和金融系在工作中给予我帮助的所有领导和同事。

后　记

最后，感谢家人对我的支持。步入工作岗位，结束二十二年的学生生涯，父母也已进入耳顺之年，唯有努力工作，全力尽孝，多点陪伴，方能报答父母之恩！感谢爱人的陪伴和关怀，感谢哥哥在我读书和生活上给予的关心，正是你们给我的鼓励和支持，让我更安心地工作和追逐梦想！

同时感谢在出版本书当中给予指导和审阅的经济科学出版社的各位老师。当然，本文内容由作者自己负责，也会有很多不完善之处，敬请谅解！

谢明明
2018 年 4 月